Sabine Parschau

Wander dich glücklich Eifel

32 erholsame Wanderungen

BRUCKMANN

INHALT

TOURENÜBERBLICK

Tour			Km		Hm							
1	●	Büttenpapier fürs Grundgesetz	10,7	3.00	156		•	•	•	•		•
2	●	Die Eifeler Steilküste im Blick	13,7	4.00	421	(•)		•	•	•		
3	●	Orte der Kraft entdecken	11,6	3.45	326	•	•	•	•	•		•
4	●	Schlemmertour am Wasser	8,4	3.00	168	•		•	•		•	
5	●	Geschichte zum Anfassen	13,5	4.30	137	•	•	•	•	•		
6	●	Heimatdichter und Kaiserfelsen im Blick	13,5	4.30	137			•	•		•	•
7	●	Romantische Stunden im Rurtal	8,0	3.00	215			•			•	•
8	●	Ehemalige Mühlen im Münsterbachtal	7,5	2.30	95			•	•		•	•
9	●	Drei Dörfer und ein Schloss	8,0	2.30	100	•		•	•	•		
10	●	Architektonische Perle in der Provinz	6,0	1.45	125	•	•	•	•		•	
11	●	Stille Landschaft genießen	9,0	3.00	107	•		•	•	•		•
12	●	Decke Tönnes und ein toller Sonnenaufgang	8,6	2.45	160		•	•	•	•		
13	●	Wääsch Jangs und rund um den Thürne	7,0	2.00	121			•	•	•		
14	●	Romantik pur im Vischeltal	7,8	2.30	175	•		•	•		•	
15	●	Auf und rund um die Tomburg	9,8	3.00	177		•	•	•		•	
16	●	Entlang alter Trockenmauern	4,5	2.00	131	(•)		•	•		•	•
17	●	Tiefenentspannt am Vulkan	9,0	2.45	39	•	•	•	•		•	
18	●	Mit Eichendorff am Düvelssteen	6,7	2.30	127	•		•	•		•	

Tour			Länge in km	Gehzeit in Std.	Höhenunterschied in Hm	Einkehr	Sehenswürdigkeiten	kindergeeignet	wintergeeignet	viel Sonne	eher Schatten	öffentliche Verkehrsmittel
19	mittel	Reise in die Toskana der Eifel	15,4	5.00	295	(●)		●	●	●		●
20	leicht	Unterwegs im spanischen Ländchen	5,1	1.45	87	●	●	●	●	●		●
21	leicht	Durch das einstige Fürsten- und Herzogtum	9,2	3.00	270	●	●	●	●		●	
22	leicht	Aussichtsreicher Genuss zu Fuß	7,5	2.30	235	●	●	●	●	●		
23	leicht	Kostenlose Wellness für müde Füße	1,6	1.30	15	(●)		●		●		
24	mittel	Über das Maifeld und durch das Elzbachtal	11,4	4.00	363	●	●	●		●		●
25	mittel	Zu Karl dem Großen und ins Reich der Zwerge	13,5	4.00	404	●	●	●	●		●	●
26	leicht	Am größten Maartrichter der Eifel	6,3	2.30	180	(●)		●	●		●	
27	leicht	Achtsam in Manderscheid	6,1	2.00	128	●		●			●	●
28	leicht	Erholung für Leib und Seele	6,2	2.30	198	●	●	●	●		●	●
29	leicht	Der Einsiedler am Bitburger Stausee	8,2	3.00	178	●	●	●	●		●	●
30	leicht	Zu Kaiser Karls Bettstadt	10,2	3.00	65			●	●	●		●
31	mittel/schwer	Wasser, Brücken, Felsen	9,0	3.30	160	●		●			●	
32	schwer	Durch die Kleine Luxemburger Schweiz	10,0	3.30	200			●			●	●

- ● leicht
- ● mittel
- ● schwer

- Länge in km
- Gehzeit in Std.
- Höhenunterschied in Hm

- Einkehr
- Sehenswürdigkeiten
- kindergeeignet
- wintergeeignet

- viel Sonne
- eher Schatten
- öffentliche Verkehrsmittel

WANDER DICH GLÜCKLICH!

Immer mehr Menschen entdecken auf der Suche nach Ruhe und Entspannung das Wandern für sich. Wer wandert, stärkt erwiesenermaßen sein Immunsystem, kräftigt den Bewegungsapparat und bringt Stoffwechsel sowie Kreislauf ordentlich in Schwung. Vor allem aber ist Wandern ein idealer Ausgleich zu unserem oft stressigen, eng getakteten Alltag. Indem wir uns zu Fuß in der Natur bewegen, kommen wir zur Ruhe. Wir finden unser eigenes Tempo. Unser Kopf wird frei und wir haben plötzlich Zeit, auf die vielen Dinge zu achten, die uns normalerweise verborgen bleiben. Wie von selbst sind unsere Sinne plötzlich geschärft: Wir spüren den Wind auf offenem Feld, atmen frische Waldluft und erfreuen uns an farbenprächtigen Wildkräuterwiesen. Wandern stärkt Körper und Geist und sorgt für ein tiefes, zufriedenes Glücksgefühl. Es ist nicht übertrieben zu behaupten: Schon ein längerer Spaziergang kann Wunder bewirken.

Ich möchte Sie einladen, diese Wunder selbst zu erleben. Die Eifel bietet unendlich viele Möglichkeiten für kleine Auszeiten. In diesem Buch habe ich Touren zusammengestellt, die Ihnen die Schönheiten der Natur in der Eifel nahebringen und Ihnen im intensiven Erleben Entspannung und Ruhe garantieren. »Digital Detox« ist dabei ganz einfach: Lassen Sie Handy und Uhr einmal bewusst in der Tasche und genießen Sie die Dinge links und rechts des Weges. Derart entschleunigt, schöpfen Sie neue, kreative Energie für die alltäglichen Herausforderungen.

Ich wünsche Ihnen von Herzen eine entspannende Zeit voller Glücksmomente in der Eifel!

Ihre
Sabine Parschau

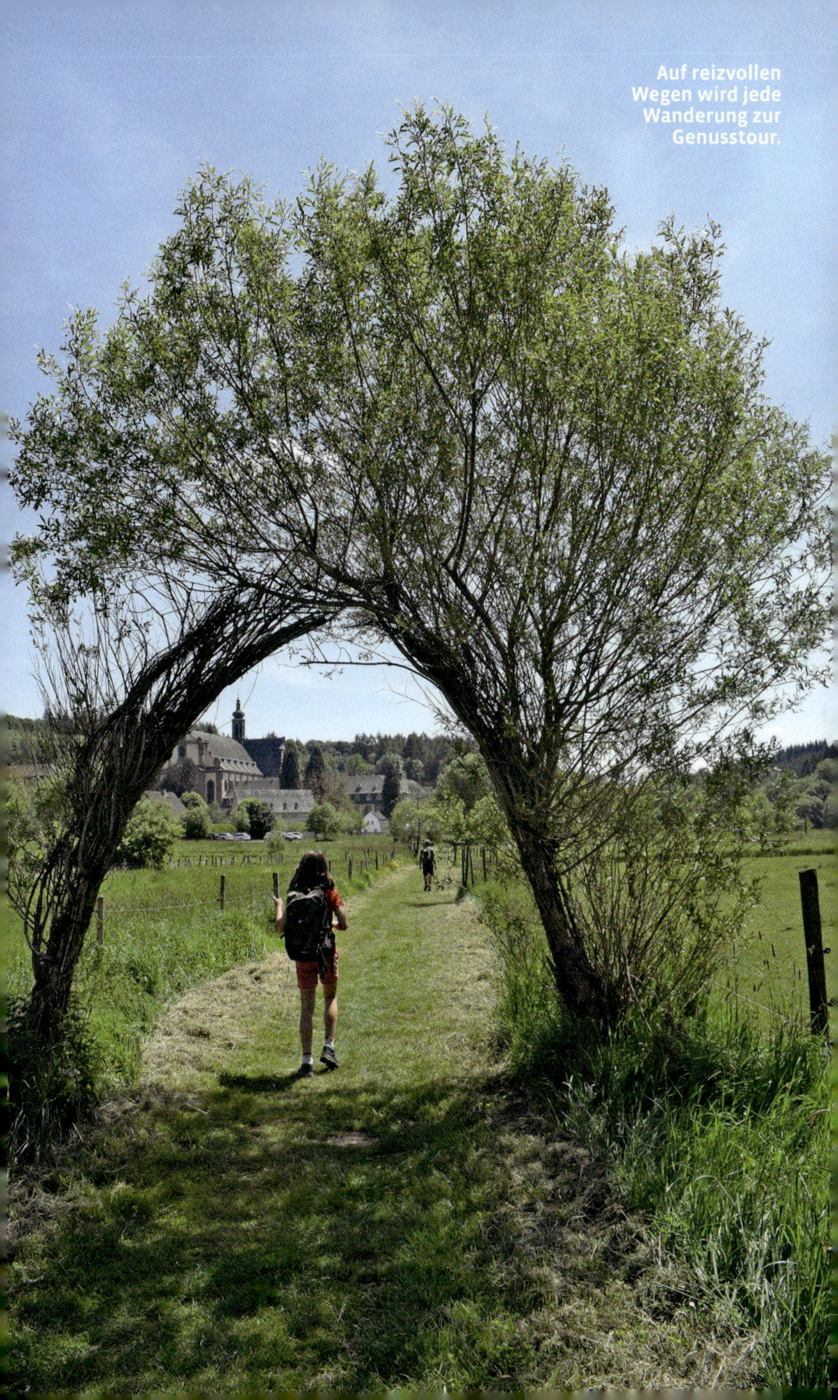

Auf reizvollen Wegen wird jede Wanderung zur Genusstour.

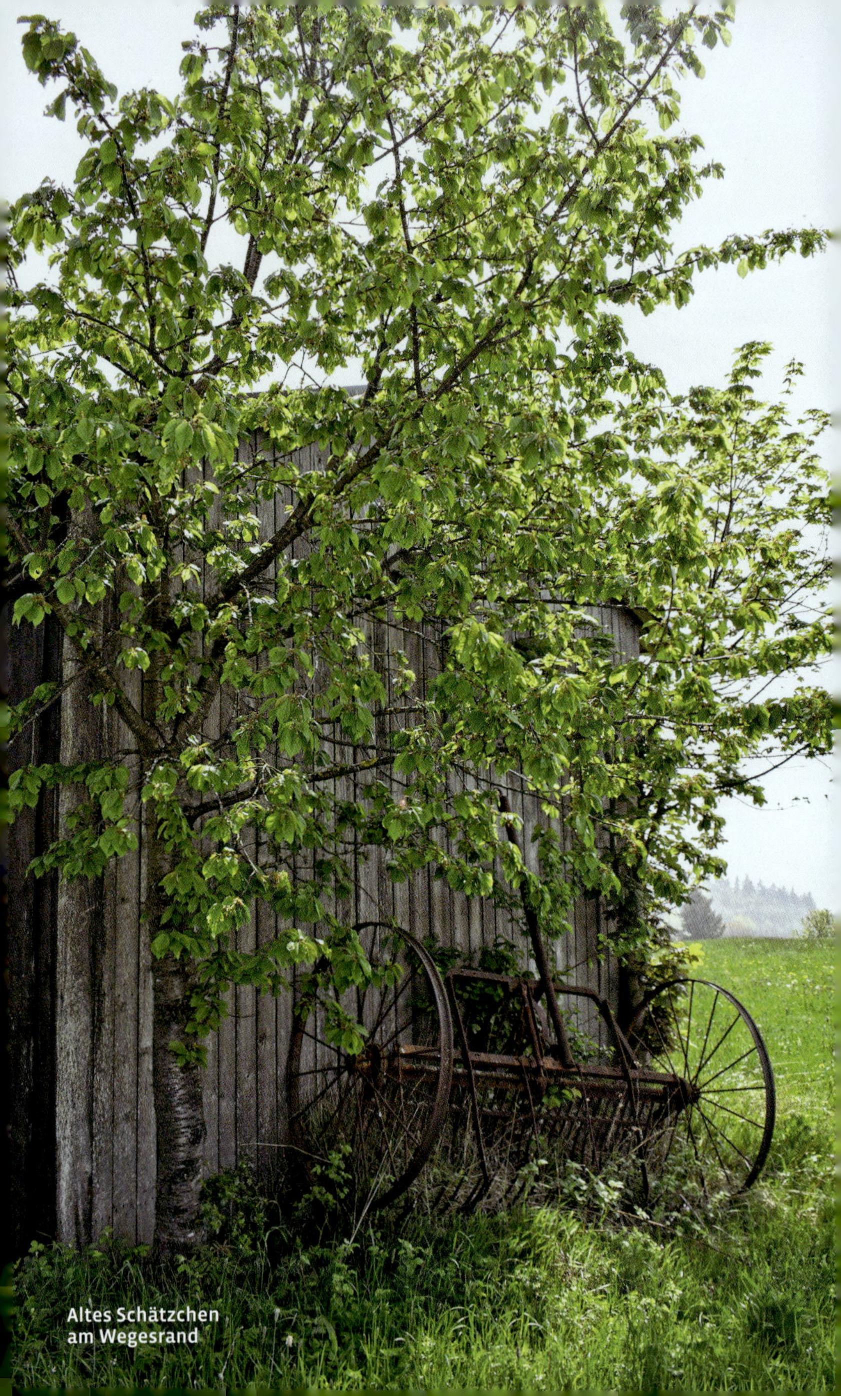

Altes Schätzchen
am Wegesrand

ENTSPANNT WANDERN IN DER EIFEL

Die abwechslungsreiche Mittelgebirgslandschaft in der Eifel ist wie geschaffen für ausgedehnte und entspannende Wanderungen. Durchstreifen Sie die herrlichen Buchenwälder im Nationalpark Eifel, wandern Sie durch die zerklüfteten Felslandschaften in der Südeifel oder spazieren Sie über Holzstege durch die Moorflächen im Hohen Venn. Umrunden Sie Maare in der Vulkaneifel und reisen Sie auf historischen Pfaden in frühere Zeiten. Bewundern Sie die Fachwerkkulisse beim Spaziergang durch malerische Eifeldörfer und lassen Sie sich von der regionalen Küche in einem der vielen kleinen Gasthöfe verwöhnen. Wandern in der Eifel sorgt für viele Glücksmomente.

Ich möchte Ihnen mit diesem Buch eine Auswahl der schönsten Genusswanderungen in der Eifel vorstellen, die die Vielfältigkeit der Landschaft widerspiegeln. Viele Touren führen dabei abseits des Trubels durch nahezu unberührte, ursprüngliche Natur. Mit dabei sind auch einige sogenannte Eifelspuren und -schleifen: Diese 2020 neu markierten Touren führen entlang besonders reizvoller Wege in der Nordeifel.

TOURENCHARAKTER

»Wander dich glücklich« gelingt mit diesem Buch jedem. Die vorgestellten Touren sind grundsätzlich problemlos zu bewältigen und erfordern weder besondere Kenntnisse noch besondere Übung. Wer noch nicht oft gewandert ist, findet viele kürzere Touren, die eher Spaziergängen als Wanderungen gleichen. Die meisten Touren sind so konzipiert, dass nicht übermäßig viele Höhenmeter anfallen und der Weg einfach zu begehen ist. Touren, die in diesem Buch als »mittel« gekennzeichnet sind, dauern meist etwas länger und erfordern daher etwas mehr Ausdauer. Anfänger sollten sich diese Touren als Tagesausflug vornehmen und sich Zeit lassen. Viele Wanderungen eignen sich für einen ausgedehnten Vor- oder Nachmittag. Ideal, um ganz in Ruhe loszuziehen oder noch einen Museumsbesuch oder eine gemütliche Einkehr einzuplanen. Einige wenige Passagen setzen etwas

Glückskategorien

Die Wanderungen in diesem Buch sind in vier Rubriken unterteilt und entsprechend farblich gekennzeichnet: »Tour für die Sinne«, »Tour der Stille«, »Tour für den Genuss« sowie »Tour ohne Uhr« – je nachdem, welche ganz besonderen Glücksmomente im Vordergrund stehen. Viele unserer Wanderungen erfüllen natürlich sogar mehrere Kriterien; in diesen Fällen wurde das aus Autorensicht wichtigste Merkmal verwendet.

Tour für die Sinne

Diese Touren kann man ganz besonders mit allen Sinnen erleben. Dazu gehören zum Beispiel ein paar Momente des Innehaltens, um die Schönheit, Geräusche und Gerüche einer bunten Blumenwiese zu genießen, das Gefühl von taunassem Gras unter den Füßen zu spüren oder sich an einem Bach oder See zu erfrischen, zwitschernden Vögeln zu lauschen, an duftenden Kräutern am Wegrand zu riechen oder den Wald bewusst wahrzunehmen.

Tour der Stille

Wir entdecken einsame, unbekannte Wege abseits des Trubels, uns begegnen nur wenige andere Wanderer und wir können diese Zeit fast ganz allein und bewusst genießen.

Tour für den Genuss

Wandern heißt auch genießen! Dafür muss es nicht immer ein trubeliger Biergarten oder ein überlaufenes Ausflugslokal sein. Wir bevorzugen Dorfcafés mit hausgemachten Kuchen, gemütliche kleine Geheimtipps und regionale Produkte aus einladenden Hof- und Klosterläden. Aber auch Tipps für besonders schöne Picknickplätze sind ein Genussfaktor der Touren.

Tour ohne Uhr

Hier kann das Handy gerne mal zu Hause bleiben, beim Wandern stellen wir keine Geschwindigkeitsrekorde auf – im Gegenteil! Wir dürfen ganz bewusst immer wieder stehenbleiben und die Aussicht oder einfach nur den Moment genießen. Dabei nehmen wir die Zeichen der Natur besonders intensiv wahr und auch, wie uns unsere Umgebung die Zeit mitteilt: zum Beispiel über den Sonnenstand oder das Abendläuten entfernter Glocken.

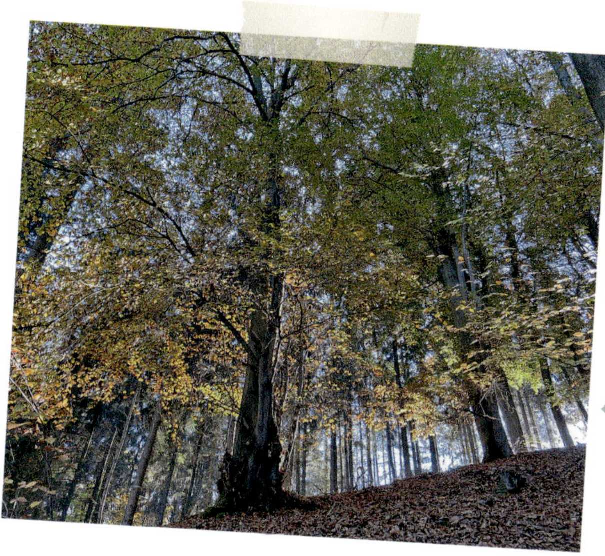

← **Die Natur mit allen Sinnen genießen**

mehr Trittsicherheit voraus – entsprechende Hinweise finden Sie bei den Toureninfos.

AUSRÜSTUNG

Für die hier beschriebenen Touren reichen feste, gut eingelaufene Schuhe meist aus. Wer häufig wandern geht, sollte über die Anschaffung knöchelhoher, wasserdichter Wanderschuhe nachdenken. Größere Anschaffungen sind keinesfalls notwendig: Eine Wanderung in der Eifel ist keine Expedition ins Ungewisse. Dennoch sollten einige Dinge griffbereit im Rucksack liegen. Dazu zählt eine Erste-Hilfe-Box für kleine Unfälle und ein Stück Schnur. Letztere hat uns schon wertvolle Dienste beim notdürftigen Reparieren von Schuhen oder Rucksäcken geleistet. Nasskaltes Wetter ist selten schön, aber ohne wetterfeste Kleidung schnell auch gefährlich. Daher ist eine wetterfeste Jacke sicher empfehlenswert. Unterschätzen Sie überdies nicht die Sonneneinstrahlung in der Eifel und denken Sie an Sonnencreme und Kopfbedeckung. Nicht unbedingt notwendig, aber mitunter hilfreich, ist sogenannte Funktionskleidung, die schnell trocknet. Ganz grundsätzlich gilt: Sie sollten sich in Ihrer Kleidung wohlfühlen.

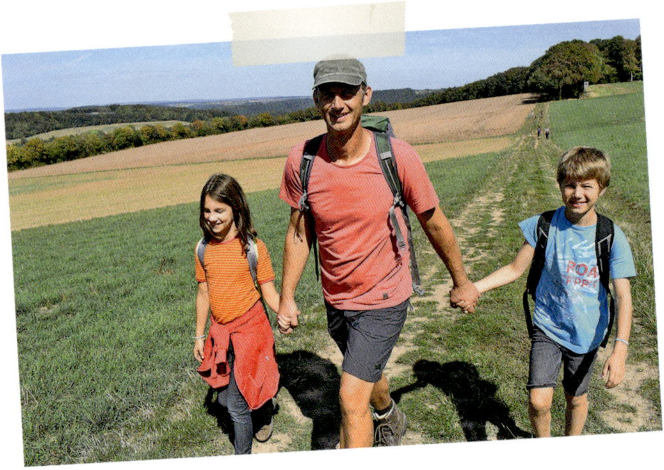

↑ **Wandern mit der ganzen Familie macht Spaß.**

EIN WORT ZUR ANFAHRT

Obwohl im öffentlichen Nahverkehr in der Eifel in den letzten Jahren auch die Bedürfnisse von Wanderern und Radfahrern stärker in den Fokus gerückt sind, ist hier sicherlich noch viel Luft nach oben. Häufig fahren Spezialbusse nur in der »Saison« oder am Wochenende. Umgekehrt steht an Wochenenden der fahrplanmäßige ÖPNV häufig nur sehr eingeschränkt zur Verfügung. Viele Touren lassen sich deshalb nach wie vor in einem zeitlich vertretbaren Aufwand nur mit dem Auto realisieren. Dort, wo es gute Alternativen gibt, sind diese in der Toureninfo aufgeführt. Dabei habe ich auch berücksichtigt, wie lange eine Bus- oder Bahnfahrt gegenüber der Autofahrt dauert und auf eine Angabe verzichtet, wenn mir der Aufwand zu lang oder die Taktung unattraktiv schien. Wer schon mal die Hälfte der Wanderung gehetzt ist, um noch den einzigen Bus zu erwischen, weiß, wovon ich spreche!

GEHZEITEN

Die in der Toureninfo angegebenen Zeiten sind reine Gehzeiten. Sie sollen Ihnen eine Orientierung geben, wie viele Stunden Sie mindestens veranschlagen sollten. Pausen sind hier nicht eingerechnet! Es macht erfahrungsgemäß einen großen Unterschied, ob Sie allein oder in einer größeren

Gruppe unterwegs sind. Je größer die Gruppe, desto länger werden Sie unterwegs sein. Für einen entspannten Aufenthalt in der Natur sollten Sie also auf jeden Fall genügend Zeit einplanen.

PAUSEN

Ohne Pausen keine Wanderung. Genießen Sie es, draußen zu sein und zu essen, auch wenn die Wanderung nicht unbedingt eine »Mahlzeit« erfordert. Oberstes Gebot: Nicht zu wenig mitnehmen, vor allem nicht an Getränken sparen! Verlassen Sie sich nie ausschließlich auf Einkehrmöglichkeiten. Die Einkehrmöglichkeiten in diesem Buch sind sorgfältig recherchiert, dennoch kann es kurzfristige Änderungen geben. Die Corona-Pandemie macht es umso schwieriger, langfristige und verlässliche Informationen bereitzustellen. Ich empfehle daher unbedingt, immer selbst etwas Proviant mitzunehmen.

Was aber gehört zu einer ordentlichen Brotzeit? Ganz einfach: alles, was schmeckt und mit vertretbarem Aufwand getragen werden kann. Gerne darf es gesund sein: Nüsse sind ein sehr guter und schneller Energiespender. Obst und Gemüse oder ein leckeres Stück Käse oder Wurst machen unterwegs glücklich. Schokolade oder einige Kekse gehören bei uns immer in den Rucksack. Als Getränk empfiehlt sich vor allem Wasser. Aber auch ungesüßte Tees löschen gut den Durst und wärmen unterwegs. Weniger geeignet sind Saftschorlen oder Limonaden und gänzlich unnötig sind sogenannte Energydrinks oder -riegel. Mein ganz persönlicher Pausentipp: Ein faltbares, dünnes Thermositzkissen ist im Herbst und Winter bei mir immer im Gepäck!

Jetzt aber: raus aus dem Alltag und rein ins Wandervergnügen!

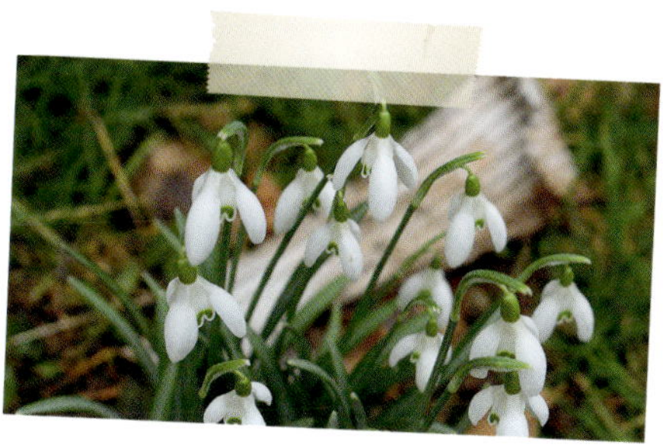

← **Ersehnte Schönheit im Frühling**

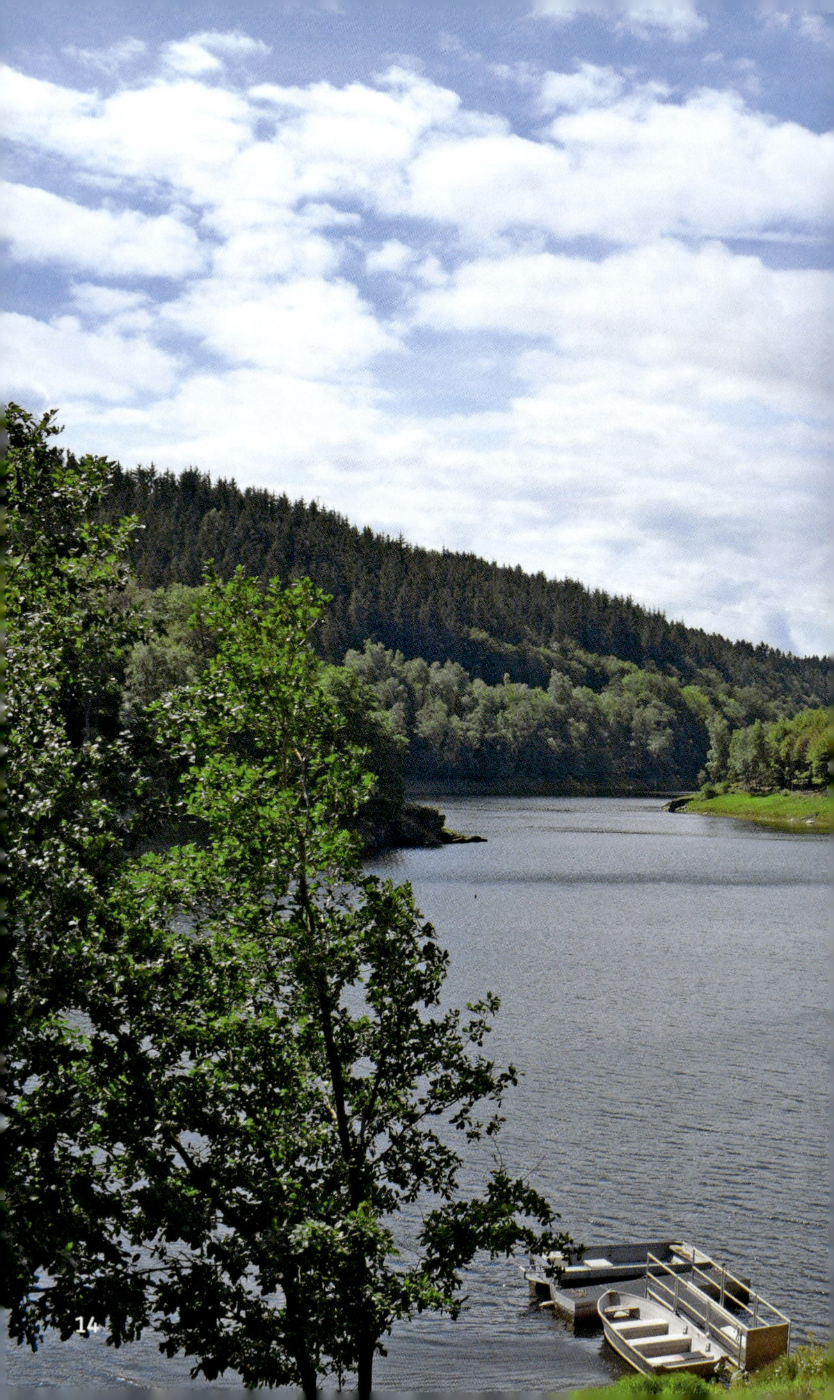

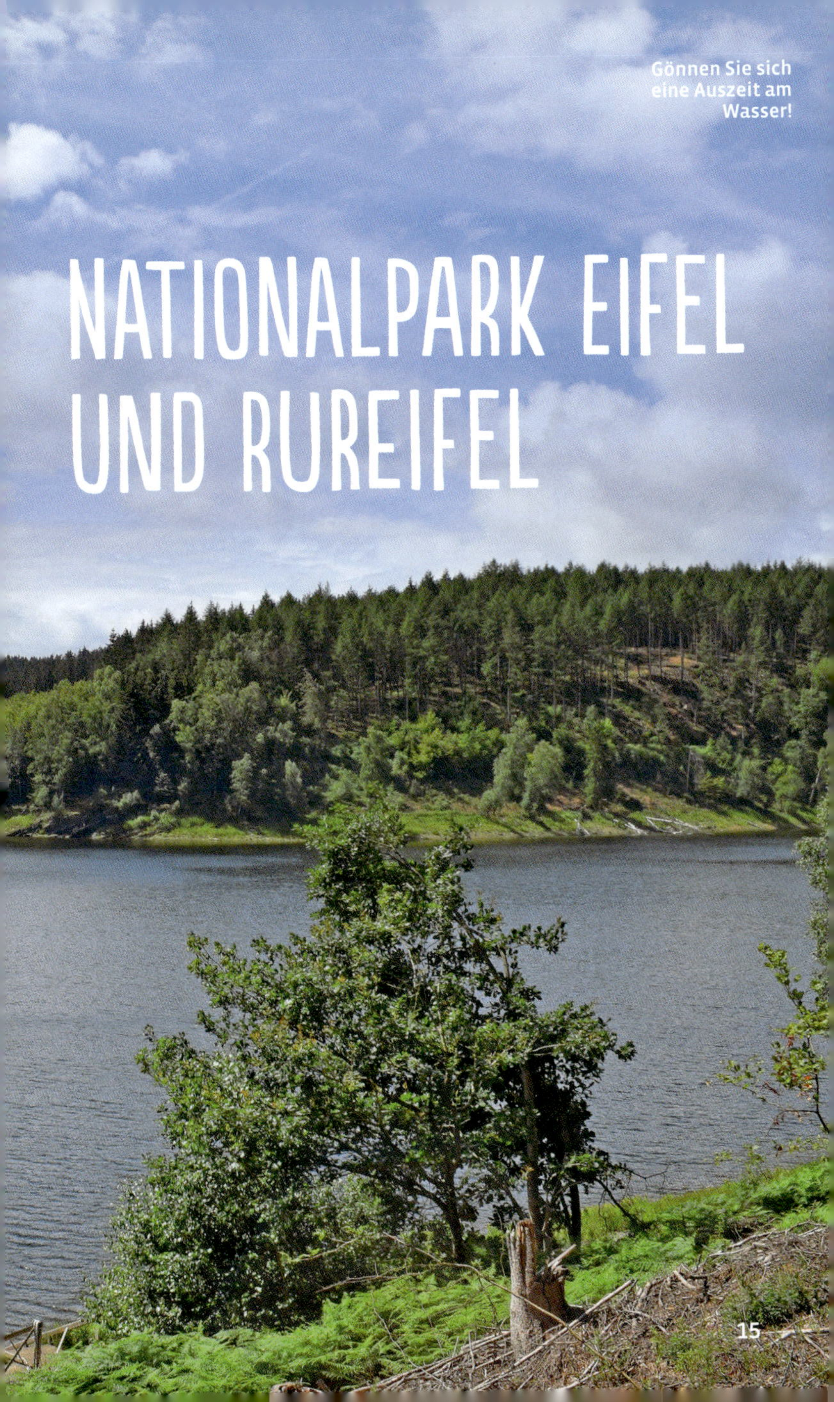

NATIONALPARK EIFEL UND RUREIFEL

Gönnen Sie sich eine Auszeit am Wasser!

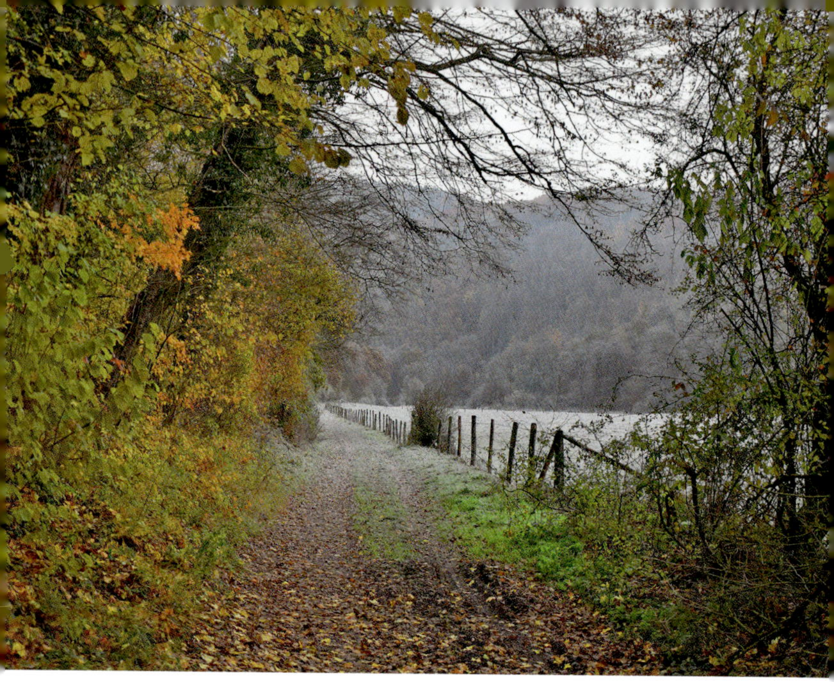

↑ Raureif im Kalltal ↓ Nur ein paar Kühe begegnen uns heute.

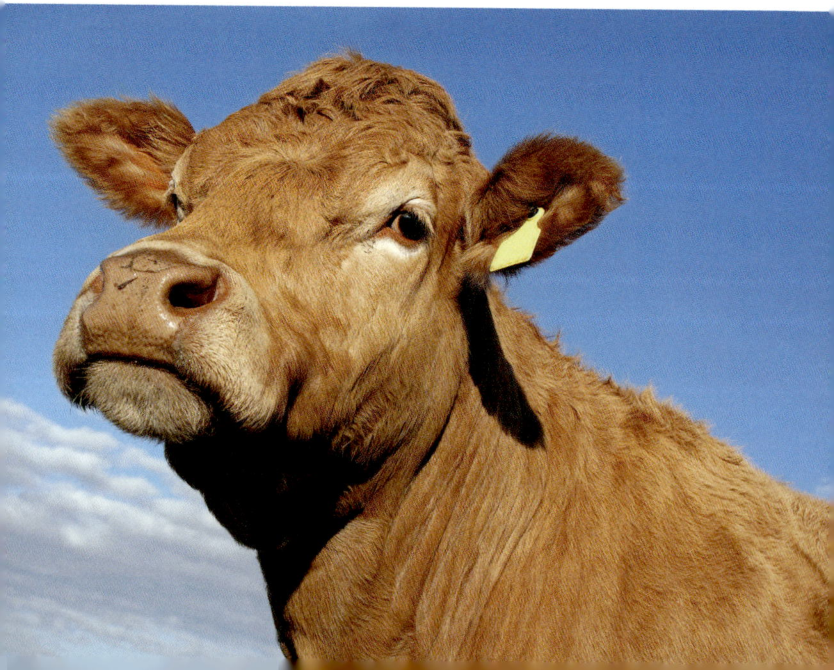

Tour der Stille
TOUR 1

BÜTTENPAPIER FÜRS GRUNDGESETZ

Mystische Stimmung auf dem Kalltalweg

Es ist sehr wahrscheinlich, dass Ihnen auf dieser Tour niemand begegnet. Erst recht nicht, wenn Sie einmal ausprobieren, wie wunderschön das Kalltal ganz früh am Morgen im Herbst ist, wenn Raureif die Wiesen in milchiges Weiß taucht.

Nationalparktor Wir starten am Nationalpark-Infopunkt Zerkall und folgen der Straße in den Ort, bis wir nach der Kurve die alten Gebäude der Papierfabrik Renker & Söhne erreichen. Unsere Wegmarkierung ist die Nummer 25. Über ein kleines Brückchen gelangen wir nun ins Kalltal. Raureif bedeckt den Weg und die Bäume. Dicht liegt der Nebel über den Wiesen, die feuchte Luft lässt überall filigrane Spinnennetze sichtbar werden. Über einige Brücken – achten Sie einmal auf die überdeutlichen Biberspuren – wechseln wir immer wieder einmal die Seite der Kall und folgen dem Verlauf aufwärts. Mitten durch eine Wiese erreichen wir dann einen Pfad, dem wir nun etwas aufwärts dem Hang entlang folgen. Sanft auf- und absteigend erreichen wir ohne Schwierigkeiten durch herrlichen Wald unsere nächste Station, das ehemalige Hüttenwerk Zweifallshammer. Römische Funde belegen, dass hier schon 200 nach Christus Menschen siedelten.

Unberührte Schönheit Mit einer scharfen Linkskurve leiten wir den zweiten Teil unserer Tour ein. Noch einmal geht es ein Stück durch das Tal, vorbei an weidenden Kühen. Erneut hilft uns eine Brücke über die Kall. Dann geht es einige Höhenmeter hinauf. Nun können wir die Schönheit dieses recht unberührten Tals von der anderen Seite genießen. Wir kommen an einer Infotafel des Nationalparks vorbei und folgen der Nr. 25 auf einfachem Weg weiter. Nach den Wasserbecken der Papierfabrik können

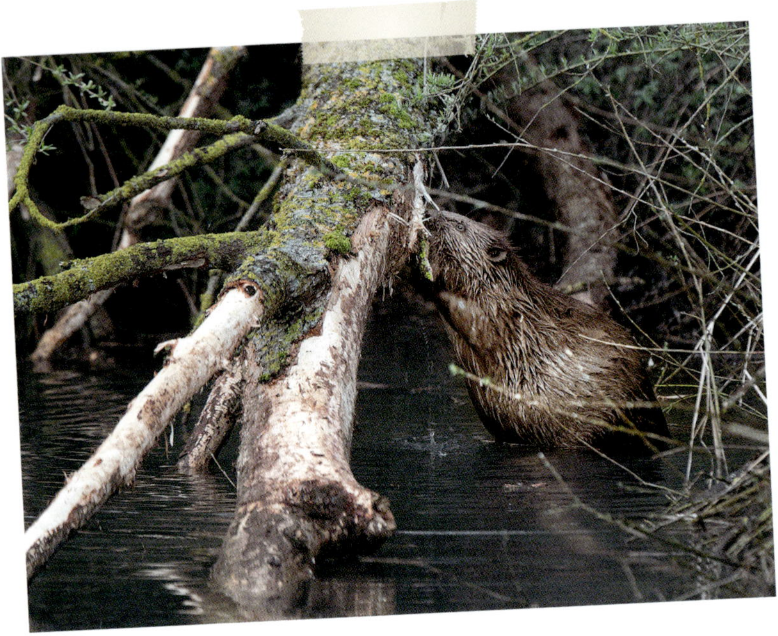

Auch Biber fühlen sich im Kalltal sehr wohl.

wir entweder über einen schmalen Wiesenpfad nach Zerkall absteigen. Oder wir folgen der Nr. 25 noch ein Stück weiter, queren dann die Straße und gehen auf einem separaten Weg neben der Straße zum Nationalpark-Infopunkt zurück. Der Infopunkt ist auch ein guter Ausgangspunkt für viele weitere Touren in der Region.

Info

Seit 1903 werden in der Papierfabrik Renker & Söhne hochwertige Papiere hergestellt. Das Zerkall-Bütten hat sogar einen historischen Platz erobert: Das Originalexemplar des Grundgesetzes aus dem Jahr 1949 wurde auf Zerkall-Bütten gedruckt, ebenso zahlreiche Staatsverträge. Im Bonner »Haus der Geschichte« ist etwa der Einigungsvertrag mit der DDR aus dem Jahr 1990 ausgestellt.

AUF EINEN BLICK

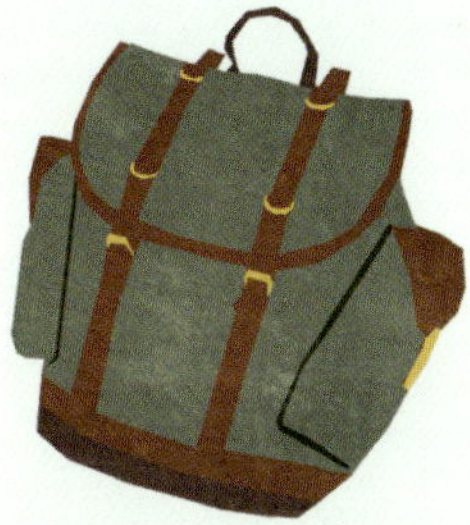

Tour 1: Tour der Stille

Dauer: 3 Std.

Höhenmeter: 156 Hm

Länge: 10,7 km

Schwierigkeit: Leicht

Tourencharakter: Einsame Runde durch bezaubernde, unberührte Landschaft

Ausgangs-/Endpunkt: Nationalpark Infopunkt Zerkall, Auel 1, Hürtgenwald-Zerkall

Anfahrt: **Pkw:** Über A 61 bzw. A 1 bis Erftstadt, weiter über B 265. Oder über A 4 bis Düren, weiter auf B 56 Richtung Nideggen und Zerkall
Bahn/Bus: Mit der Rurtalbahn ab Düren bis Zerkall. Der Bahnhof ist direkt am Infopunkt.

Einkehr: Keine, unbedingt Proviant mitnehmen!

Information: www.rureifel-tourismus.de, Tel. 02446/80 57 90

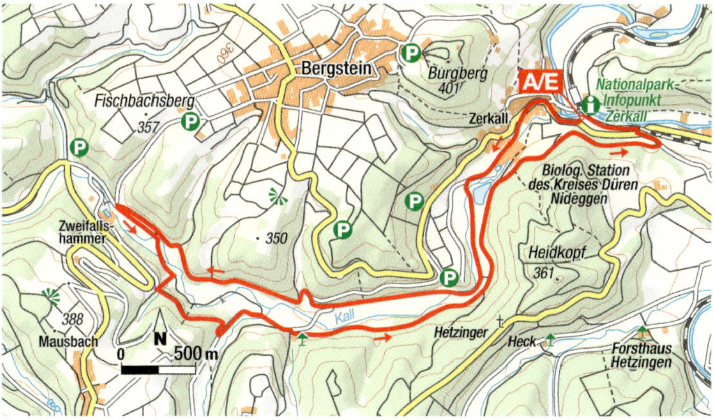

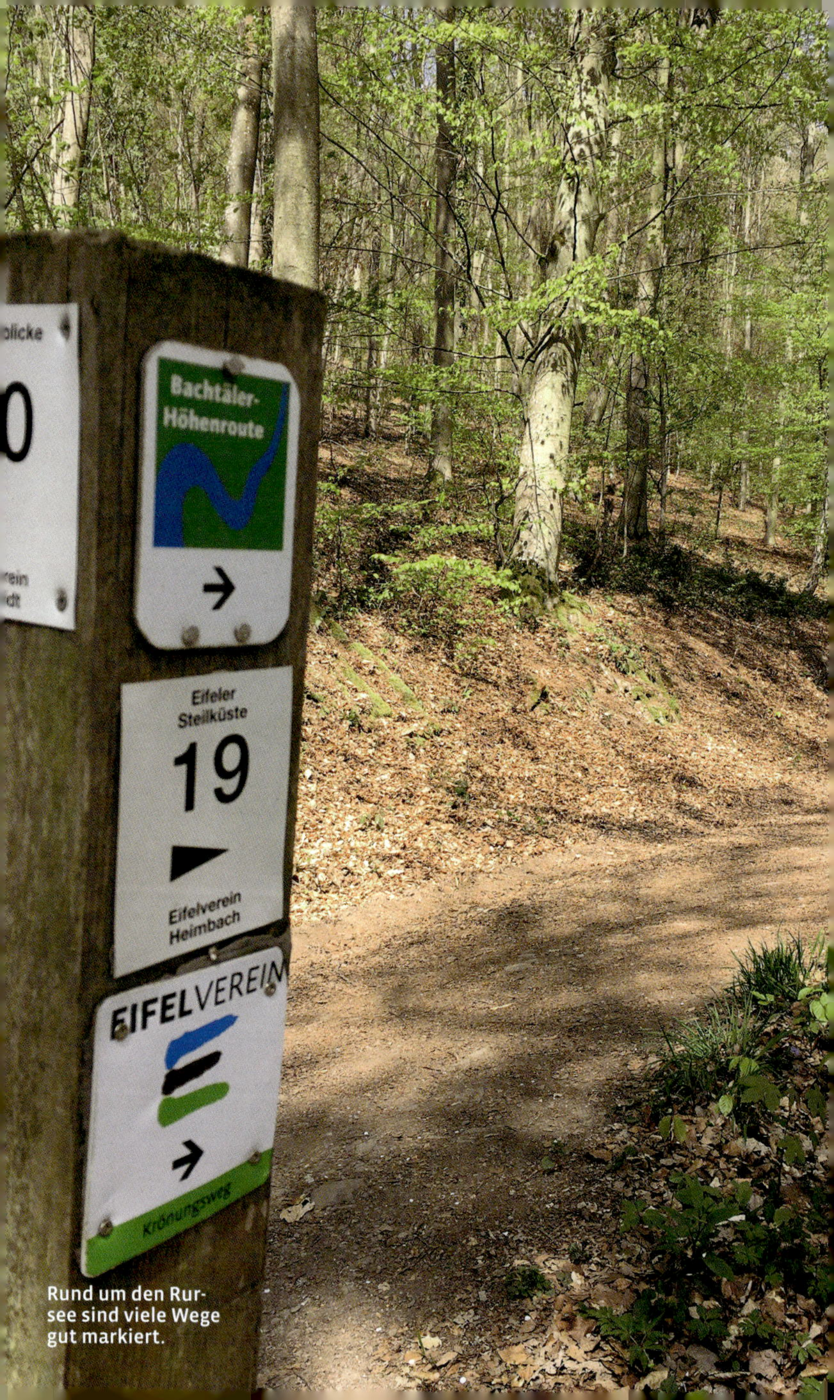

Rund um den Rursee sind viele Wege gut markiert.

Tour für die Sinne
TOUR 2

DIE EIFELER STEILKÜSTE IM BLICK

Rursee mit Ausblick

Urlaub vor der Haustür gelingt am Rursee immer. Diese Tour bietet viele herrliche Panoramablicke. Nebenbei erfahren wir, was es mit der Mokka-Kirche in Schmidt auf sich hat.

Uferpromenade Die Tour startet direkt am Seeufer am Parkplatz Schwammenauel. Unser Wegzeichen ist die Beschilderung Nr. 19 »Eifeler Steilküste«. Wir lassen es langsam angehen und entspannen Körper und Geist, indem wir die schönen Blicke auf das Wasser genießen. Nach gut zwei Kilometern holen wir tief Luft, denn vor uns liegt nun der einzige nennenswerte Anstieg dieser Tour.

Panoramablicke Rechts geht es nun in einigen Kehren gut einen Kilometer bergauf. Dabei passieren wir die Überreste eines alten Bunkers. Wir gehen gemütlich und nun auch kaum noch ansteigend durch den lichten Buchenwald weiter. Links am Weg liegt mit der »Hubertushöhe« eine der schönsten Aussichten auf den Rursee. Was für eine schöne Stelle für eine ausgiebige Rast! Sollte der Platz belegt sein, gibt es eine zweite Chance auf ungestörte Panoramasicht: Nur 300 Meter weiter sind wir am Aussichtspunkt »Eifeler Steilküste«. Wenige Meter entfernt liegt ein Wanderparkplatz, sodass hier die Tour auch beginnen könnte.

St. Mokka Wir können an dieser Stelle die Nr. 19 kurz verlassen und vorbei am Parkplatz über »Zur schönen Aussicht« und die Wildparkstraße durch Schmidt wandern und dann rechts abbiegend wieder auf die Nr. 19 stoßen. So verkürzen wir den Weg durch den Ort. Gemäß der Beschilderung folgt man dem Weg noch etwa 800 Meter durch den Wald und biegt dann rechts ab. In einer größeren Schleife geht es dann durch Schmidt. Dabei

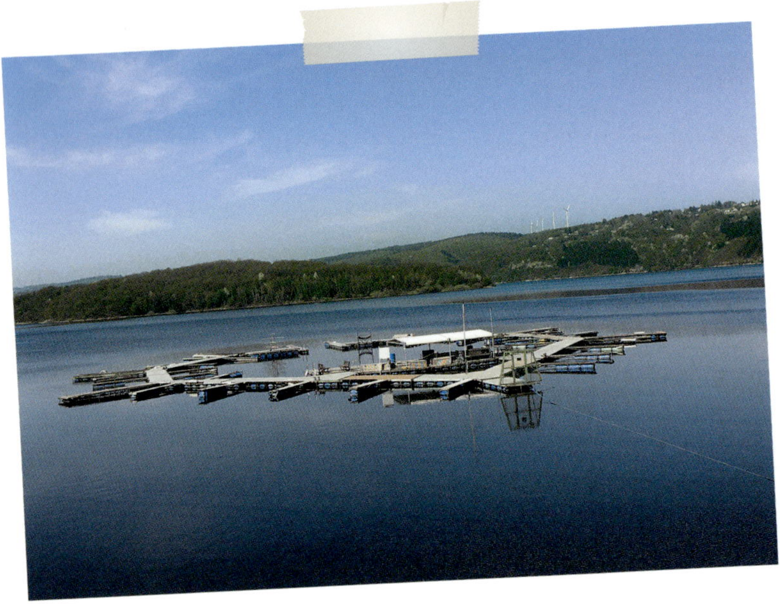

↑ **Auch Wassersportler kommen am Rursee auf ihre Kosten.**

passieren wir die Kirche St. Hubertus, von den Einheimischen »St. Mokka« genannt. Die Kirche wurde im Krieg zerstört, den Wiederaufbau finanzierten die Einheimischen auch mit dem Schmuggel von Kaffee, der zeitweise sogar in der Kirche gelagert wurde.

Hasenfeld Mit dieser Anekdote im Kopf schlendern wir schließlich aus Schmidt hinaus und wandern nun über weite Feld- und Wiesenflächen. Wir queren ein Sträßchen und wandern dann abwechselnd zwischen Feld- und Waldrandpassagen, bis wir schließlich nach rechts abbiegen und ganz im Wald sind. Erst queren wir eine breite Schneise, dann erreichen wir auf schmalerem Pfad absteigend das Eifelörtchen Hasenfeld. Über die Straßen In der Bühl und In den Wingerten kommen wir rechts abbiegend an einer Kapelle vorbei, halten uns danach links und gleich wieder rechts. So verlassen wir über die Straße Kirchenbenden den Ort und die letzten Häuser am Waldrand. Nach knapp einem Kilometer durch den Wald erreichen wir den Ausgangspunkt dieser Wanderung durch herrliche Eifellandschaften.

AUF EINEN BLICK

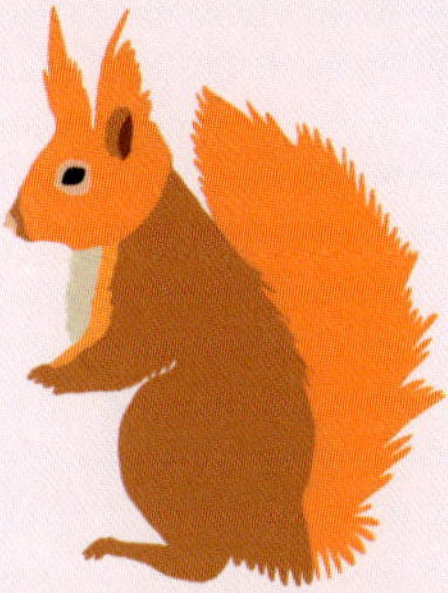

Tour 2: Tour für die Sinne

Dauer: 4 Std.

Höhenmeter: 421 Hm

Länge: 13,7 km

Schwierigkeit: Mittel

Tourencharakter: Erlebnisreiche Tour mit viel Wald und Wasser ohne besondere Schwierigkeiten. Aufgrund der Gesamtlänge ist aber eine gute Kondition von Vorteil.

Ausgangs-/Endpunkt: Parkplatz Schwammenauel Seehof (Heimbach) an der L 15

Anfahrt: **Pkw:** Über B 265, L 218 und L 15 bis zum Parkplatz Schwammenauel Seehof, Hasenfeld-Heimbach
Bahn/Bus: Linie 231 ab Schleiden bis Schwammenauel

Einkehr: Eventuell in Schmidt oder Heimbach-Hasenfeld

Information: www.rureifel-tourismus.de, rursee-schifffahrt.de

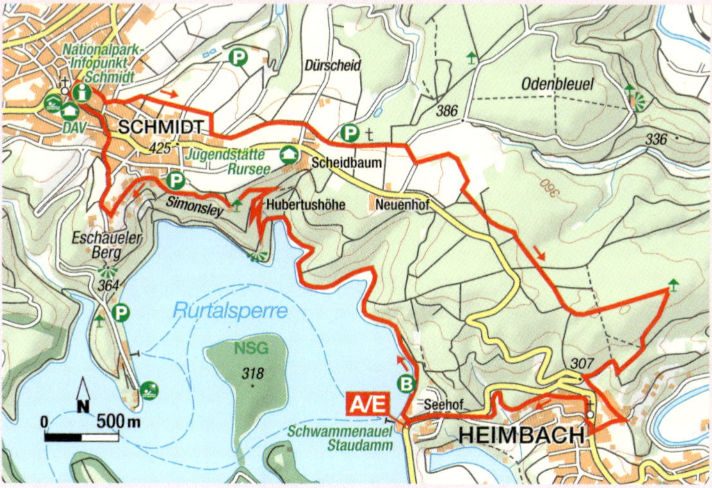

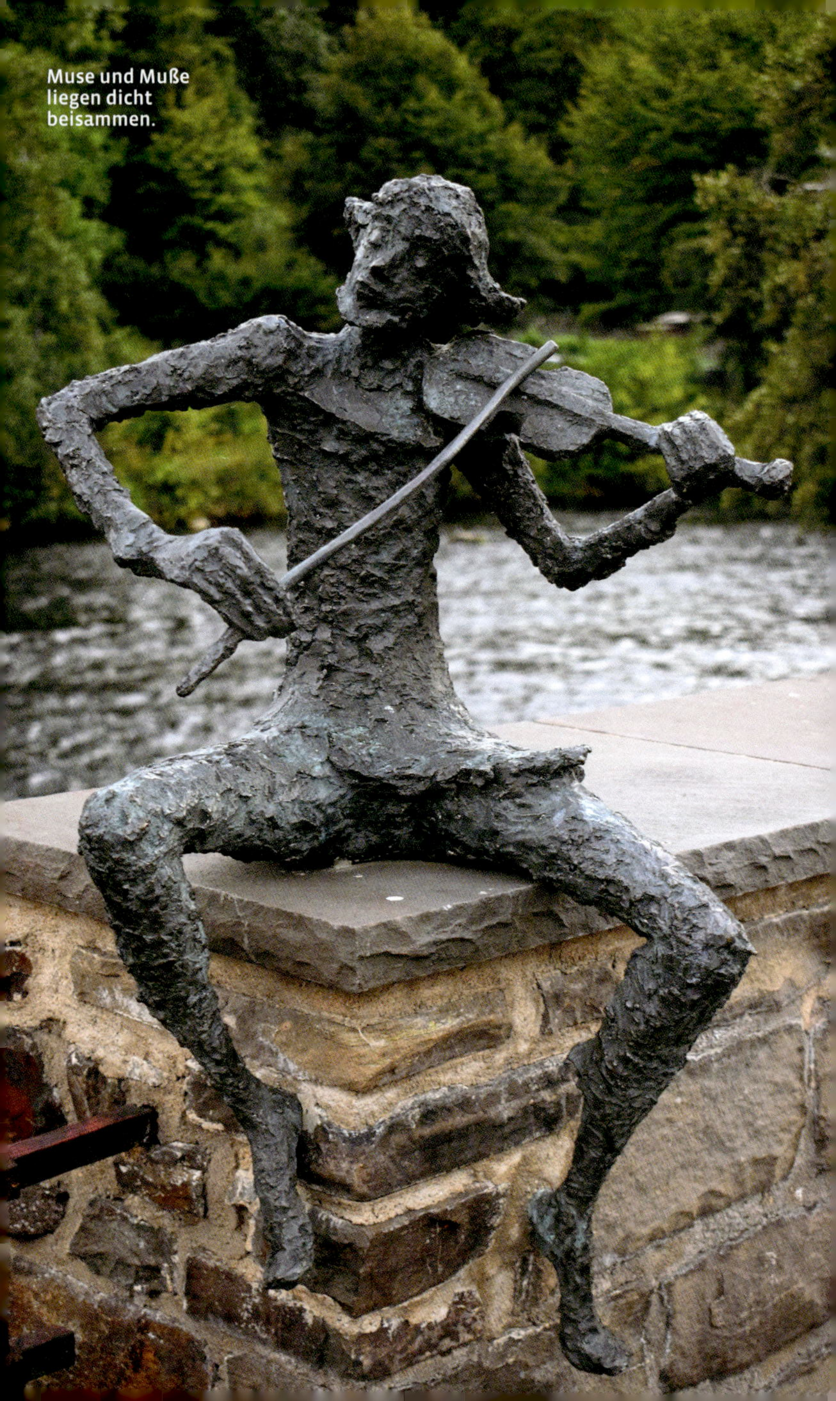

Muse und Muße liegen dicht beisammen.

ORTE DER KRAFT ENTDECKEN

Tour für den Genuss
TOUR 3

Von Heimbach zur Abtei Mariawald

Entschleunigen und Kraft schöpfen können wir bei dieser Wanderung. Sie führt entlang des Heimbacher Staubeckens hinauf zum Trappistenkloster Abtei Mariawald. Dort ist auch bestens für unser leibliches Wohl gesorgt. Zurück geht es über einen alten Kreuzweg.

Dschungelpfad Wir folgen zunächst der Beschilderung Nr. 49 (Klosterrunde) über die Brücke »Über Rur« in Heimbach nach links. So können wir gleich zu Beginn einen schönen Blick auf die Burg Hengebach werfen. Eine asphaltierte Straße führt zunächst leicht bergauf, dann geht es auf schmalem Schotterpfad wieder direkt ans Wasser. Vor uns liegt nun eine der schönsten Passagen des Weges. Viele Bänke laden dazu ein, immer wieder innezuhalten, zur Ruhe zu kommen und den herrlichen Blick auf die Rur zu genießen. Einfache Holzgeländer und -stege helfen uns immer wieder, den »Dschungelpfad« gut zu bewältigen – aber keine Sorge, außer einigen felsigen und stark durchwurzelten Abschnitten besteht keine Gefahr. Ewig könnten wir so weitergehen, ohne Anstrengung und ohne Eile.

Jugendstil Über die Straße Im Sangert und links abbiegend in die Kleestraße umrunden wir ein Campingplatzgelände. Über die Staustufe gelangen wir auf die andere Seite des Flusses und stehen direkt vor einem Jugendstil-Wasserkraftwerk. Es war bei seiner Inbetriebnahme im Jahr 1905 das größte Speicher-Wasserkraftwerk Europas. Eine Besichtigung ist nach Voranmeldung möglich. Hier verlassen wir die Markierung 49 und halten uns nun rechts. Am Schild »Ressort Eifeler Tor« geht es links über die asphaltierte Straße, vorbei an den Häusern des Ferienparks und hinauf zur L 15. Nach etwa 200 Metern entlang der Straße tauchen wir links in den Wald ein.

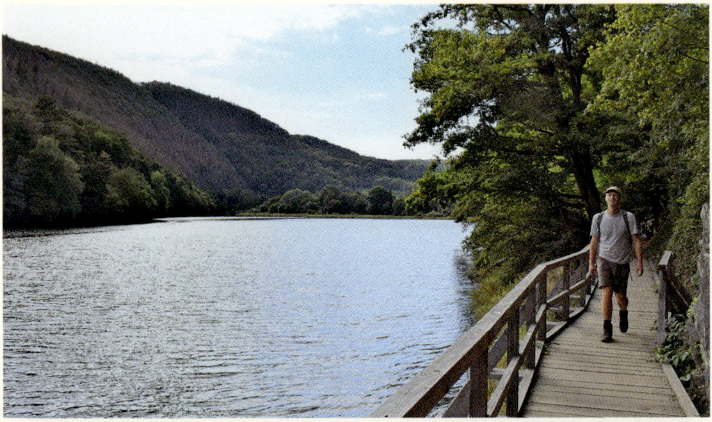

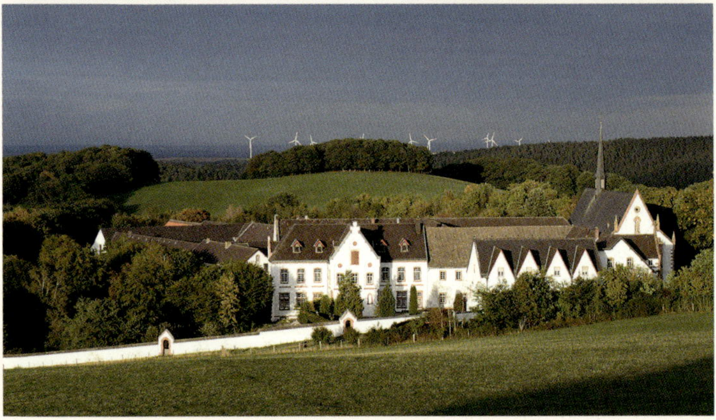

»Es gibt Wichtigeres im Leben, als beständig dessen Geschwindigkeit zu erhöhen.«

Mahatma Gandhi

Kermeter Auf weichem Forstweg genießen wir nun die kühle, klare Luft inmitten des Naturschutzgebiets Kermeter. Den einst dichten Fichtenbeständen haben hier wie andernorts Trockenheit und Borkenkäfer allerdings sehr zugesetzt. Die »Gerippe« sind nicht gerade schön anzusehen, durch sie hindurch kann man aber immer wieder zur anderen Talseite blicken. Schließlich kommen wir an eine große Infotafel des Nationalparks. Ab hier führen zwei Wege zur Abtei: Rechts geht es etwa einen Kilometer bergauf und dann auf einfachen Forstwegen in Kehren durch herrlichen Buchenwald in etwa 5,5 Kilometern zur Abtei. Dieses Teilstück folgt dem Wildnistrail (Logo: stilisierte Katze), der seinem Namen hier alle Ehre macht. Wir wählen heute die andere, kürzere Variante und folgen dem Weg geradeaus (Wegweiser Heimbach). An einer Wegkreuzung können wir links direkt nach Heimbach zurückkehren und so die Wanderung nochmals verkürzen. Wir folgen aber dem Verlauf des Herbstbachtals und müssen auch bei dieser Variante in stetigem Auf und Ab einige Höhenmeter überwinden. Diese sind aber fast vergessen, sobald wir die Kriegsgräberstätte Mariawald erreicht haben und uns selbst mit grandiosen Fernblicken für unsere Mühen belohnen. Über einen breit angelegten Pfad und einen Parkplatz erreichen wir die Abtei.

Pause Nun ist auf jeden Fall Zeit für eine Pause und eine Erkundung der Abtei. Die Wurzeln reichen bis in die Zeit um 1470 zurück. Die Erbsensuppe in der Klostergaststätte sollte man sich nicht entgehen lassen – sie schmeckt natürlich besonders gut mit einem belgischen Trappistenbier! Alternativ helfen wechselnde Tagesgerichte und leckerer Kuchen über Hungergefühle hinweg. Über das Außengelände

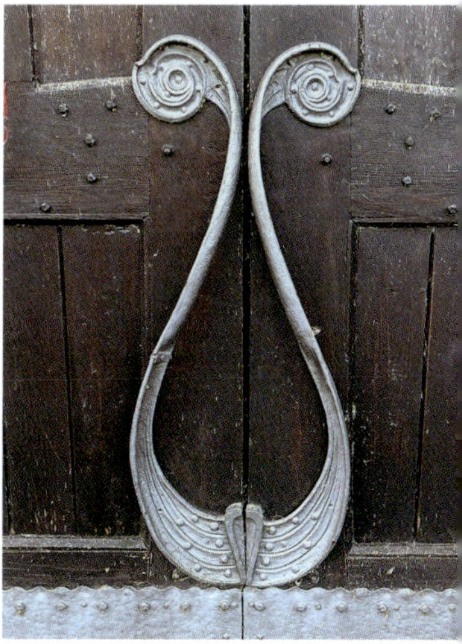

↑ Entlang des Holzsteges bieten sich viele schöne Panoramablicke.
↓ Die Abtei Mariawald – Ort der Ruhe und Besinnung
→ Sehenswerte Jugendstilelemente am Wasserkraftwerk Heimbach

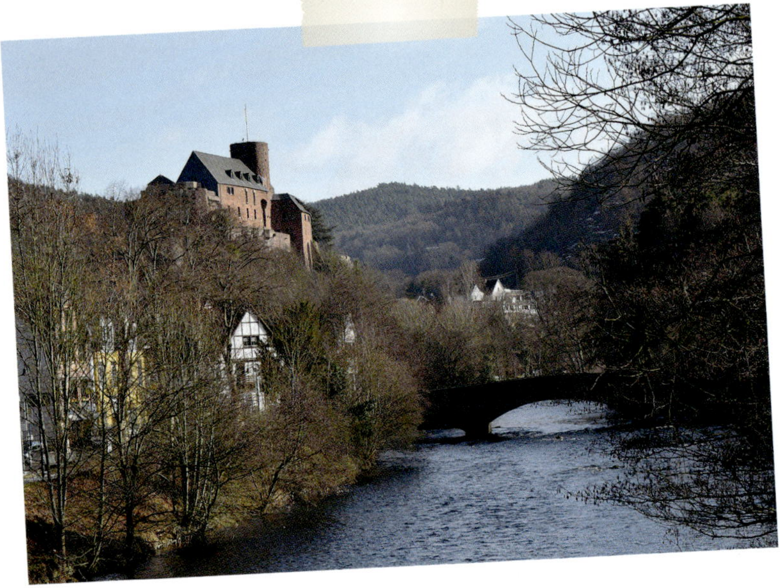

↑ **Wahrzeichen von Heimbach: die mittelalterliche Burg Hengebach**

der Klostergaststätte verlassen wir gut gestärkt nach rechts das Klostergelände. Wir folgen nun dem Kreuzweg, der uns zunächst über die L 249 und dann durch das enge, schluchtenartige Ruppental leitet. Schließlich kreuzen wir die L 249 erneut und steigen dann steil weiter bergab. Wir wenden uns nach links (nicht Richtung Burg!) und nach wenigen Metern wieder rechts. So gelangen wir auf den Seerandweg und durch den schön angelegten Park mit Kinderspielplatz und Open-Air-Bühne zurück nach Heimbach zum Wanderparkplatz.

Tipp

Wer das Herzstück des Nationalparks Eifel, den Kermeter, genauer erkunden möchte, kann sich mehrmals wöchentlich kostenlos geführten Thementouren mit Rangern anschließen. Infos unter www. nationalpark-eifel.de

AUF EINEN BLICK

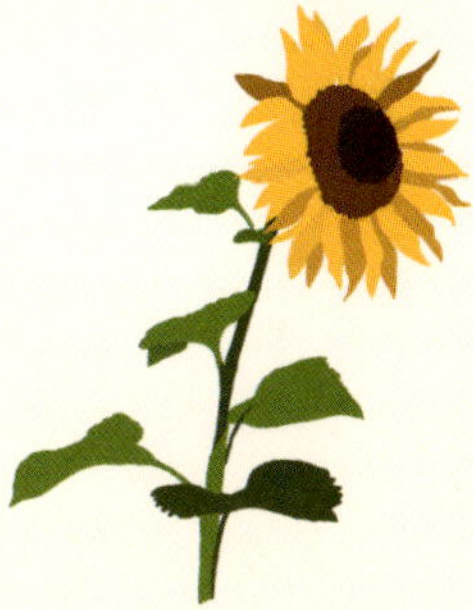

Tour 3: Tour für den Genuss

Dauer: 3.45 Std.

Höhenmeter: 326 Hm

Länge: 11,6 km

Schwierigkeit: Mittel

Tourencharakter: Beschauliche Tour mit vielen Gelegenheiten für wunderschöne Ruhemomente

Ausgangs-/Endpunkt: Wanderparkplatz an der Rur (Kosten: 5 EUR). Wegen der guten Verkehrsanbindung starten wir in Heimbach. Alternativ ist auch ein Start am Trappistenkloster Abtei Maria Wald möglich.

Anfahrt: **Pkw:** A 1 bis Euskirchen/Zülpich, weiter über B 56n Richtung Zülpich auf B 265 Richtung Schleiden. Bis Vlatten, dann rechts nach Heimbach
Bahn/Bus: Mit der Rurtalbahn bis Heimbach, ca. 800 m bis zum Ausgangspunkt über die Hengebachstraße in Richtung Stadtmitte (Brücke »Über Rur«)

Einkehr: Klostergaststätte Mariawald. Trappisten-Abteitropfen, Klostersenf und weitere regionale Spezialitäten und Klosterprodukte, darunter Biofleisch, gibt es auch in dem gut sortierten Klosterladen.

Information: www.nationalpark-eifel.de, www.kloster-mariawald.de

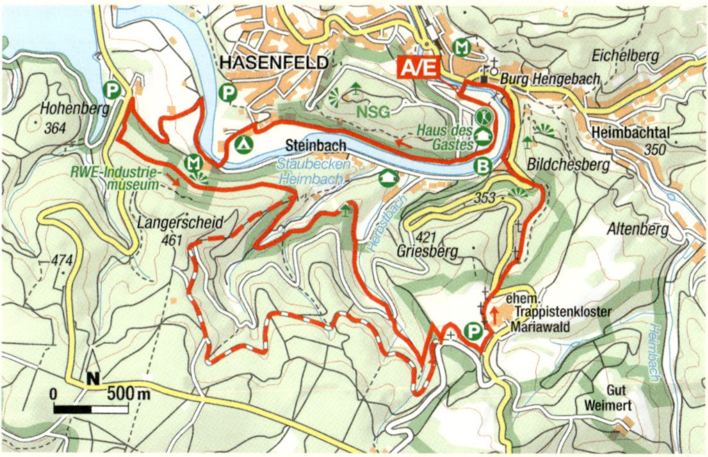

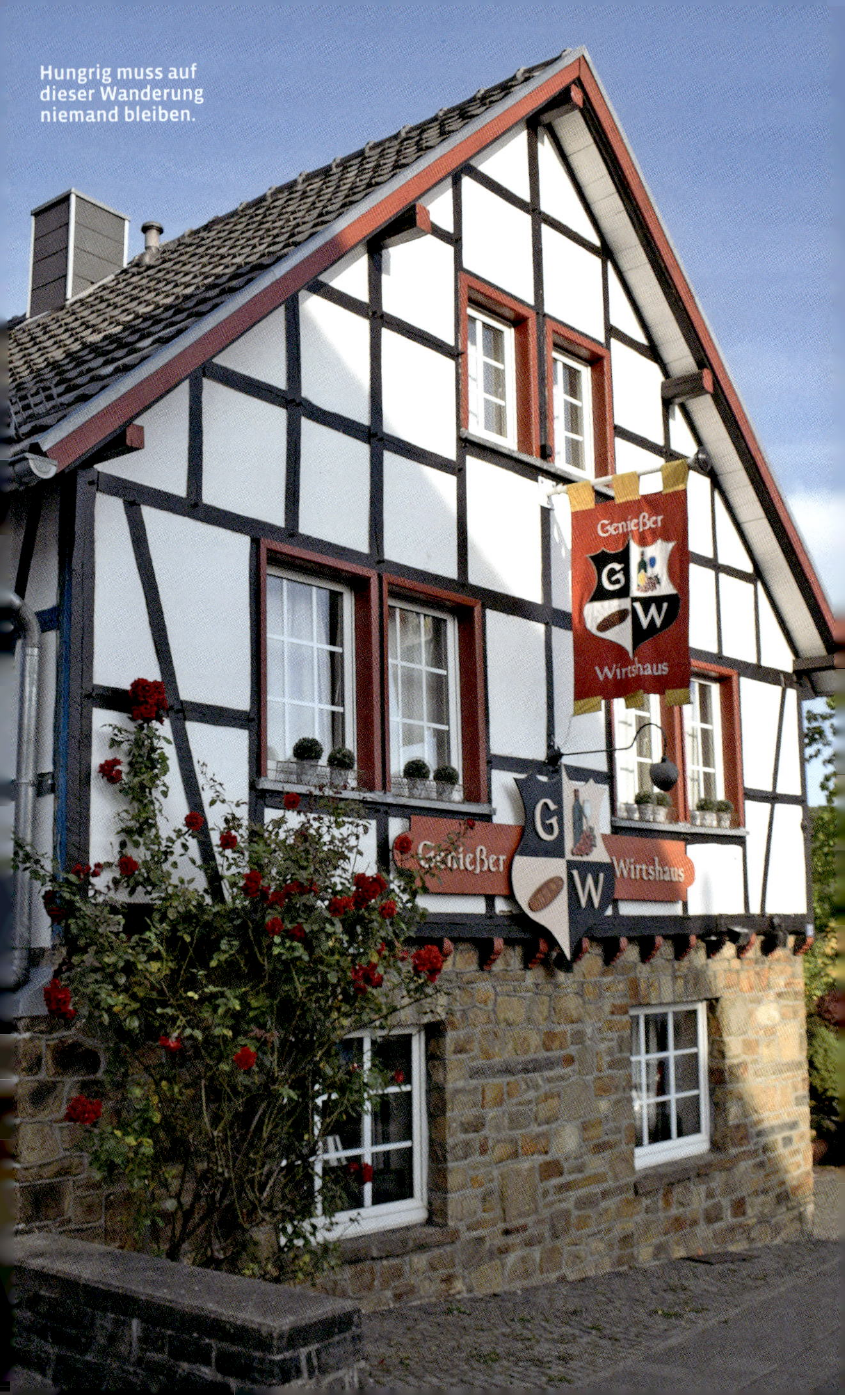

Hungrig muss auf dieser Wanderung niemand bleiben.

Tour für den Genuss
TOUR 4

SCHLEMMERTOUR AM WASSER

Einfache Runde um Woffelsbach

Wandern, aber nicht zu lang und nicht nur. Einkehren, aber lecker und regional: Eine Schlemmertour mit oder ohne Boot – Sie entscheiden!

Immer dem Braten nach Vier »Schlemmertouren« unterschiedlicher Länge bietet die Rursee Touristik als Arrangements an. Die durchgängige Beschilderung der Touren (Symbol: Braten in unterschiedlichen Farben) ermöglicht aber auch Wandern auf eigene Faust. Wir folgen dem Braten mit orangener Färbung.

Schiffsanleger Wer möchte, kann direkt am Hotel-Restaurant Kleiner Seehof in Woffelsbach eine erste Stärkung zu sich nehmen. Zunächst führt der Weg ohne jede Anstrengung entlang der Woffelsbacher Bucht am Schiffsanleger vorbei. Etliche Segelvereine haben hier ihren Heimathafen. Weiter geht es über den Promenadenweg entlang eines Campingplatzes. Auf Bänken kann man den Blick auf den Rursee und die gegenüberliegenden bewaldeten Hänge des Nationalparks genießen. Am Döner-Imbiss geht es links die Wendelinusstraße hinauf zur gleichnamigen Kirche. Einige Bänke in einem großzügig angelegten Freizeitgelände bieten Rastmöglichkeiten für alle, die ihre eigene Brotzeit bevorzugen. Wir biegen nun rechts ab auf die Landstraße, vorbei an einem kleinen Dorfladen.

Blick aufs Rurtal Direkt vor dem Ortsausgang führt unser Wegzeichen links hinauf. An der Gabelung folgen wir dem Weg weiter aufwärts und an der nächsten Gabelung halten wir uns halblinks abwärts. Über wunderbar weichen Waldweg flanieren wir nun oberhalb des Rurtals und durchstreifen einen alten Loheichenbestand. Schließlich queren wir die L 128 und

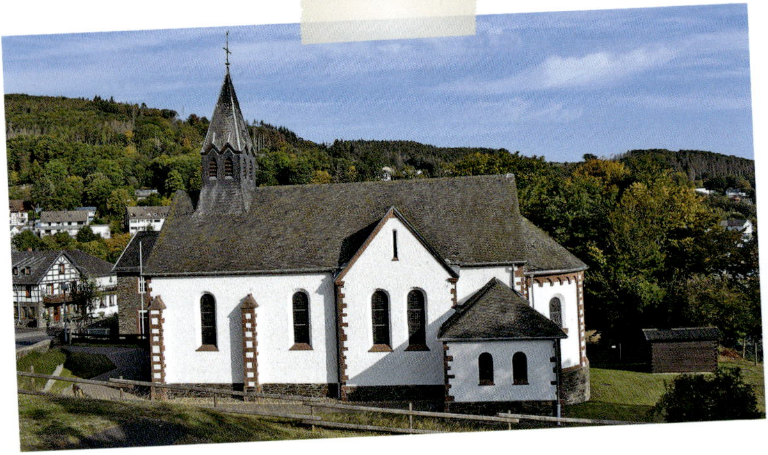

↑ **Die St. Wendelinuskapelle in Woffelsbach lohnt einen Besuch.**

wandern entlang der Straße rechts um die Kurve. Dann geht es links auf einen Wiesenpfad. Der orangefarbenen Markierung folgend erreichen wir die Kirche, vor der wir nach links in die Straße Hövel abbiegen. Nach wenigen Metern wartet das ansprechende Ambiente des Genießerwirtshauses auf Gäste – bei gutem Wetter direkt auf der Terrasse. Wir biegen links in die Wiesenstraße ein.

Obstbaumplantagen Über den Weidenhövel mit seinen Obstbaumplantagen und den Seerandweg geht es dann zur Woffelsbacher Straße, der wir nach rechts ein Stück um die Kurve folgen müssen. Jetzt heißt es aufpassen, dass wir vor der nächsten Kurve rechts am Schlagbaum den schmalen Weg nicht verpassen – die Markierung fehlt hier. Durch das Weidenbachtal führt der Weg wieder nach Woffelsbach. Über den Hövelchensweg hinauf geht es dann wieder in den Ortskern hinunter zum Ausgangspunkt.

Tipp

Während der Saison bietet sich nach der Wanderung eine Schifffahrt über den Rursee ab der Anlegestelle Woffelsbach an (www.rursee-schifffahrt.de).

AUF EINEN BLICK

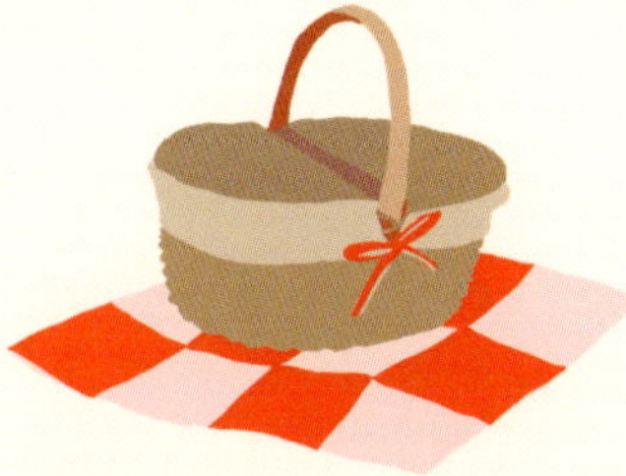

Tour 4: Tour für den Genuss

Dauer: 3 Std.

Höhenmeter: 168 Hm

Länge: 8,4 km

Schwierigkeit: Leicht

Tourencharakter: Einfache Wanderung mit etlichen Einkehrmöglichkeiten

Ausgangs-/Endpunkt: Hotel-Restaurant Kleiner Seehof, Uferstraße 6, Woffelsbach

Anfahrt: **Pkw:** Über B 266 und L 128 nach Woffelsbach. Kostenpflichtige Parkplätze (Am Hövelchensweg), von dort abwärts bis zum Ausgangspunkt
Bahn/Bus: Linie 68 bis Simmerath Woffelsbach

Einkehr: Bei Buchung einer Schlemmertour werden Einkehrmöglichkeiten genannt. Ansonsten viele Möglichkeiten in Woffelsbach und Rurberg

Information: Buchung der unterschiedlichen Schlemmertouren unter www.rursee.de

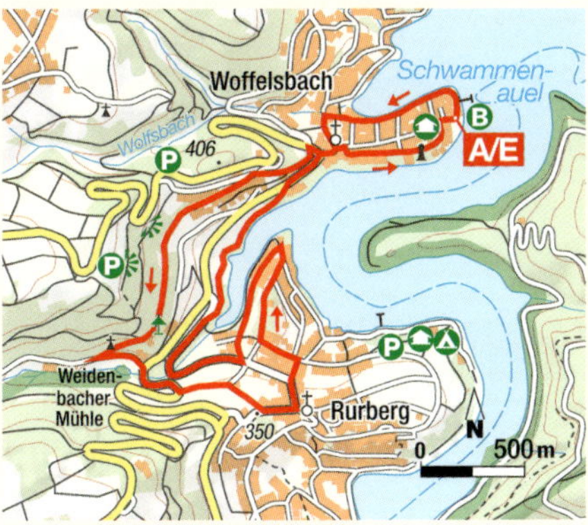

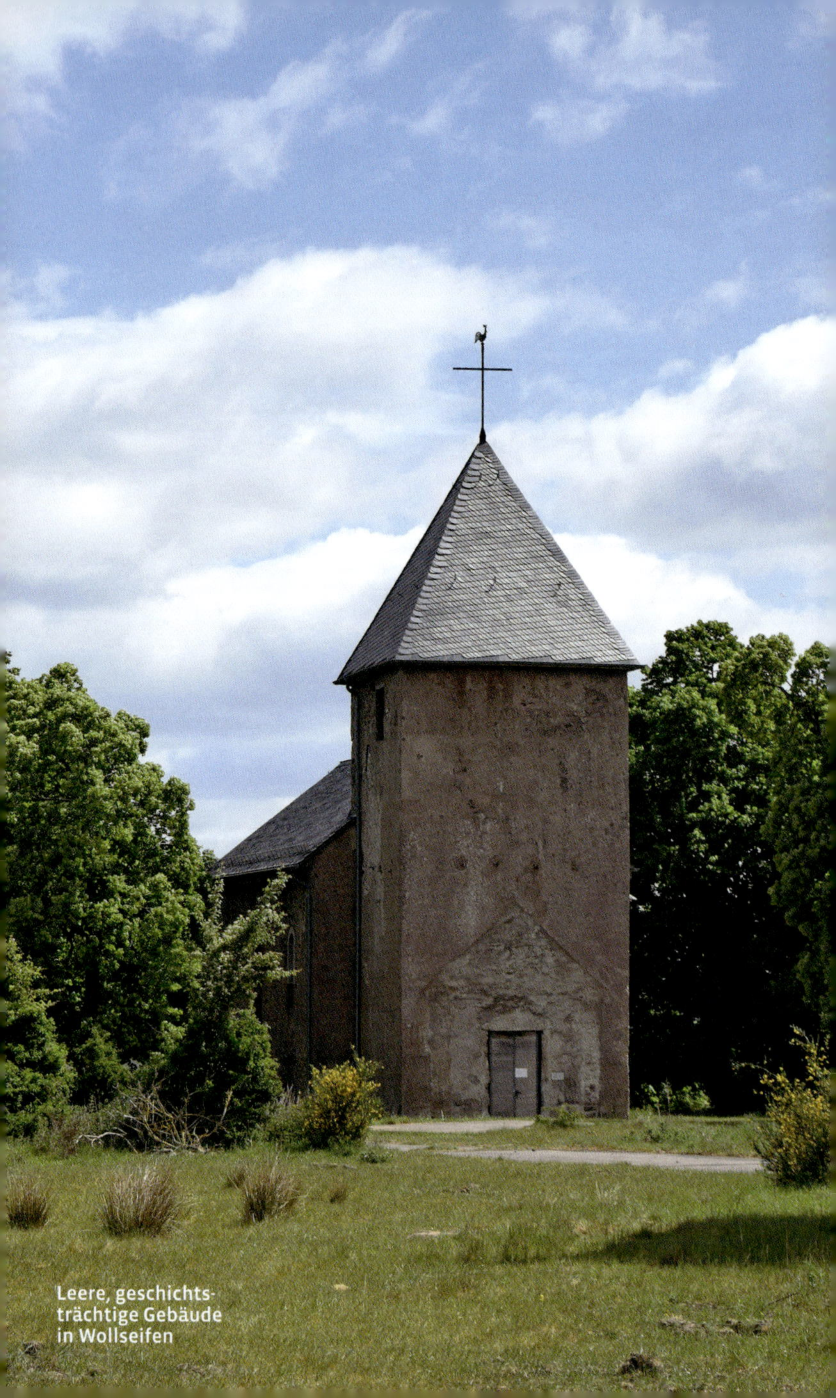

Leere, geschichtsträchtige Gebäude in Wollseifen

GESCHICHTE ZUM ANFASSEN

Tour für die Sinne
TOUR 5

Aussichtsreiche Runde ab Vogelsang

Im Herzen des Nationalparks queren wir die älteste Talsperre der Eifel und eine spektakuläre Brücke. Geschichtsinteressierte haben Gelegenheit, die frühere NS-Ordensburg Vogelsang zu erkunden.

Spuren der Geschichte Wir starten am Wanderparkplatz Walberhof in Richtung der ehemaligen NS-Ordensburg Vogelsang, biegen aber direkt am Wohnmobilpark links ein. Kurz vor den Stellplätzen können wir rechts einen kleinen Friedenspfad durch den Wald gehen. Er endet am Ende des Wohnmobilparks. Nun folgen wir links abwärts erst dem schmalen Pfad, dann der asphaltierten Panzerstraße.

Variante Wir können beim Parkplatz auch direkt geradeaus über das Gelände gehen und auf einem zwei Kilometer langen, ausgewiesenen Rundweg die Anlage erkunden. Wir orientieren uns danach an den Wegweisern zur Victor-Neels-Brücke. Ich empfehle aber, die Gedenkstätte im Anschluss an die Wanderung zu besuchen, da hierfür mindestens zwei Stunden einkalkuliert werden sollten.

Vogelsang Nach einer Kurve türmen sich plötzlich bedrückend die monströsen Bauten der ehemaligen NS-Kaderschmiede vor uns auf. Mit rund 100 Hektar bebauter Fläche zählt der Gebäudekomplex zu den größten Baudenkmälern der NS-Zeit. Die Gedenkstätte (Vogelsang IP) ist heute als Ort der Mahnung und der Erinnerung eines der meistbesuchten Ziele in der Eifel. Eine Ausstellung und Führungen informieren über die Geschichte der Anlage. An der Infotafel bleiben wir weiter auf der breiten Straße in Richtung Forum Vogelsang, das noch etwa 300 Meter entfernt liegt. Am Hinweisschild Schwimmbad/Turnhalle biegen wir links ab. An der Thingstätte

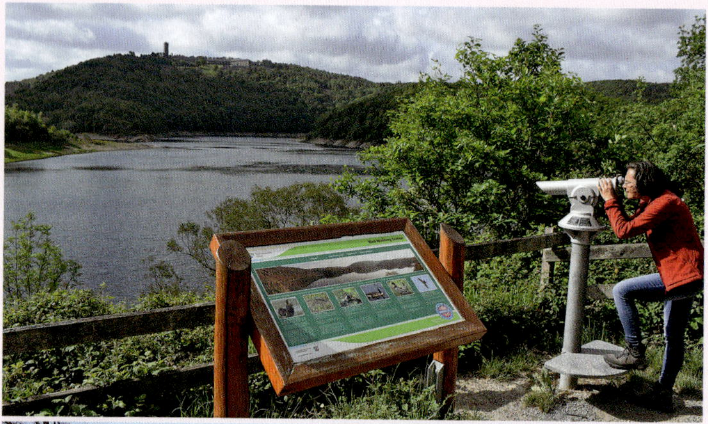

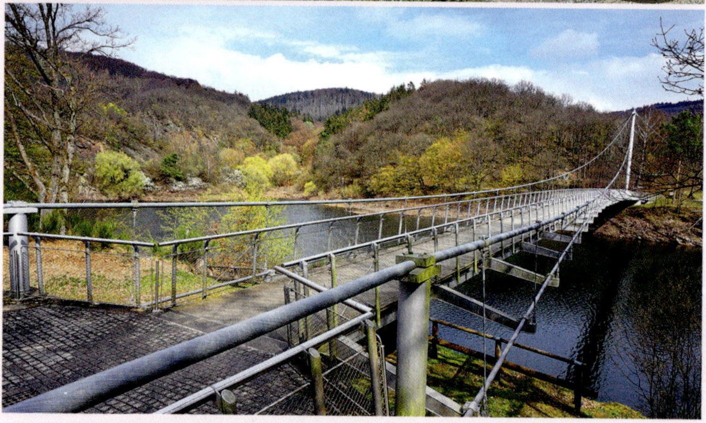

»Die Menschen bauen zu viele Mauern
und zu wenig Brücken.«

Isaac Newton

vorbei geht es etwa 400 Meter steil bergab zur Victor-Neels-Brücke. Die Stahl-Hängebrücke überspannt seit 2009 mit vier Seilen den Urftsee und zählt zu den beliebtesten Fotomotiven in der Eifel.

Flanieren am Seeufer Nun geht es gut sechs Kilometer ohne Steigung und ohne jede Anstrengung immer am See entlang. Mal schützt auf der rechten Seite ein dicker Drahtzaun vor eventuell herabstürzenden Felsbrocken, mal umrahmen Bäume den breiten, sehr gepflegten Fahrrad- und Wanderweg. Immer wieder genießen wir den Blick auf den See und der Fotoapparat kommt ständig zum Einsatz. Und immer wieder staunen wir über die Weite und die Unberührtheit in diesem wunderschönen Teil der Eifel.

Bird Watching Eine Bird Watching Station mit zwei Fernrohren – eins davon in rollstuhlgerechter Höhe angebracht – lädt dazu ein, den See und die heimische Vogelwelt zu erkunden oder mit Hilfe der Infotafel zu bestimmen. Neben Haubentauchern oder Graureihern können hier auch Kormorane und einige andere Vögel gesichtet werden. Ein tolles Naturerlebnis, für das wir uns gerne Zeit nehmen; umso mehr, weil auch der schöne Rastplatz zu einer ausgiebigen Pause einlädt. Dann setzen wir unseren Weg entlang des Ufers fort. Weder Karte noch Handy sind notwendig, das Ufer links und der schroffe Fels rechts verhindern jedes Verlaufen. Nach einer Bushaltestelle folgt ein knapp ein Kilometer langer, barrierefreier Weg, dann erreichen wir die Urfttalsperre. Die Staumauer, erbaut zwischen 1900 und 1905, ist die älteste Talsperre der Eifel.

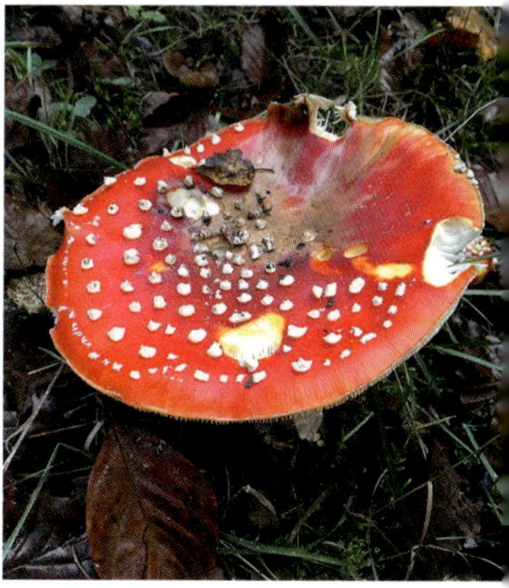

↑ Mit etwas Glück können hier Kormorane gesichtet werden.
↓ Die Victor-Neels-Brücke ist eines der beliebtesten Fotomotive im Nationalpark Eifel.
→ Besser nur anschauen!

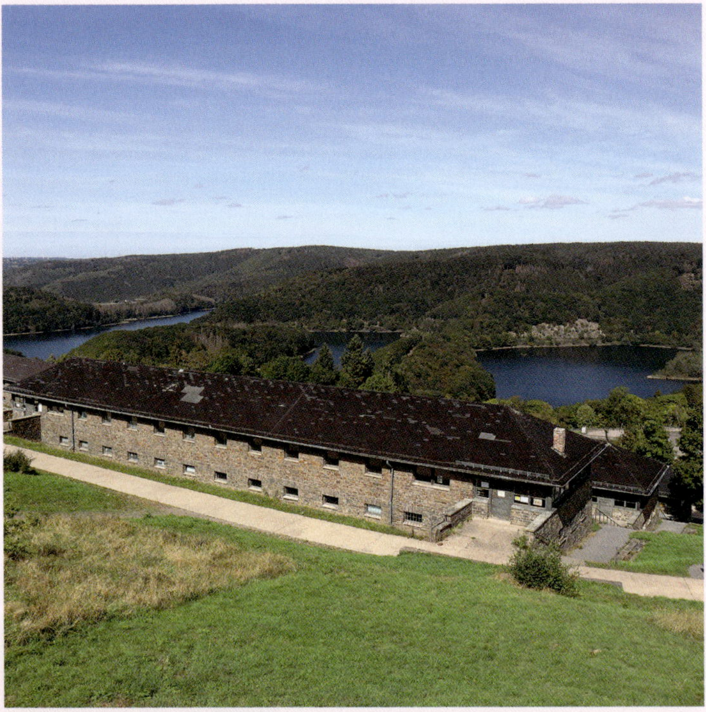

»Einmal im Jahr solltest du einen Ort besuchen,
an dem du noch nie warst.«

Dalai Lama

Pause mit Ausblick Die Gaststätte direkt auf der Mauerkrone ist immer gut besucht – kein Wunder, genießt man doch hier bei süßem oder deftigem Imbiss eine wirklich spektakuläre Sicht aufs Wasser. Nach einer Tasse Kaffee und einem großzügigen Stück Kuchen fühlen wir uns stark genug, um jetzt den anstrengenderen Teil der Tour zu bewältigen: Wir überqueren die Talsperre und halten uns nun links auf dem schmalen Pfad in Richtung Wollseifen. Keine Sorge: Nur dieses erste, kurze Stück ist steil. Insgesamt ist dieses knapp drei Kilometer lange Teilstück bis Wollseifen gut zu bewältigen. Belohnt werden wir schon nach wenigen Minuten mit einem feinen Picknickplatz und einer weiteren grandiosen Aussicht auf die Urfttalsperre, die alle Mühen sofort vergessen lässt.

Eichenwald Der Weg führt stetig leicht steigend durch halbschattigen Eichenwald. Vielen der hier standortfremden Fichten haben Trockenheit und der Borkenkäfer in den letzten Jahren stark zugesetzt. Kurz bevor wir den Rand der Dreiborner Hochfläche erreichen, wird es nochmals kurz ein bisschen steiler. Nun durchwandern wir das Ginsterbrachland und die offene Dreiborner Hochfläche. Hier weht immer ein Lüftchen. Wir können schon bald links in einiger Ferne Vogelsang erkennen und halten uns nun immer geradeaus auf dem Weg über die Hochebene. Am Holz-Straßenschild »de jrueß Jajß« gehen wir noch ein Stück geradeaus, dem Wildnistrail und Hinweis Vogelsang folgend, und dann nach links zu den Überresten des Ortes Wollseifen.

Wollseifen Eine eigentümliche Stimmung umfängt uns. Alles ist marode und verlassen, nur noch vier historische Gebäude sind erhalten. Nach dem Zweiten Weltkrieg mussten die Einwohner in

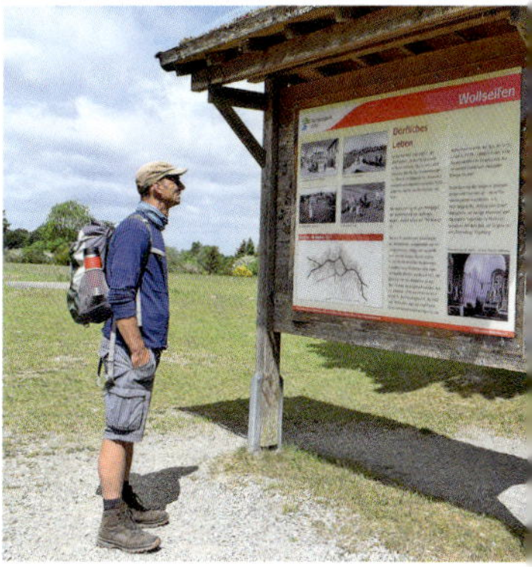

← **Vogelsang IP ist heute einer der meistbesuchten Orte in der Eifel.**
→ **Die Geschichte des Dorfes Wollseifen wird sehr anschaulich erklärt.**

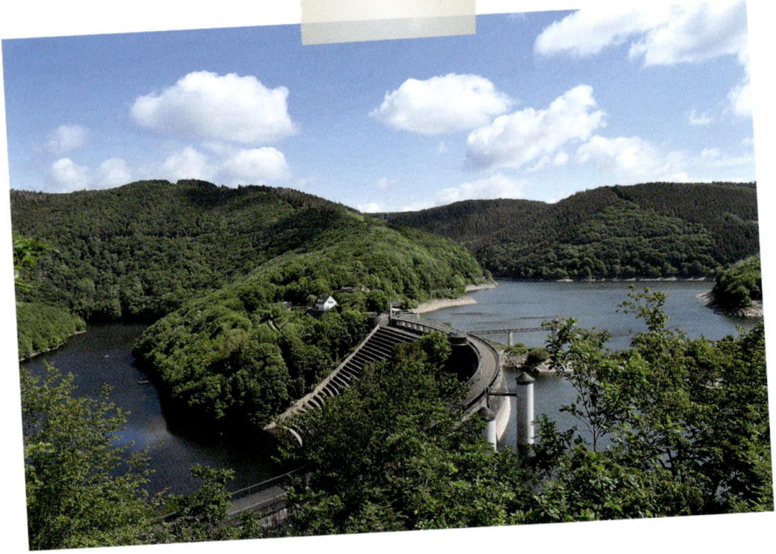

↑ **Panoramablick auf Urftsee und Obersee**

kürzester Zeit ihr Dorf verlassen. Britische Streitkräfte legten dann auf dem umliegenden Gelände einen Truppenübungsplatz an. Wir verlassen das Dorf nach rechts am alten Schulhaus vorbei – hier informiert eine Ausstellung über das Schicksal des Dorfes und seiner Bewohner – und folgen nun der Beschilderung »Herhahn 3,9 Kilometer«. Nach etwa einem Kilometer können wir nochmals nach links Richtung Vogelsang abbiegen. Wir bleiben auf dem Hauptweg, der kurz vor der Straße nach links einmündet und nach wenigen Minuten über den Kreisel zum Parkplatz führt.

Tipp

Direkt an der Urftalsperre kann die Tour auch um eine Schifffahrt ergänzt oder unterbrochen werden: Entweder als Schiffs-Rundtour ab/bis Urfttalsperre, oder One-Way bis Einruhr und dann zu Fuß zum Beispiel über den sehr gut beschilderten Wildnistrail hinauf zur Dreiborner Hochfläche und von dort zurück zum Parkplatz.

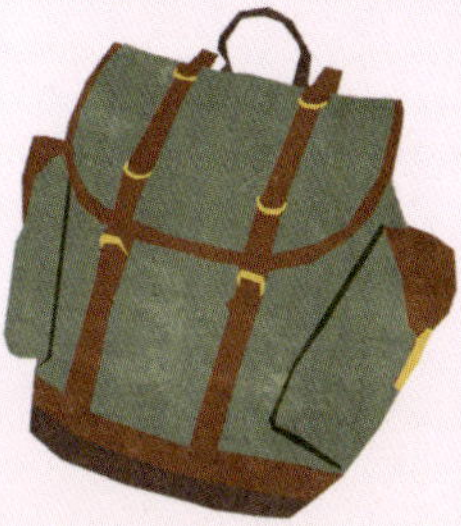

AUF EINEN BLICK

Tour 5: Tour für die Sinne

Dauer: 4.30 Std.

Höhenmeter: 137 Hm

Länge: 13,5 km

Schwierigkeit: Mittel

Tourencharakter: Längere, familienfreundliche Wanderung mit allem, was den Nationalpark Eifel ganz besonders macht.

Ausgangs-/Endpunkt: Wanderparkplatz Walberhof (Schleiden) an der B 266

Anfahrt: **Pkw:** Über B 266 ab Einruhr bzw. Gemünd. Wanderparkplatz am Kreisel kostenlos, allerdings besonders am Wochenende voll. Alternativ kostenpflichtige Parkplätze auf dem Gelände des Vogelsang IP
Bahn/Bus: Haltestelle Vogelsang IP Walberhof täglich vom Bahnhof Kall mit dem Nationalpark-Shuttle SB 82 oder von Simmerath mit der Linie 63

Einkehr: Bistro mit tollem Ausblick, Gaststätte mit Biergarten an der Urfttalsperre

Information:
www.vogelsang-ip.de,
www.rursee-schifffahrt.de,
www.eifel.info
Besucherzentrum, Shop, Ausstellungen und Gastronomie auf Vogelsang IP täglich von 10 bis 17 Uhr, Heiligabend und Silvester von 10 bis 14 Uhr geöffnet

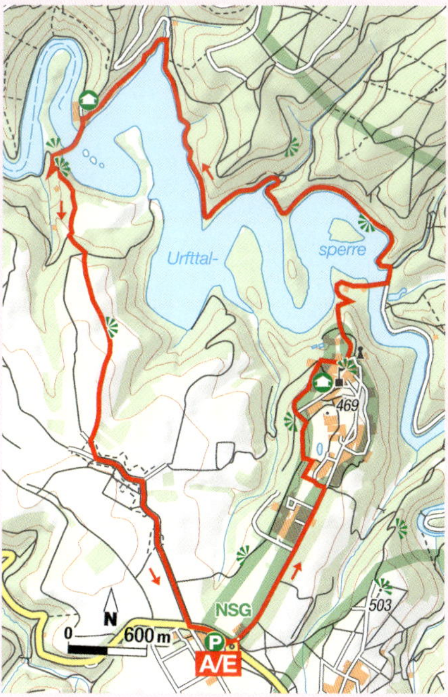

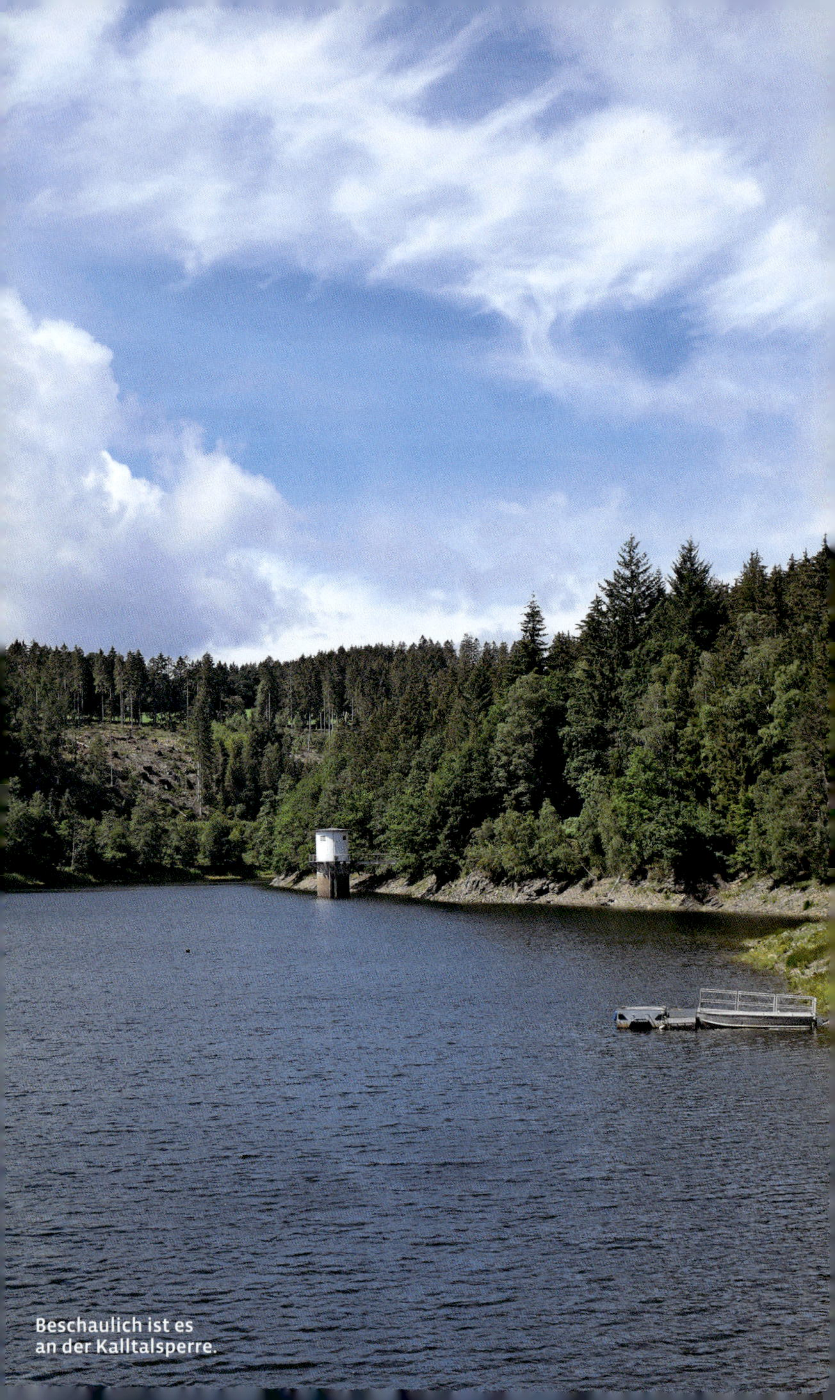

Beschaulich ist es
an der Kalltalsperre.

Tour
TOUR 6
ohne Uhr

HEIMATDICHTER UND KAISERFELSEN IM BLICK

Rund um die Kalltalsperre

Eine Wanderung um die idyllische Kalltalsperre ist besonders an Wochenenden eine gute Alternative zum Besuchermagneten Rursee. Mächtige Felsen und einige Bäche sind unsere Begleiter.

Simmerather Mühle Wir starten in Simmerath am Friedhof und folgen dem Wanderweg mit der Nummer 31. Ein kleiner Teerweg führt uns leicht abwärts zur Simmerather Mühle. An der Brücke halten wir uns links, an der nächsten Einmündung halbrechts und gehen weiter hinein ins ausgeschilderte Kalltal. Der Weg erfordert keine erhöhte Aufmerksamkeit und so können wir die absolute Ruhe auf diesem Wegstück ganz besonders genießen. Rechts von uns plätschert die Kall – in diesem Bereich nahezu unbebaut und frei fließend. Das ist über gut zwei Kilometer auch schon das einzige Geräusch, bis wir die L 12 und die B 266 erreichen und dort einige Meter auf einem separaten Weg parallel zur Straße zurücklegen.

Mühlstein Ab dem Wanderparkplatz (siehe Tipp) sind es nun noch 2,8 Kilometer bis zur Kalltalsperre. Nach ca. 200 Metern biegt der Weg rechts auf einen gemähten Wiesenpfad ab, der entlang einiger Apfelbäume verläuft. Schon stehen wir vor der Lammersdorfer Mühle, besser gesagt: vor dem Mühlstein und dem Kreuz. Die Lammersdorfer Mühle wurde erstmals 1516 urkundlich erwähnt. In der sogenannten Bannmühle mussten die Menschen aus der Region ihr Getreide mahlen lassen. Die Gebäude wurden 1970 abgerissen. Eine Bank lädt hier zu einer ersten Rast ein, die wir an diesem idyllischen Ort gerne nutzen. Nun geht es links in den Wald, dann mündet der Pfad rechts abbiegend in eine befestigte Nebenstraße. Noch ist die Kall ein Stück unter uns, aber trotzdem können wir erkennen, dass hier Biber offenbar ein schönes Zuhause gefunden haben.

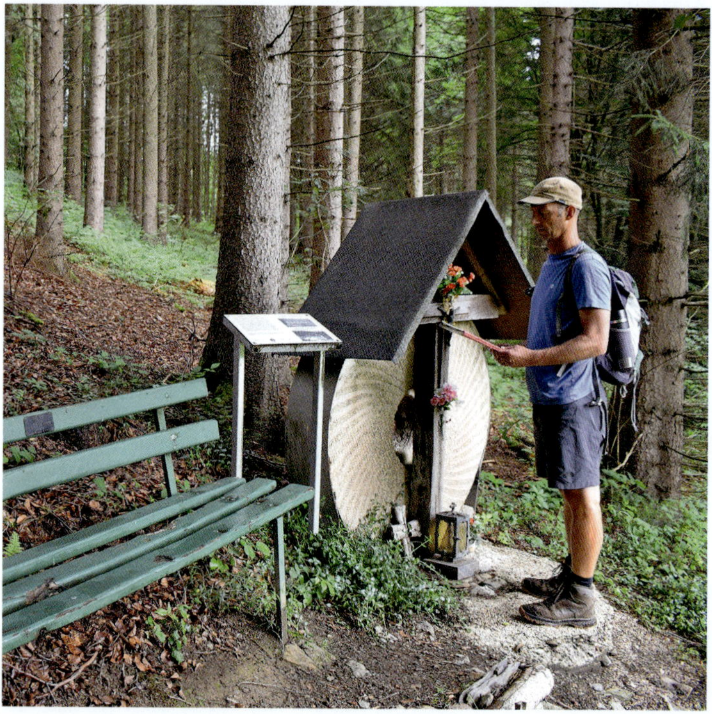

»Was frag ich nach den Menschen
und nach der lauten Stadt,
wenn mich die Bergwaldwildnis,
die weiße Stille hat.«

Hermann Löns

Alte Brücke Schließlich führt uns der Weg nahe am Wasser vorbei und wir kommen an eine alte Brücke. Hier halten wir uns auf dem Hinweg links, es beginnt der fünf Kilometer lange Rundweg um die Talsperre. Das Plätschern des Wassers bleibt heute unser einziger Begleiter. Bald können wir die 1934 erbaute Kalltalsperre sehen. Sie speist die Städteregion Aachen und einen Teil des Kreises Heinsberg mit Wasser. Jegliche Badeaktivitäten sind deshalb hier verboten. Nach einer Brücke, die uns auf die andere Seite führt, können wir noch eine schöne Rast einlegen. Wenige Meter später bewundern wir eine 40 Meter hohe Fichte. Wir folgen weiter unserem Wegzeichen, bis wir zur Staumauer gelangen.

Kaiserfelsen Unser Weg führt uns dann über die 180 Meter lange Staumauer, von der wir einen guten Blick genießen. Links aufwärts kommen wir an einer Schutzhütte vorbei. Dann geht es nach rechts, dem Holzschild »Talsperrenrundweg« folgend. Der Weg bleibt einfach und so haben wir reichlich Gelegenheit, den mächtigen Kaiserfelsen zu bewundern. Weitere Felsen türmen sich links und rechts. Nach der Regelanlage Kallbach kommen wir wieder an die alte Brücke, die wir vom Hinweg schon kennen. Unmittelbar davor zweigt unser Weg nach links ab. Hatten wir bislang praktisch keine Steigung, marschieren wir nun in einigen Kehren einen schmalen Pfad kurz, aber recht steil bergauf. Der Pfad biegt nach rechts auf einen Wiesenweg ab, der ebenfalls leicht ansteigend weiterführt. Wir biegen rechts auf den breiteren Forstweg ab, können zu Atem kommen und den unerwarteten Weitblick auf satte Wiesen und Weiden genießen, der sich links auftut. Bald kommen wir auf einen schönen Wiesenpfad, der über weite Teile entlang knorriger Buchen führt, dann geht es rechts auf einen befestigten Feldweg.

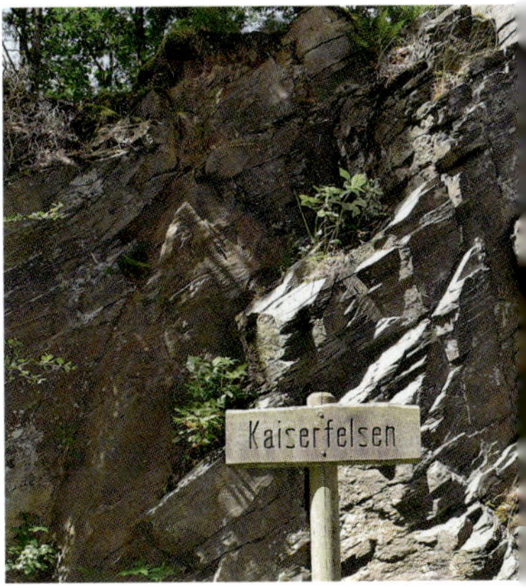

← **Ein Mühlstein erinnert an die Lammersdorfer Mühle.**
→ **Mächtige Felsformationen türmen sich rechts und links des Weges.**

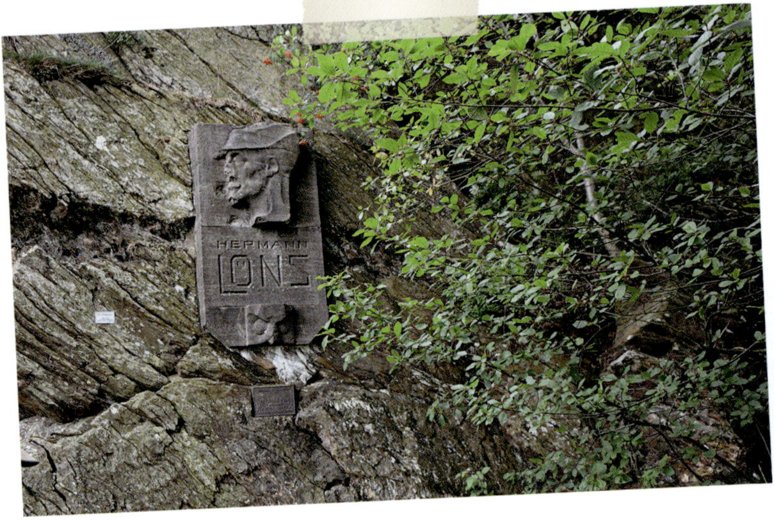

↑ **Seit 1926 ziert ein Reliefbild des Dichters Hermann Löns den Felsen.**

Lönsfelsen Wir folgen dem Hinweis zum Lönsfelsen, der als kleiner Abstecher ausgeschildert ist. Achtung: Der eigentliche Weg geht links weiter, der Abstecher führt einige Meter zunächst nach rechts! Unterhalb des Felsens erinnert seit 1926 ein Reliefbild an den Heimatdichter Hermann Löns. Zurück auf dem Wanderweg geht es nun in den Simmerather Ortsteil Witzerath. Wir halten uns an der L 12 ein kurzes Stück links, biegen rechts auf die K 32 ab und wenige Meter danach rechts in Richtung Simmerather Mühle (Straße Im Mühlchen). Von dort geht es nach links wieder zurück zum Friedhof.

Tipp

Ab dem kleinen Wanderparkplatz neben der B 266 von Strauch Richtung Lammersdorf kann die Kalltalsperre barrierefrei umrundet werden (sieben Kilometer, ca. zwei Stunden). Wer hingegen schon am Bushof startet, kann direkt gegenüber die kleine Johanneskapelle von 1665 besuchen, das älteste erhaltene Bauwerk in Simmerath.

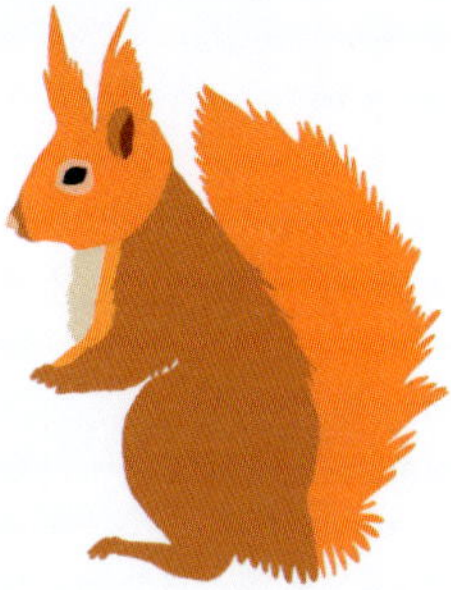

AUF EINEN BLICK

Tour 6: Tour ohne Uhr

Dauer: 4.30 Std.

Höhenmeter: 137 Hm

Länge: 13,5 km

Schwierigkeit: Mittel

Tourencharakter: Technisch einfache, aber längere Wanderung weitab großer Touristenströme

Ausgangs-/Endpunkt: Parkplatz am Friedhof, Zum Eifelkreuz, Simmerath. Parkplätze stehen auch am Bushof zur Verfügung. Ab Bushof ca. 500 m bis zum Startpunkt

Anfahrt: **Pkw:** Über B 266 und L 246 bis Simmerath
Bahn/Bus: Bis Simmerath Bushof mit den Linien: SB 63, 68, 81, 82, 83

Einkehr: In Simmerath viele Möglichkeiten, unterwegs keine

Information: Rursee-Touristik, www.rursee.de

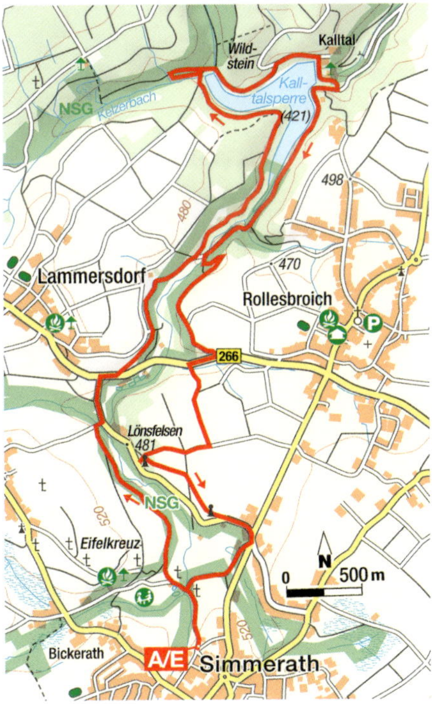

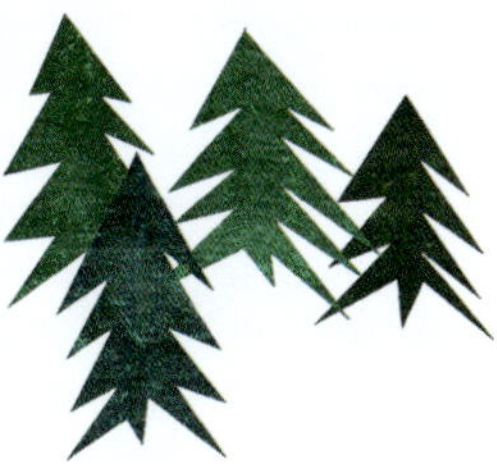

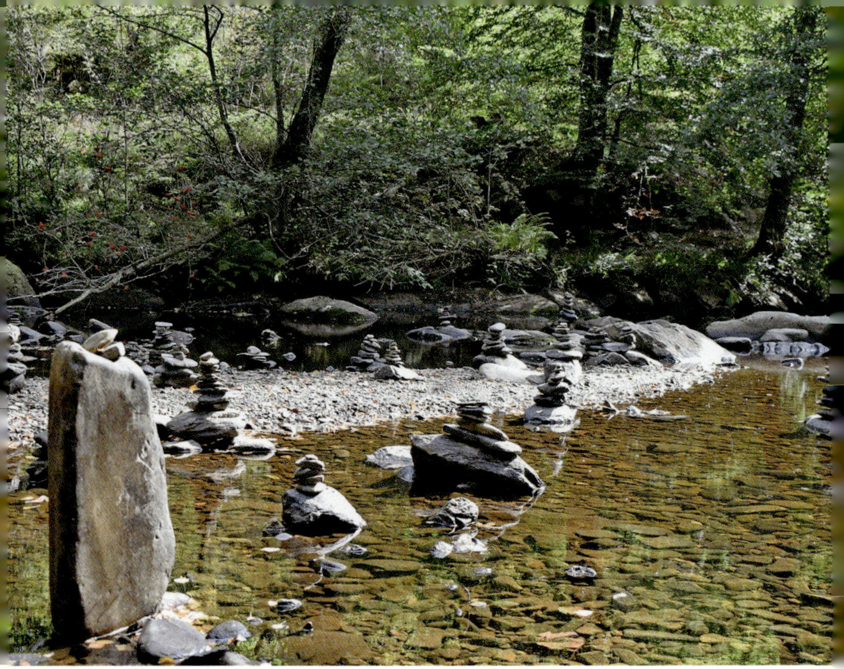

↑ Glücksmomente an der Rur … ↓ … auf sehr abwechslungsreichen Pfaden

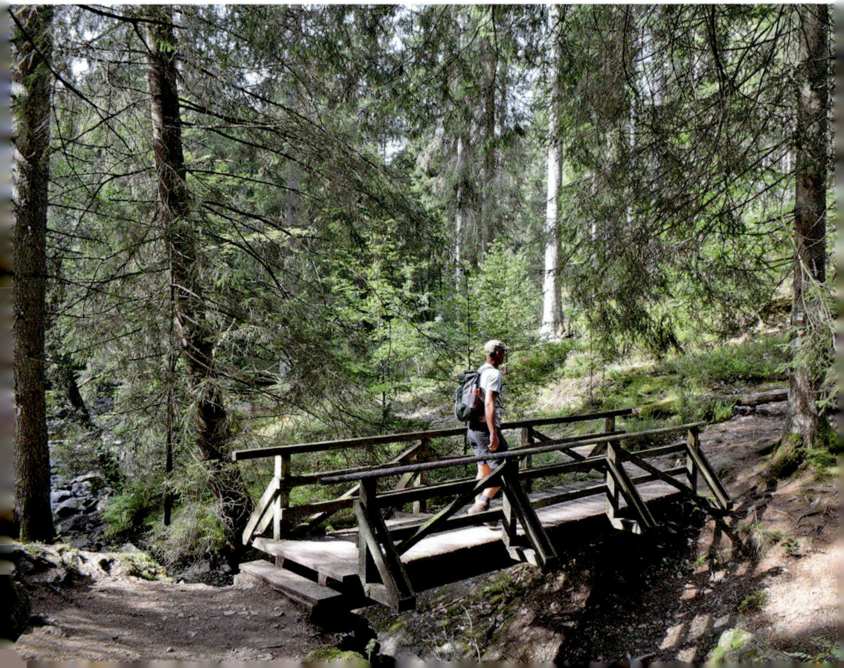

Tour für
TOUR 7
die Sinne

ROMANTISCHE STUNDEN IM RURTAL

Von Monschau zum Oberlauf der Rur

Geschichtsträchtige Orte und abwechslungsreiche Natur prägen diese Genusswanderung. Zwischendrin geht es buchstäblich über Stock und Stein.

Flussbadeanstalt Am Wanderparkplatz Dreistegen in Monschau führt der Weg direkt in den Wald. Wir folgen zunächst dem unteren Pfad an der Rur entlang und gelangen so zum Jugendzeltlagerplatz Dreistegen. Hier befand sich bis in die 1970er Jahre hinein die »Flussbadeanstalt« Monschaus, an die heute nur noch ein Steg erinnert. Über einige Treppen verlassen wir den Zeltplatz und folgen nun der Markierung Nr. 55.

Wildromantisch Romantiker werden das nun folgende Teilstück dieser Tour lieben. Auf schmalem Pfad geht es immer entlang der Rur, die hier ungestört mal tosend, mal sanft plätschernd daherkommt. Nicht umsonst gilt dieser wildromantische Abschnitt als einer der schönsten des ganzen Rurtals. Eine Schutzhütte rechts des Weges erinnert an den Standort der sogenannten Fischerhütte. Von 1911 bis in die 1920er Jahre hinein lockte das luxuriöse Lokal Ausflügler in die Region. Wir bleiben auf dem ufernahen Pfad, bis sich der Weg gabelt, und genießen die angenehme Frische im Wald. Tief Luft holen – es folgt ein etwas steilerer Pfad auf die Anhöhe hinauf.

Vennbahntrasse Nach links führt unsere Wanderung nun über eine bequeme, fast ebene Straße auf der Trasse der ehemaligen Vennbahn. Die Trasse ist zu einem der schönsten Radwege Europas umgebaut worden und führt über 125 Kilometer von Aachen ins luxemburgische Troisvierges. Das einstige Bahngelände gehört zum belgischen Hoheitsgebiet. Grenzenlos wandern – heute ganz einfach!

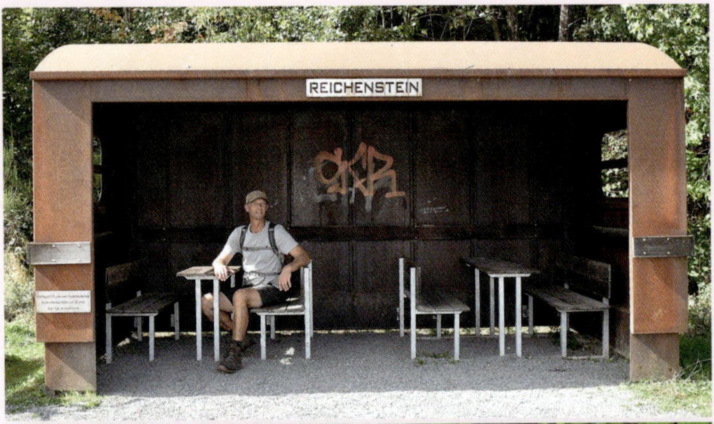

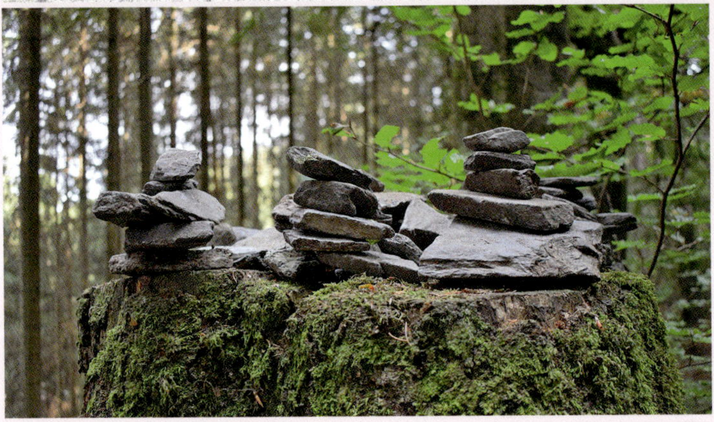

»Denn in den Wäldern sind Dinge,
über die nachzudenken man jahrelang
im Moos liegen könnte.«

Franz Kafka

Kloster Reichenstein Links können wir bald den Weiher und die Dächer des ehemaligen Prämonstratenserklosters Reichenstein aus dem 12. Jahrhundert sehen. Es befindet sich nicht direkt an unserer Route, kann über einen kleinen Abzweig aber leicht erreicht werden. Vor uns sehen wir das Viadukt über den Ermesbach – einer der beeindruckendsten Brückenbauten der gesamten Vennbahnstrecke. Am Kilometerschild 53,5 verlassen wir die Trasse und steigen auf einem schmalen Pfad abwärts. Wir folgen der Reichensteiner Straße nach rechts um die Kurve. Vor uns liegt die 1926 eingeweihte Norbertuskapelle. Links führt nach wenigen Metern ein schmaler, fast schon alpiner Pfad erneut bergauf – eine letzte Anstrengung für heute!

Alte Wege Links geht es nun auf bequemem Feldweg weiter, wir können nochmals einen wunderbaren Blick auf die Klosteranlage werfen. Wir folgen weiter der Beschilderung mit der Nr. 55 und gelangen schließlich nach einem schönen Waldstück links abbiegend auf einen alten Weg. Er führt uns entlang der Kalterherberger Hochfläche Richtung Monschau. Genießen Sie die Weitsicht, aber werfen Sie auch einmal einen genauen Blick auf die alten Steine, über die wir jetzt gehen: Vielleicht entdecken Sie die Spuren der alten Karren, die einst über dieses Teilstück gezogen wurden. Über einen abenteuerlichen Trampelpfad nähern wir uns wieder der Rur und wandern parallel zum Bachtal über felsige Pfade zurück nach Monschau. Ganz zum Schluss werfen wir noch einen Blick auf die gegenüberliegende Straßenseite. Dort erinnert das Gebäude einer ehemaligen Reißwollfabrik an die Zeit, als Monschau zu den führenden Tuchmacherzentren Europas zählte.

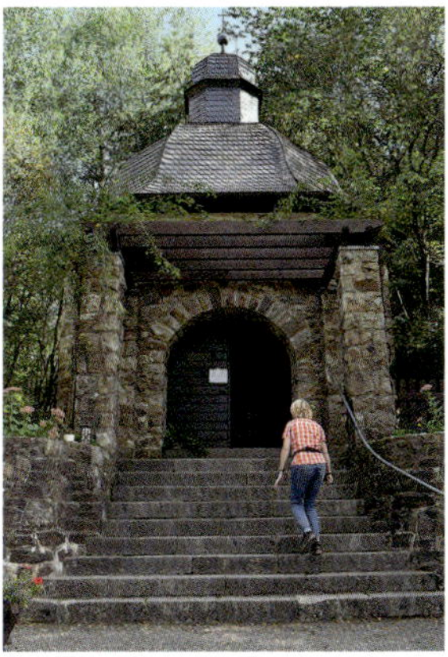

↑ Erinnerung an die Zeit, als hier Züge verkehrten.
↓ Fragile Steinmännchen begleiten uns.
→ Die Norbertuskapelle ist ein beliebter Ort zum Innehalten.

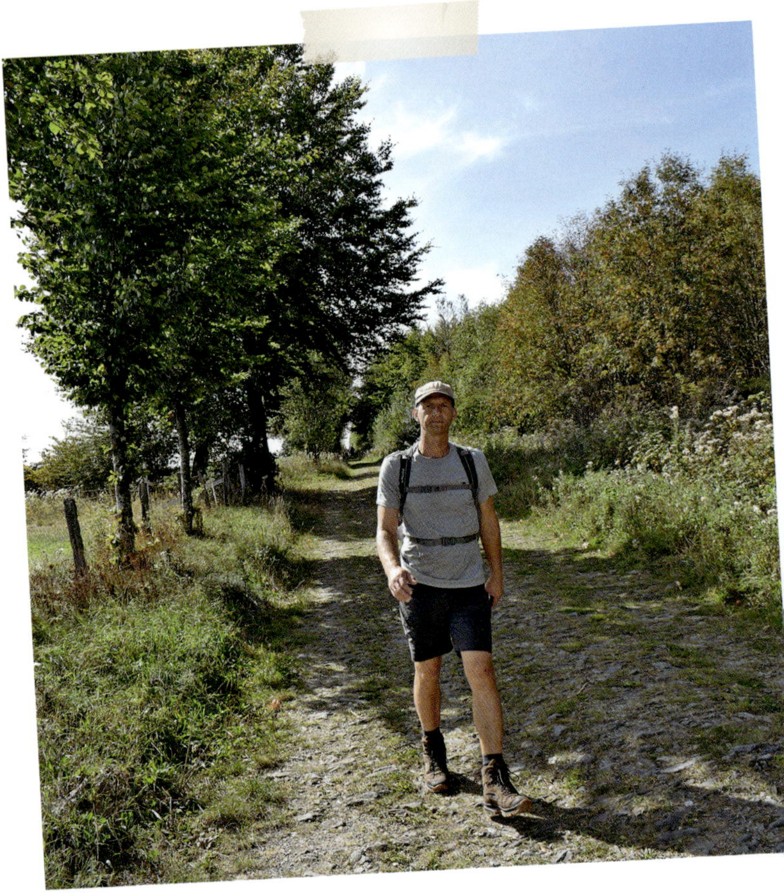

↑ Unterwegs auf historischen Pfaden

Tipp

Wer die Wanderung im Frühjahr geht, kann die vielen wilden Narzissen bewundern, die die Hänge und Wiesen entlang der Route in ein gelbes Blütenmeer verwandeln. Das ganze Jahr über empfehlenswert ist noch ein Bummel durch das mittelalterliche Städtchen Monschau. Hinterher wissen Sie sicher, warum Monschau auch »Perle der Eifel« genannt wird.

AUF EINEN BLICK

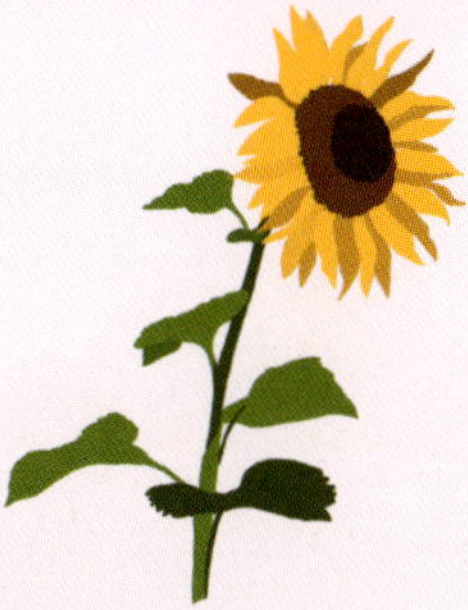

Tour 7: Tour für die Sinne

Dauer: 3 Std.

Höhenmeter: 215 Hm

Länge: 8 km

Schwierigkeit: Mittel

Tourencharakter: Abwechslungsreiche Strecke mit vielen Highlights, Trittsicherheit erforderlich. Bei Nässe weniger empfehlenswert

Ausgangs-/Endpunkt: Wanderparkplatz Dreistegen (Monschau) an der B 258 (Höhe Jugendzeltplatz Dreistegen)

Anfahrt: Pkw: Von Köln über A 1 bis Wißkirchen, weiter über B 266 und B 258 zum Parkplatz. Von Aachen über B 258
Bahn/Bus: Linie 84, 385 und 815

Einkehr: Viele Möglichkeiten in Monschau, unterwegs keine. Proviant mitnehmen

Information: Monschau Touristik, Tel. 02472/804 80, www.monschau.de

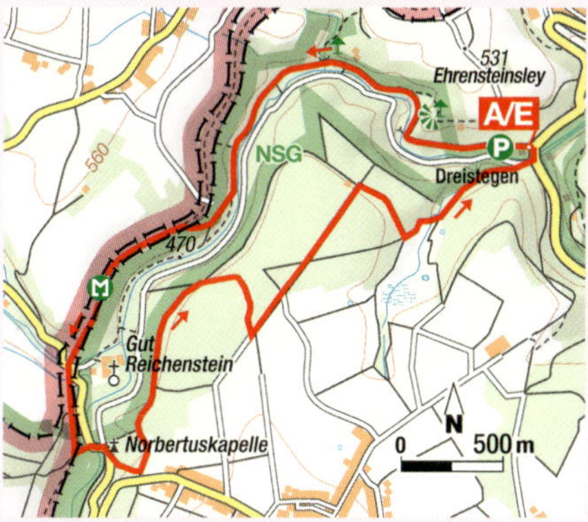

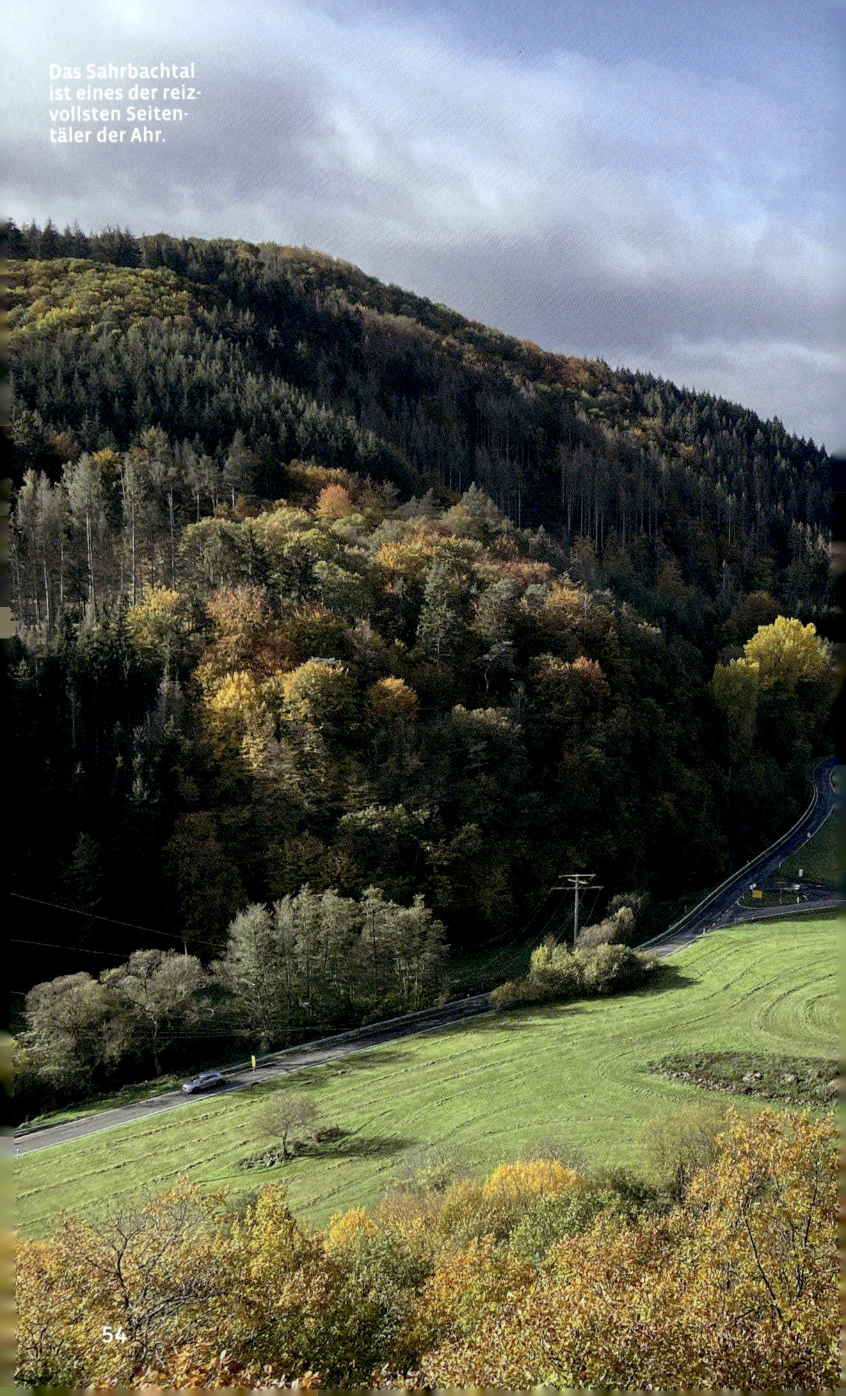

Das Sahrbachtal ist eines der reizvollsten Seitentäler der Ahr.

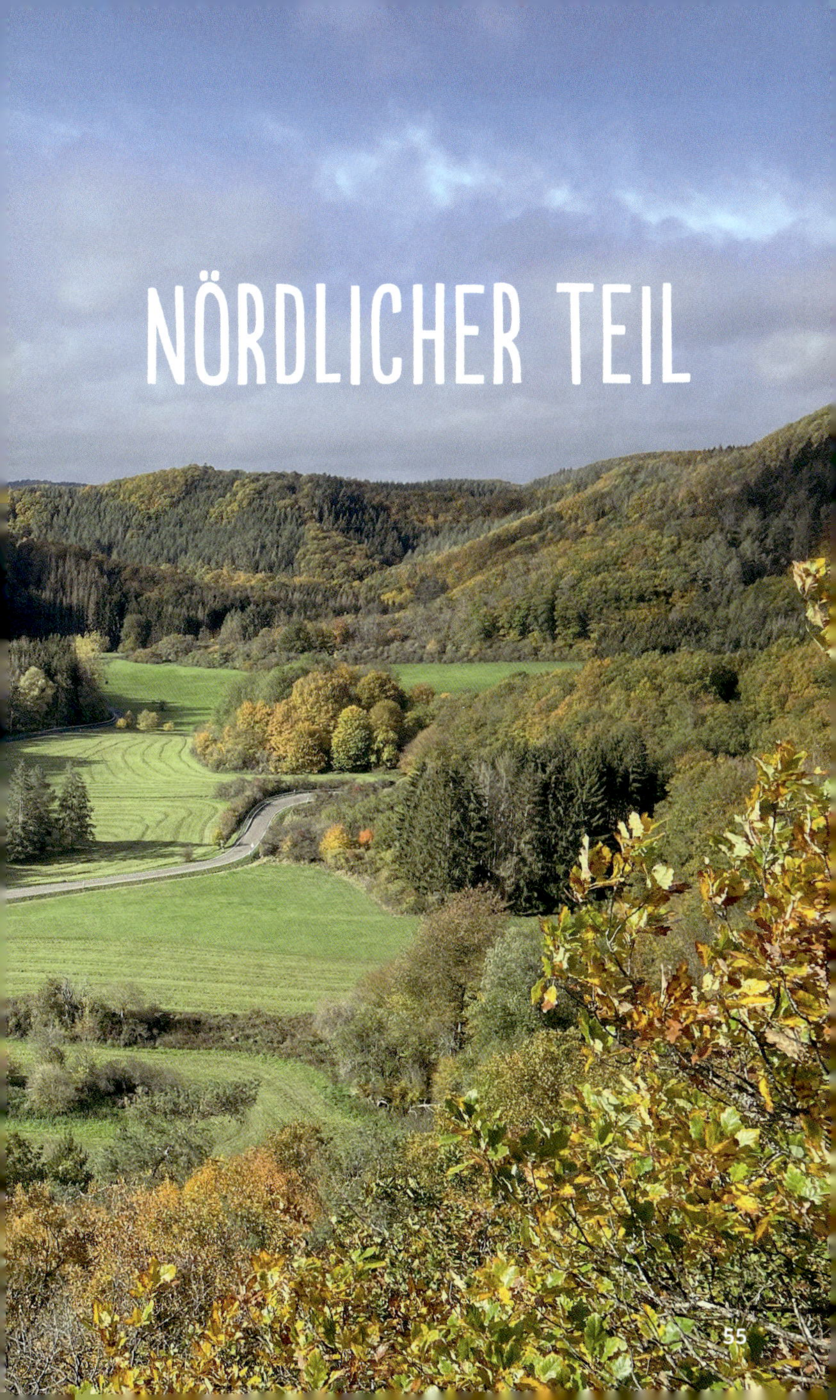

NÖRDLICHER TEIL

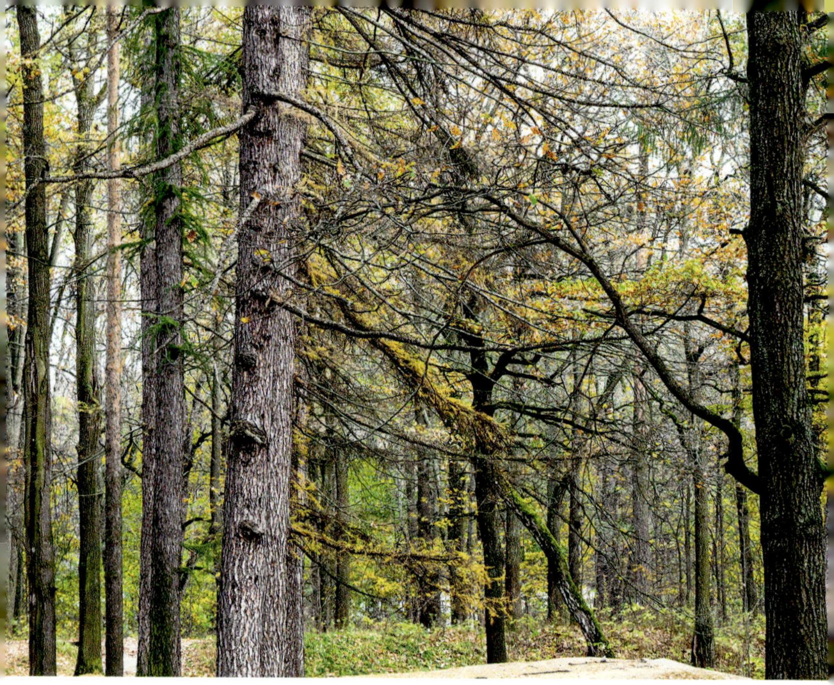

↑ Farbspiel der Natur ↓ Sicher treffen Sie unterwegs diese Glücksbringer.

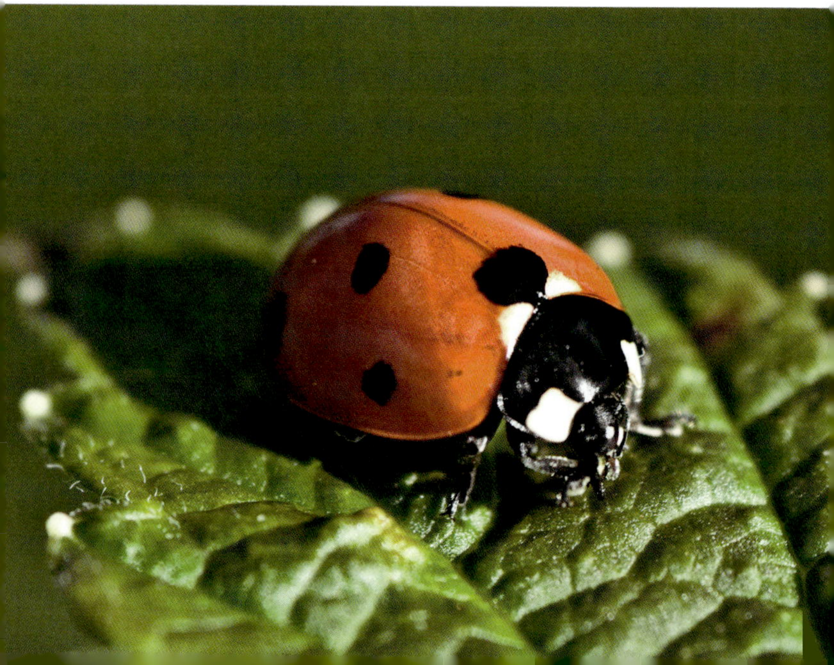

Tour
TOUR 8
ohne Uhr

EHEMALIGE MÜHLEN IM MÜNSTERBACHTAL

Beliebte Wege durch den Brander Wald

Die Pfade im Naturschutzgebiet Brander Wald führen zu einigen Mühlen und an vermoosten Teilen des Westwalls vorbei. Gerne lassen wir uns von der erhabenen Schönheit des Münsterbachtals verzaubern.

Aachener Hügelland Das 165 Hektar große Gebiet Brander Wald liegt im Naturraum Aachener Hügelland. Verglichen mit den meisten anderen Touren in der Eifel trifft es das Wort »Hügel« auf den Punkt. Jedenfalls kommen wir heute fast ohne Steigungen aus. Wir starten am Wanderparkplatz Buschmühle geradeaus hinein in den Wald auf einem breiten, geschotterten Weg. Bald schon passieren wir eine Infotafel zum Brander Wald und biegen am Modellflugplatz links ab. Eine hübsche Baumallee lässt diesen Teil des Waldes wie einen riesigen Park wirken. Rechts Wiese, links Wald: So geht es nun eine Weile auf breitem Forstweg.

Fahrspuren Der Brander Wald dient der Bundeswehr als Standortübungsplatz. Tiefe Fahrspuren und einige verstreut im Gelände »geparkte« alte Panzer erinnern daran und schaffen eine eigentümliche Atmosphäre. In vielen der verdichteten Fahrspuren der Panzer haben sich Tümpel gebildet. Diese Kulturbiotope bieten vielen Amphibien einen idealen Lebensraum. Am Ende des Weges biegen wir links ab. Wir bleiben auf dem Weg, bis wir links auf den recht breiten Hauptweg abbiegen können. Vor der nächsten Infotafel halten wir uns rechts und laufen auf einen Schlagbaum zu.

Mühlen An der Schutzhütte führt uns der Weg nach links. An einer kleinen Wegkreuzung halten wir uns geradeaus und gelangen nun auf einen kleinen Pfad, der uns durch einen etwas wilderen Teil des Waldes führt. An der grünen Bank geht es nun rechts zunächst leicht, dann steiler bergab.

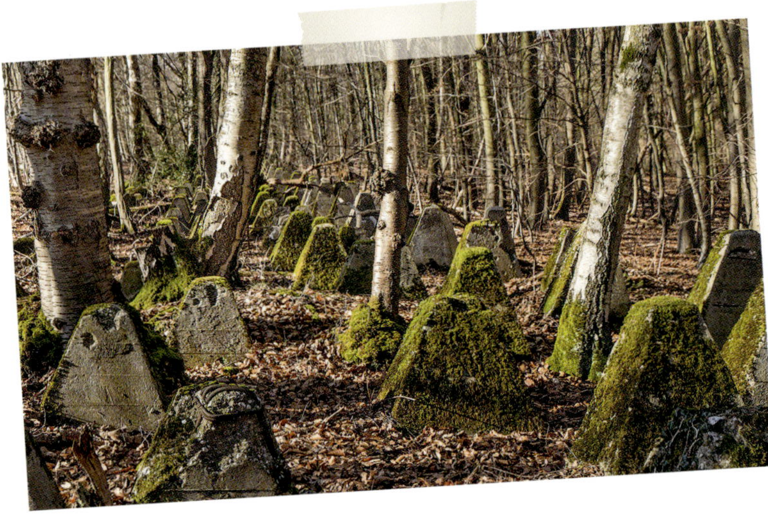

↑ Vermooste Überreste des Westwalls

Wir stoßen auf eine asphaltierte Straße, der wir nach links folgen. Vor uns liegt in etwa 200 Metern Entfernung das herrschaftliche Anwesen Gut Gedau, ein ehemaliges Messingwalzwerk. Kurz darauf passieren wir die geologisch bedeutsamen Tatternsteine (Katzensteine). Der Sage nach hausten in diesen Gesteinstrümmern einst Zwerge. Wenn wir ganz leise sind, können wir kurz darauf schon die Inde sanft plätschern hören, die auch Münsterbach heißt. Wir wandern im Münsterbachtal.

Höckerlinie Schließlich kommen wir zur Haumühle. Hinter der Tischlerei folgen wir nun dem Lauf des Münsterbaches, zunächst über einen befestigten Weg, dann über einen schmalen Graspfad. Ab hier ändert sich der Tourencharakter deutlich: Schmal und abenteuerlich sind die Pfade direkt am Fluss entlang. Inmitten des weitestgehend unter Naturschutz stehenden Tals können wir die moosbedeckten Überreste der Höckerlinie des Westwalls sehen. Wir kommen auf einen breiten Pfad und erreichen an der Brücke links abbiegend über weiträumige Wiesenflächen mit vielen Obstbäumen eine auffällige, freistehende Buche. Noch ein Stück geradeaus, dann biegen wir rechts und bei nächster Gelegenheit links ab und erreichen so den Parkplatz.

AUF EINEN BLICK

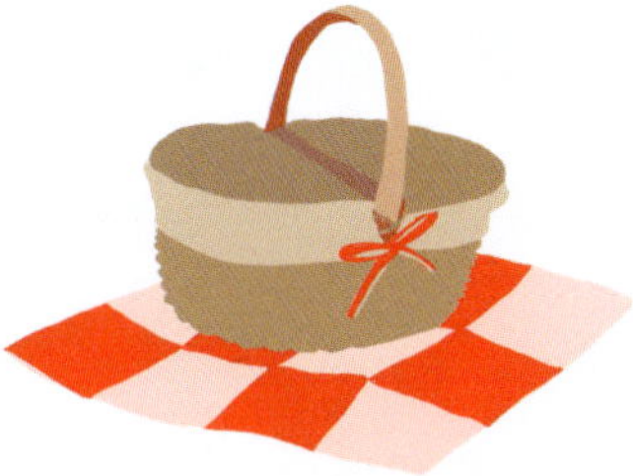

Tour 8: Tour ohne Uhr

Dauer: 2.30 Std.

Höhenmeter: 95 Hm

Länge: 7,5 km

Schwierigkeit: Leicht

Tourencharakter: Gemütlicher Spaziergang auf beliebten Wegen

Ausgangs-/Endpunkt: Parkplatz Buschmühle (Stolberg) an der L 221 von Aachen-Eilendorf nach Münsterbusch

Anfahrt: **Pkw:** A 544 bis Ausfahrt Würselen, dann Richtung Stolberg

Einkehr: Keine

Information: www.aachen.de

Achtung: Der Brander Wald ist Übungsgelände der Bundewehr. Das Betreten ist daher i. d. R. nur an Feiertagen und am Wochenende bis 17 Uhr erlaubt. Wenn die rote Flagge gehisst ist, ist das Betreten ganz verboten.

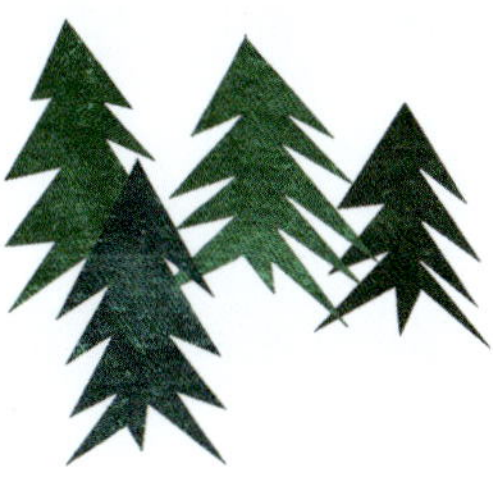

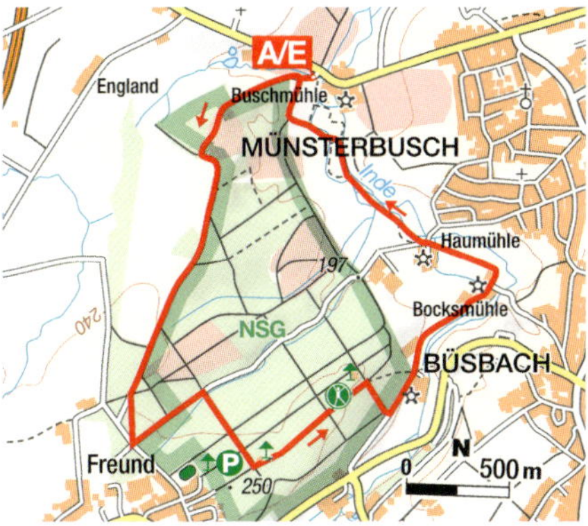

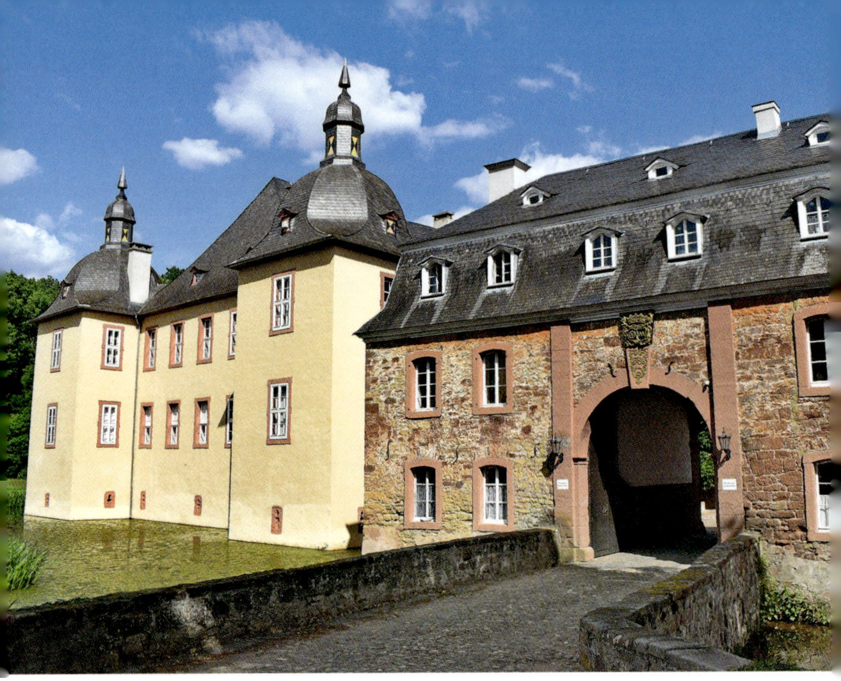

↑ Das spätbarocke Schloss Eicks wurde 1690 erbaut. ↓ Idylle in Hostel

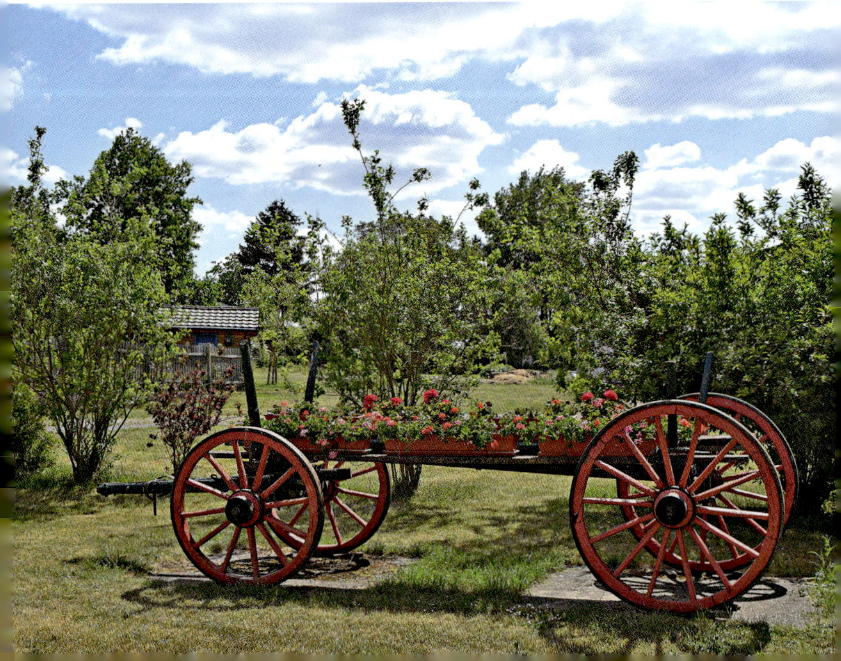

DREI DÖRFER UND EIN SCHLOSS

Tour für die Sinne
TOUR 9

Durch den Eickser Busch

Durch das abgeschiedene Rotbach- und Bruchbachtal geht es über Waldpfade und duftende Wiesen. Wir passieren drei Örtchen, die ziemlich genau so aussehen, wie wir ein Eifeldörfchen malen würden: verträumt, still, voller Fachwerkhäuser und mittendrin Kühe und Pferde.

Waldkapelle Unser Wegzeichen ist die Eifelschleife Eickser Busch. Direkt am Start am Wanderparkplatz »VIA Mansio« in Richtung Waldkapelle treffen wir auch auf die Via Agrippa, die uns einen Teil des Weges begleitet. Der Weg zeichnet die einstigen römischen Fernstraßen im Rheinland nach. Auf dem schmalen, leicht ansteigenden Pfad blüht im Mai und Juni mit betörendem Duft Holunder am Wegesrand. Nach etwa 500 Metern erreichen wir die 1782 gebaute klassizistische Waldkapelle. Bänke und der großzügige Platz vor der Kapelle laden zum Innehalten ein. Unser zunächst noch breiter Weg führt an einer Sitzgruppe vorbei, dann geht es links auf einem unauffälligen, schmalen Pfad weiter in den Wald hinein. Immer tiefer tauchen wir nun ein in herrlichen Mischwald. Besonders auffällig sind die vielen Farne in diesem Abschnitt fernab jeglicher Zivilisation. An dem breiten Wegekreuz mit vielen Markierungen folgen wir dem Hinweis »Museum«, biegen am Waldrand rechts ab und erreichen so Hostel.

Idyllische Dorfmitte Malerisch präsentiert sich der historische Ortskern mit seinen Fachwerkhäusern. Mitten im Ort grasen Kühe. Dorfleben wie aus dem Bilderbuch! An der Kirche halten wir uns rechts, an der weißen Bank ebenfalls und biegen kurz vor dem Ortsausgang links auf den Feldweg ab. Zwischen Pferdekoppeln, Wiesen und Feldern wandern wir nun Richtung Glehn. Wir biegen links auf die geteerte Straße ab und halten uns dann rechts bergab nach Glehn. Nachdem wir den Mühlenbach überquert haben,

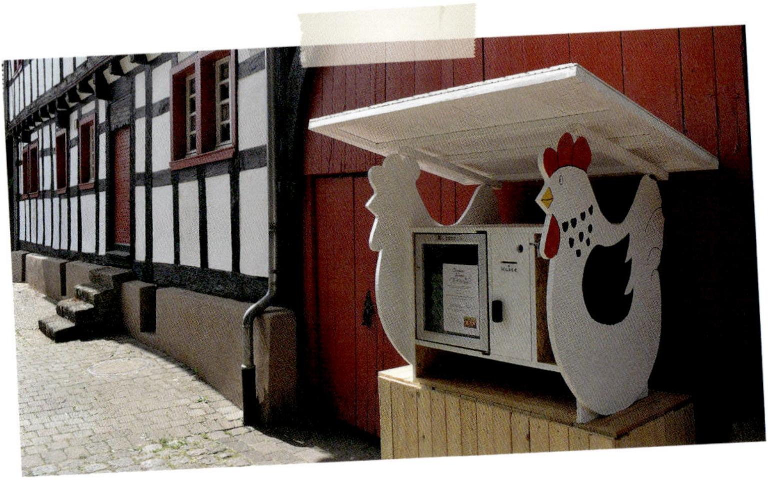

↑ Leckeres direkt vom Erzeuger

geht es nach rechts auf einen Feldweg, der uns entlang des Baches aus dem Ort hinausführt. Herrlich leuchten die vielen Farben der Blumenwiesen.

Bachläufe Etwa einen Kilometer folgen wir dem Mühlenbach durch das Rotbachtal, dann gelangen wir an eine Stelle mit Bachläufen. Links geht es nun einige Stufen auf einem Pfad bergan, dann folgt ein breiterer Weg. Wieder können wir den feinen Duft des Holunders genießen. Nach einem Picknickplatz erreichen wir Eicks. Über die Waldkapellenstraße geht es links in die Martinstraße und gleich rechts und am Gefallenendenkmal wieder rechts über die Franken- und Burgstraße zum Schloss Eicks. In der Zehntscheune lädt ein Bauerncafé zu einer kleinen Stärkung ein. Wir lassen die dreiteilige Wasserburg links liegen, queren die Straße und folgen ihr nach links auf einem separaten Weg (rechte Seite) zum Ausgangspunkt.

Tipp

Diese Tour lässt sich prima mit einem Besuch des LVR Freilichtmuseums verbinden. Vom Parkplatz kann man das Museum auch zu Fuß erreichen. Infos unter www.kommern.lvr.de

AUF EINEN BLICK

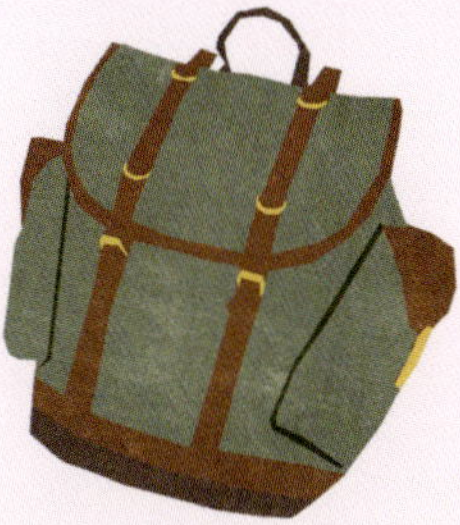

Tour 9: Tour für die Sinne

Dauer: 2.30 Std.

Höhenmeter: 100 Hm

Länge: 8 km

Schwierigkeit: Leicht

Tourencharakter: Bezaubernde kleine Wanderung durch typische Eifeldörfer und stille Eifellandschaft

Ausgangs-/Endpunkt: Wanderparkplatz »VIA Mansio« Mechernich an der K 20 (Eickser Straße) zwischen Kommern und Eicks

Anfahrt: **Pkw:** Von Köln/Bonn über A 553 und A 1 bis Wißkirchen; weiter über B 266 und K 20 bis Eicks. Aus Richtung Aachen über die A 4 bis Merzenich, weiter über L 264 bis Sievernich. Dann über B 477 und K 20 bis Eicks. Aus Richtung Trier über die A 1 bis zur B 410 in Dreis-Brück. Über K 59 und B 258 bis zur Auffahrt der A 1. Ausfahrt Mechernich, dann L 165, B 477 und K 20 bis Eicks

Einkehr: Zehntscheune Eicks

Information:
nordeifel-tourismus.de

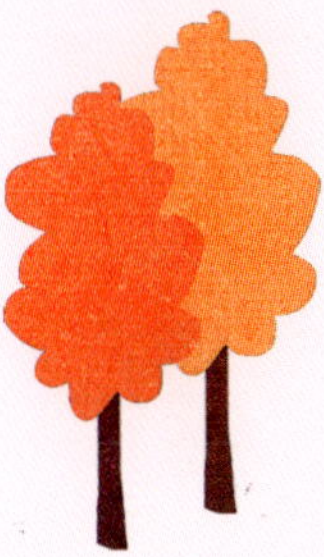

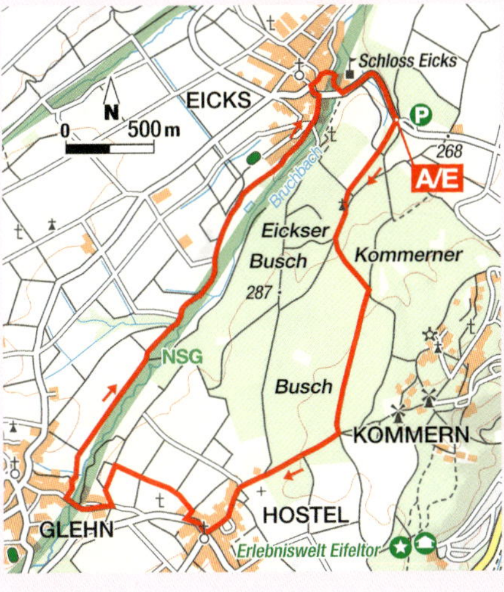

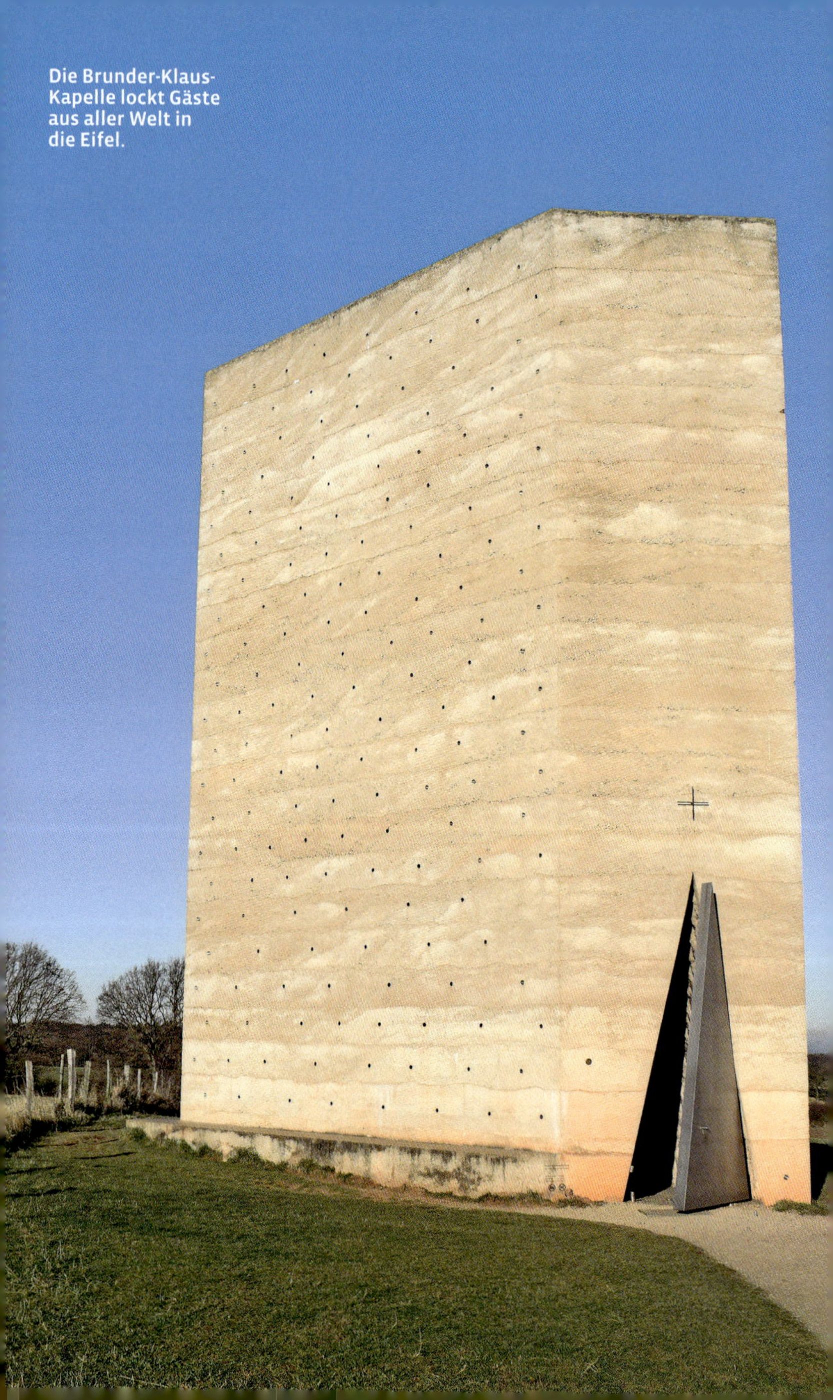

Die Brunder-Klaus-Kapelle lockt Gäste aus aller Welt in die Eifel.

ARCHITEKTONISCHE PERLE IN DER PROVINZ

Tour TOUR 10 ohne Uhr

Stille Einkehr in der Bruder-Klaus-Kapelle

Es ist nicht übertrieben: Das außergewöhnliche Meisterwerk des Architekten Peter Zumthor lockt Gäste aus aller Welt in die Nordeifel. Wir verbinden die Besichtigung der Feldkapelle mit einem schönen Spaziergang.

Röttgerhof Am Parkplatz in Wachendorf ignorieren wir alle Hinweisschilder zur Kapelle und gehen zunächst durch den Ort bis zum Almweg, in den wir einbiegen. Hier führt zunächst eben, dann leicht ansteigend ein asphaltierter Weg aus dem Dorf hinaus. Erst einmal sind wir aber so richtig mittendrin im Eifeler Dorfleben: Rechts eine offene Halle mit landwirtschaftlichen Maschinen und Geräten, vor uns Wiesen und Weiden, und dann liegt da noch dieser spezielle Geruch in der Luft … Leicht ansteigend führt der breite Weg durch lichten Wald. Wir ignorieren alle Abzweige, bis wir an eine Weggabelung kommen. Hier steht eine Bank, die wir für eine kurze Rast nutzen, denn Bänke sind auf der heutigen Tour Mangelware. Links ragt der historische Astropeiler Stockert gut sichtbar hervor. Wir biegen aber rechts ab und bleiben auf dem breiten Weg, der nun leicht bergab geht. Vorbei an Streuobstwiesen lassen wir dem Weg folgend den Röttgerhof links liegen und biegen an der Gabelung nach dem Hof rechts ab. Kurz darauf halten wir uns an einer weiteren Gabelung rechts.

Bruder Klaus Von einer Kapelle ist bislang weit und breit nichts zu sehen, dann taucht sie plötzlich nach einer Anhöhe links auf. Bloß: Wer vorher noch keine Bilder gesehen hat, wird kaum ahnen, dass das Ziel fast erreicht ist. Denn die Bruder-Klaus-Kapelle ist wirklich einzigartig. Das fängt schon bei der Silhouette an: Keine Kirche in Mini-Format liegt vor uns, sondern ein fünfeckiger, fensterloser, zwölf Meter hoher Bau, der nach oben offen

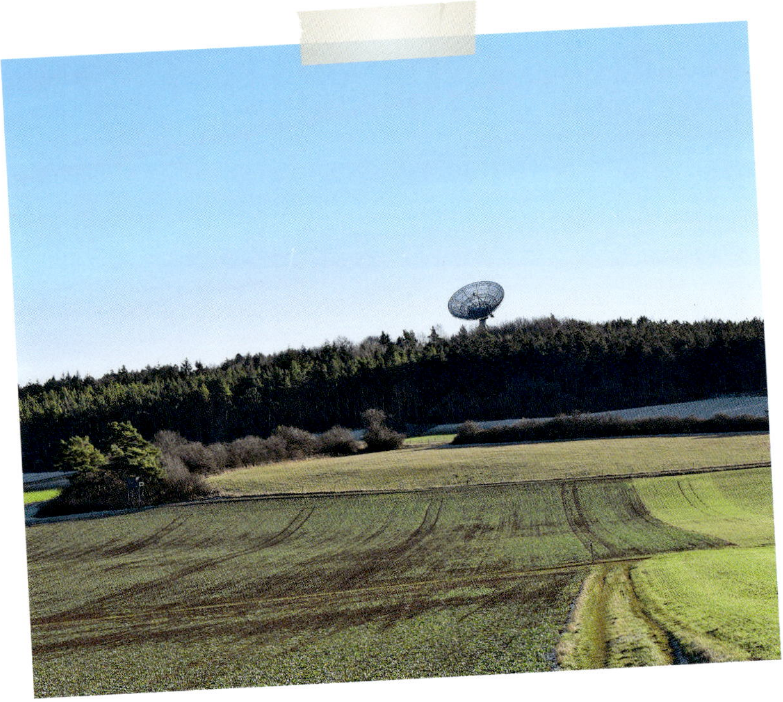

↑ **In der Ferne ist das erste, frei bewegliche Radioteleskop Deutschlands zu sehen.**

ist. Licht, Luft, Regen und Schnee können hier eindringen, auf dem Boden bildet sich dann eine kleine Pfütze. Gewidmet ist der Sakralbau dem heiligen Nikolaus von Flüe – genannt Bruder Klaus. Die verwendeten Materialien sind alle aus der Region: 112 Fichtenstämme wurden wie zu einem Zelt aneinandergestellt und von außen mit Stampfbeton überzogen. Das war in der Eifel bis in die 1950er-Jahre ein üblicher Baustoff. Drei Wochen trocknete das Ganze mit einem Köhlerfeuer, dann wurden die Stämme entfernt. In Mechernich wurde früher Blei abgebaut, so wurde auf dem Boden eine Legierung aus Blei und Zinn aufgetragen. Entstanden ist ein karger und zugleich magisch anmutender Andachtsraum, der zur Ruhe und Besinnung einlädt. Nach der Kapelle laufen wir auf geradem Weg auf ein landwirtschaftliches Gebäude zu. Hier biegen wir links ab und kommen nach etwa zehn Minuten zum Parkplatz.

AUF EINEN BLICK

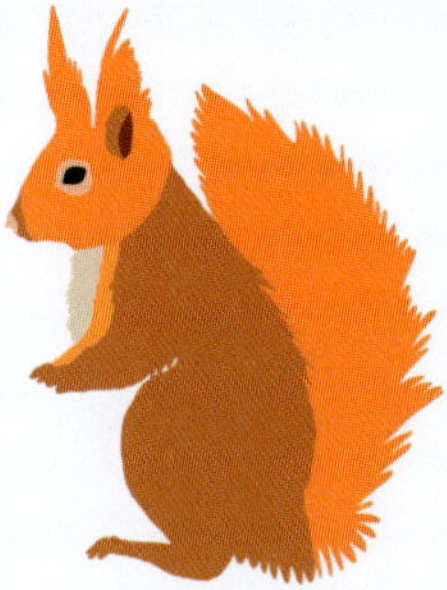

Tour 10: Tour ohne Uhr

Dauer: 1.45 Std.

Höhenmeter: 125 Hm

Länge: 6 km

Schwierigkeit: Leicht

Tourencharakter: Einfache Wanderung zu einem internationalen Besuchermagnet

Ausgangs-/Endpunkt: Parkplatz Bruder Klaus Kapelle am Sportplatz, Iversheimer Straße, Mechernich-Wachendorf

Anfahrt: **Pkw:** A 1 bis Münstereifel, dann Richtung Holzheim/Weiler a.B. (L 499), weiter nach Rißdorf und Lessenich, hier in der Ortsmitte rechts ab Richtung Wachendorf. Hinweisschilder zum Parkplatz

Einkehr: In Wachendorf im Bauershof, über Öffnungszeiten informieren! www.bauershof.com

Information: www.nordeifel-tourismus.de

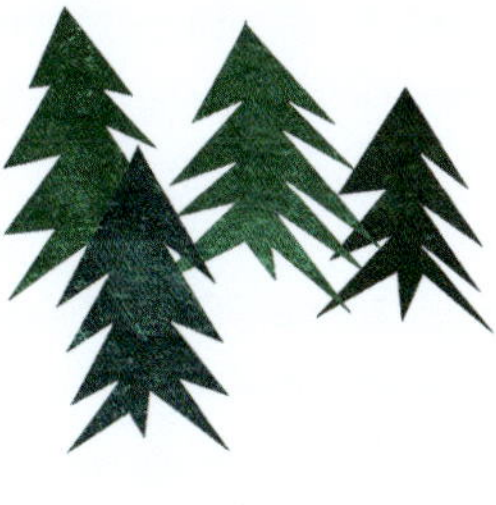

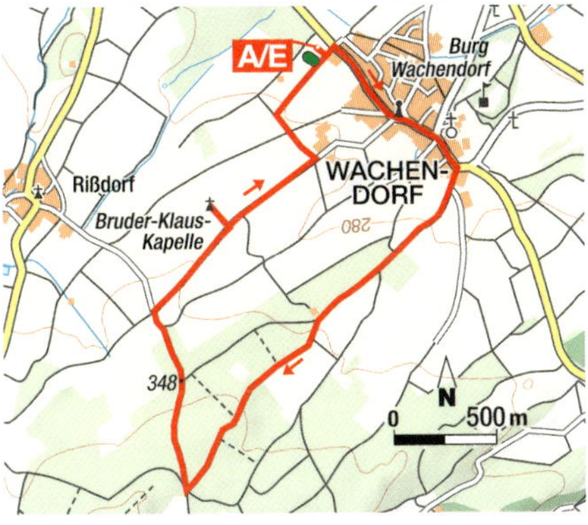

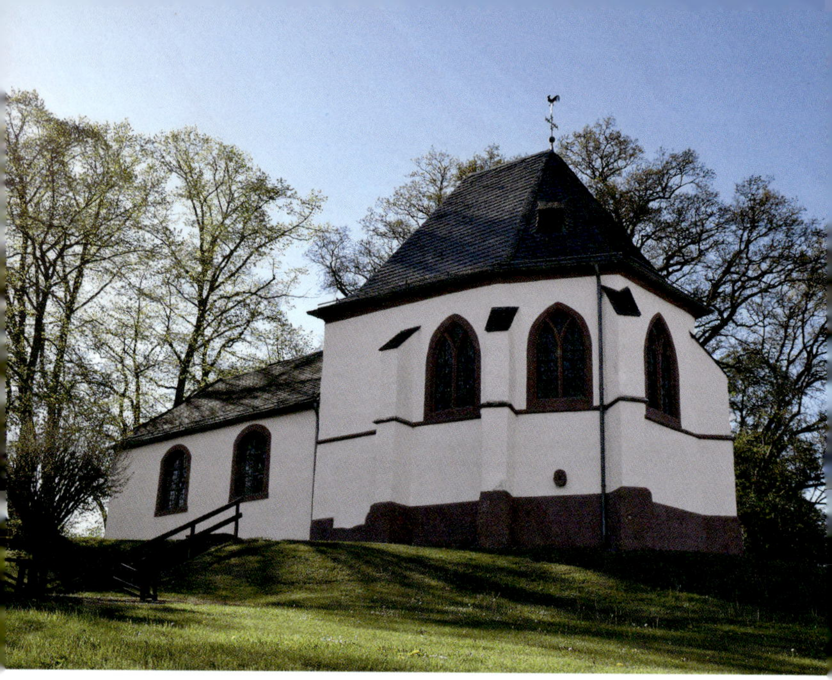

↑ Die Ahekapelle liegt mitten im Genfbachtal. ↓ Fast schon eine Allee

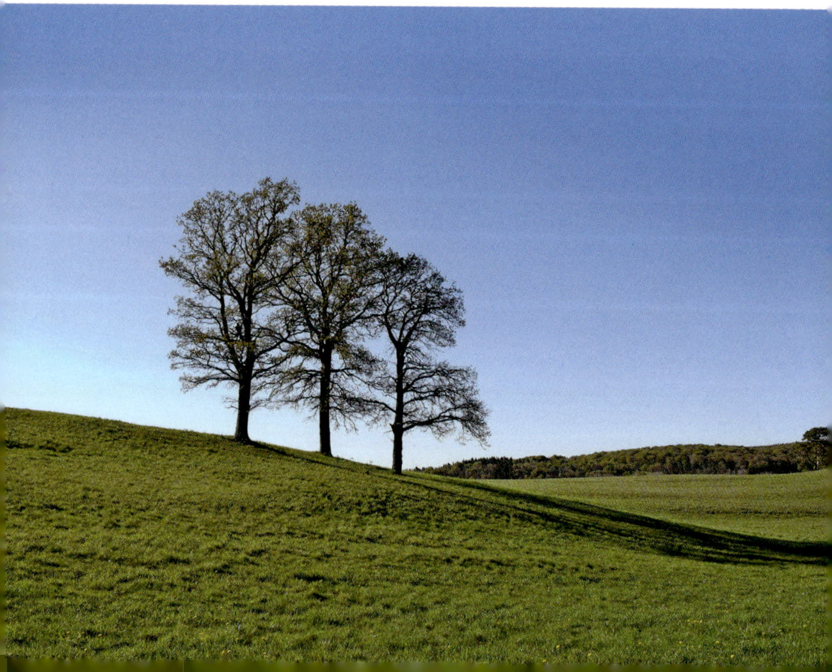

STILLE LANDSCHAFT GENIESSEN

Tour
TOUR 11
der Stille

Zur Ahekapelle im Genfbachtal

Die Ahekapelle liegt fernab von jedem Straßenlärm inmitten des Genfbachtals. Hervorragend gepflegte Wege führen durch Wald und Wiesen. Vergessen Sie den Alltag und genießen Sie – Bänke und Rastmöglichkeiten gibt es genug.

Die Sonne genießen Um die wärmenden Sonnenstrahlen besonders im Frühling genießen zu können, empfiehlt es sich, die Tour vormittags gegen den Uhrzeigersinn und nachmittags mit dem Uhrzeigersinn zu gehen. Unser Wegzeichen ist die Eifelschleife Ahekapelle. Zunächst führt der Weg ab dem Naturzentrum Nettersheim direkt an der Urft entlang zur Bahnhofstraße, der wir rechts folgen. In der Kurve führt uns der Weg aus Nettersheim heraus. In einer Metzgerei und wenige Meter später einer Bäckerei mit Café können wir mit Blick auf die angekündigten Rastmöglichkeiten unsere Picknickvorräte auffüllen.

Ab in den Wald Am Wanderparkplatz gegenüber der mächtigen Klosteranlage geht es über eine kleine Holztreppe in den Wald. Zunächst führt der schmale Pfad noch parallel zur Straße. Wir überqueren eine kleine Holzbrücke und lassen dann endgültig alle störenden Geräusche hinter uns. Wir queren einen breiteren Forstweg und halten uns weiter geradeaus.

Weiter Blick Nach einer roten Bank öffnet sich plötzlich unsere Sicht auf die Täler und Höhen rund um Nettersheim. Kurz darauf biegt der Weg nach rechts ab. Direkt in der Kurve liegt versteckt ein schöner Picknickplatz, etwa 50 Meter weiter zweigt unser Weg links ab. Endlos scheinen Täler, Wiesen und Felder jetzt vor uns zu liegen und wir tauchen richtig ein ins Genfbachtal. Der Genfbach – der früher Ahebach hieß – begleitet uns mit

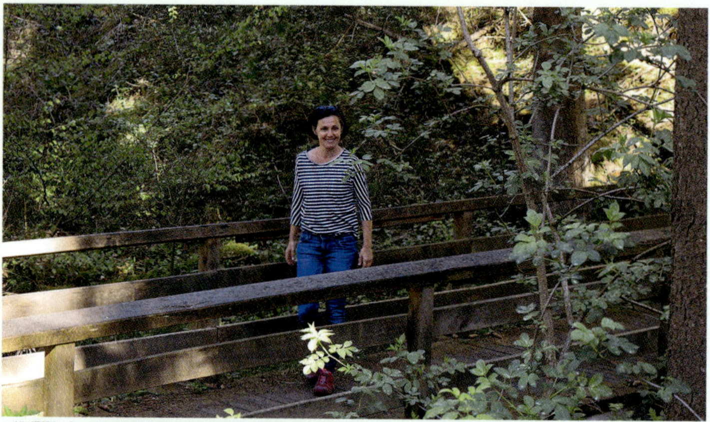

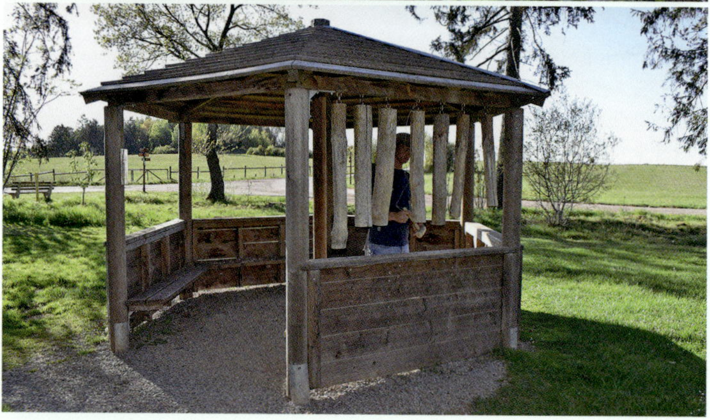

»Auch das kleinste Ding hat
seine Wurzel in der Unendlichkeit,
ist also nicht völlig zu ergründen.«

Wilhelm Busch

sanftem Plätschern. Besonders nett ist ein Rastplätzchen direkt am Wasser – sogar Sitzpolster liegen für müde Wanderer bereit.

Wallfahrt zum Eisheiligen Dichte, blühende Büsche verdecken den Blick auf die Ahekapelle etwas, die in einer breiten Kurve links von uns liegt. Und schon wieder laden viele Picknickbänke zu einer ausgiebigen Rast ein. Die lassen wir jetzt mal aus, zumal wir hier an der Kapelle auch nicht mehr alleine unterwegs sind. Denn hier kreuzen sich einige Fahrrad- und Wanderwege. Die Kapelle zum heiligen Bischof Servatius, dem Eisheiligen, wird im Volksmund nach dem alten Flussnamen Ahekapelle genannt und als Wallfahrtskapelle geschätzt. Das geschützte und sehr gepflegte Baudenkmal liegt am Jakobsweg. Pilgernde können hier ihren Pilgerpass abstempeln. Ein Blick auf den spätgotischen Chor aus dem 16. Jahrhundert in der Kapelle lohnt sich. Wir setzen unseren Weg in der Kurve nach rechts fort und folgen noch ein Stück dem Teerweg. An einer Bank, an der zusätzlich noch ein Schild mit dem alten Flurnamen Ahrschlag steht, verlassen wir den Teerweg und gehen geradeaus auf den Feldweg. Er führt uns sanft auf- und absteigend schließlich an den Anlagen des Angelsportvereins vorbei.

Waldmusik Wir kommen an einen markanten Pavillon mit Baumxylophon. Er gehört als Station 14 zum Erlebnispfad, der am Naturzentrum beginnt. Noch einige Meter weiter, dann müssen wir darauf achten, den Abzweig nach rechts nicht zu verpassen: Er ist dort, wo der Weidezaun unterbrochen ist. Es ist schön, nach breitem Forstweg wieder auf einen weichen Graspfad zu schlendern, der uns am Ende der Weide links auf einen Feldweg führt. Vor uns

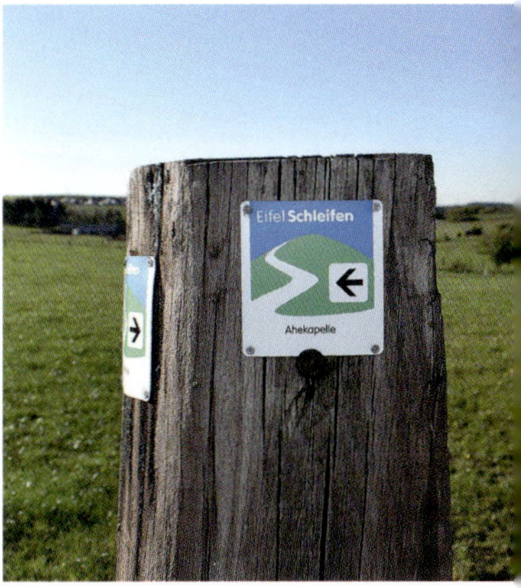

↑ Idyllischer Pfad ins Genfbachtal
↓ Hier wird jeder zum Musiker.
→ Die Eifelschleifen sind zuverlässige Begleiter.

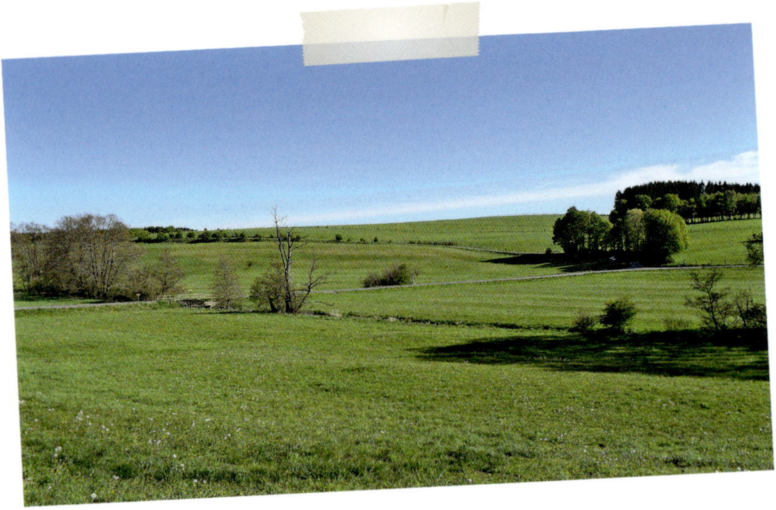

↑ **Das üppige Grün beruhigt und entspannt.**

liegt nun Nettersheim. Unser Weg schlängelt sich durch Weiden. Wir genießen die Stille und das Zirpen der Insekten am späten Nachmittag. Dann, an der nächsten Gabelung, stoßen wir wieder auf den Erlebnisweg. Der Fossilienacker, eine weitere Station des Erlebnisweges, liegt schräg rechts vor uns. Klar, dass wir uns auf die Suche begeben. Unser Weg aber führt links an dem Kreuz und später an einer Bank mit Schautafel »Blick auf Nettersheim« vorbei abwärts in den Ort. Wir biegen links in die Grafschaftsgasse, queren die Bahnlinie und gelangen über die Straße Römerplatz wieder zum Naturzentrum.

Variante

Wer möchte, folgt ab Station 14 (Baumxylophon) dem Erlebnispfad weiter geradeaus ins Tal hinab und nimmt so einige Mitmachstationen und zahlreiche Spielmöglichkeiten mit. Ebenfalls auf diesem Weg führt ein ausgeschilderter kleiner Rundweg zur Görresburg, einer gallo-römischen Tempelanlage mit drei markanten Weihesteinen. Von hier geht es dann weiter über den Erlebnispfad zurück zum Naturzentrum.

AUF EINEN BLICK

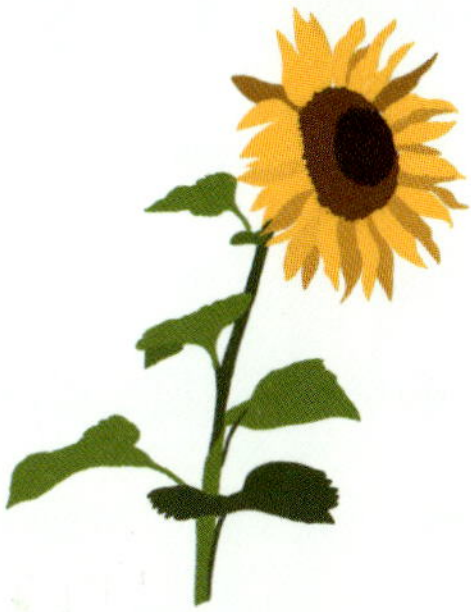

Tour 11: Tour der Stille

Dauer: 3 Std.

Höhenmeter: 107 Hm

Länge: 9 km

Schwierigkeit: Leicht

Tourencharakter: Einfache Wanderung mit kulturellen Highlights

Ausgangs-/Endpunkt: Naturzentrum Nettersheim, Urftstraße 2–4, Nettersheim

Anfahrt: **Pkw:** A 1 bis Nettersheim, im Ort ist das Naturzentrum ausgeschildert. **Bahn/Bus:** Der Bahnhof Nettersheim liegt etwa 500 m vom Startpunkt entfernt.

Einkehr: Cafetería im Naturzentrum, im Ort weitere Möglichkeiten, unterwegs keine

Information: www.nordeifel-tourismus.de; www.naturzentrumeifel.de
Im Naturzentrum sind Ausstellungen zu Archäologie.

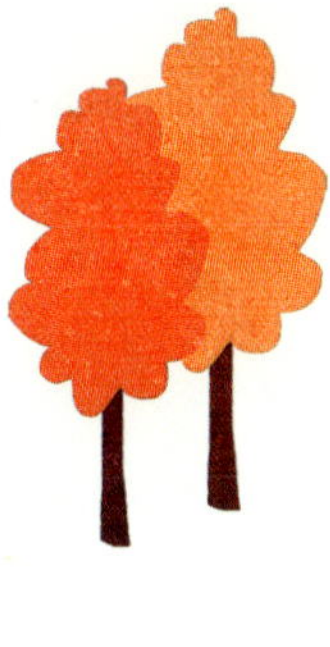

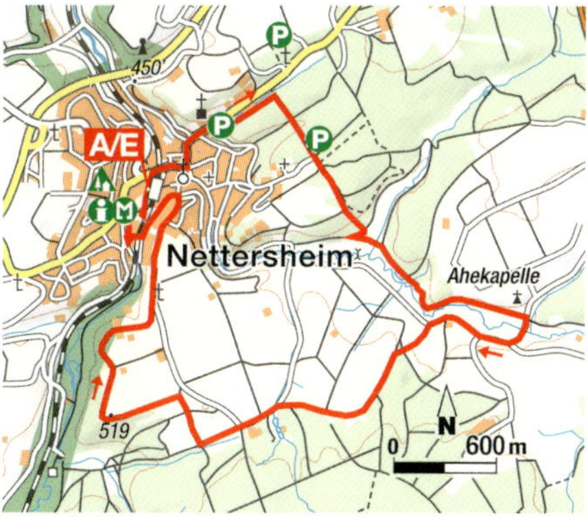

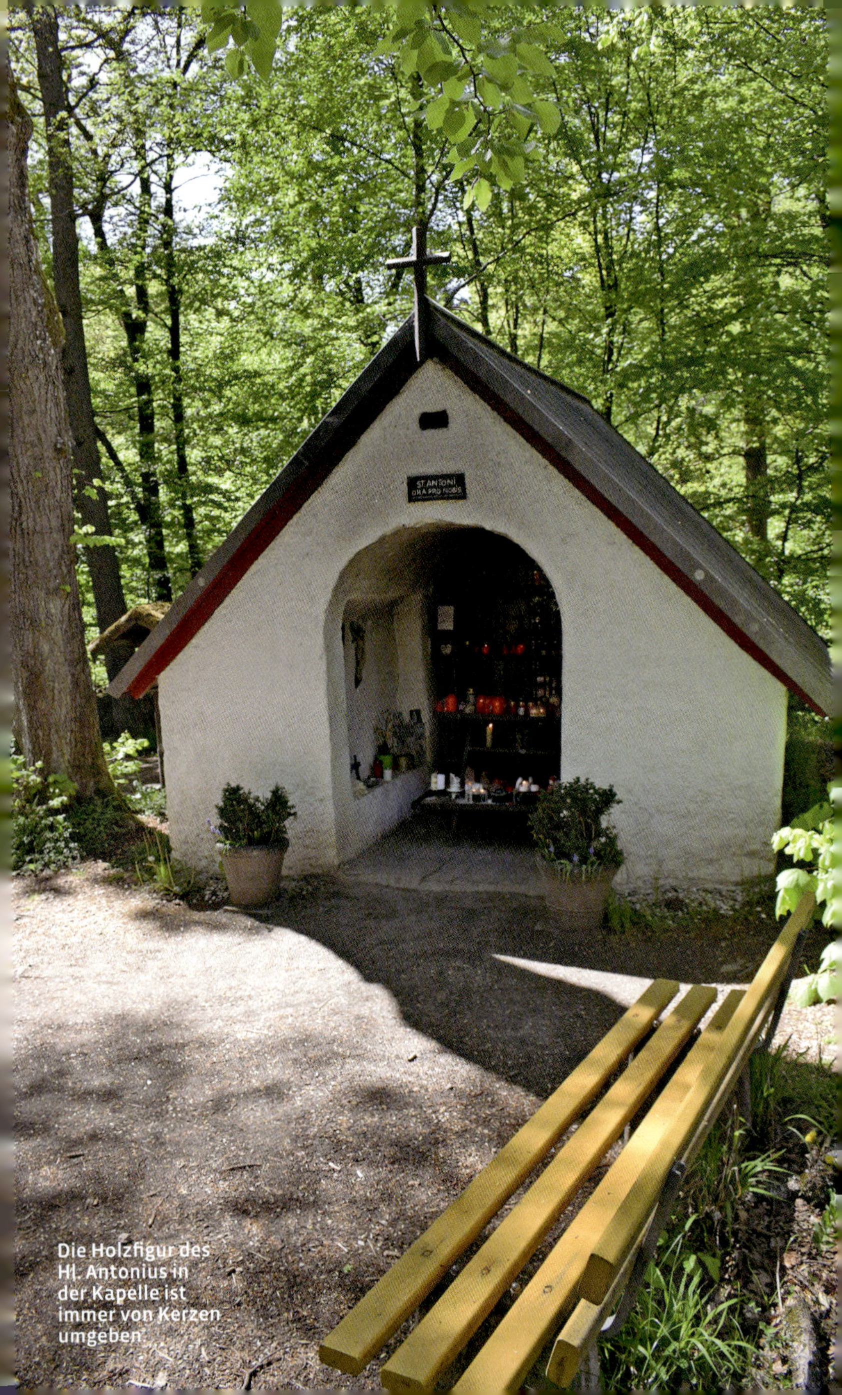

Die Holzfigur des Hl. Antonius in der Kapelle ist immer von Kerzen umgeben

DECKE TÖNNES UND EIN TOLLER SONNENAUFGANG

Tour für die Sinne
TOUR 12

Rundtour am Michelsberg

Wer sich aufrafft und noch vor Sonnenaufgang loszieht, erlebt auf dieser Tour wahrhaft magische Momente, die alle Sinne ansprechen. Aber auch für Langschläfer lohnt sich der Weg inmitten reinster, kühler Waldluft. Atmen Sie tief ein und aus – so einfach gelingt Entspannung im Bad Münstereifeler Wald.

Sonnenaufgang Vom Wanderparkplatz am Michelsberg biegen wir auf den breiten Forstweg, der neben der Infotafel in den Wald führt. Die Markierung Eifelspur Münstereifelsteig wird uns später noch ein Stück begleiten, an dieser Stelle ignorieren wir die Markierung jedoch zunächst. Es dämmert bereits ein bisschen, wir können uns gut orientieren und der breite Weg ist problemlos zu bewältigen, auch wenn wir vor Müdigkeit eher schlurfen als gehen. Nach etwa 250 Metern treten wir aus dem Wald heraus. Es ist kurz nach sechs und gerade ist die Sonne im Begriff aufzugehen. Schlagartig sind Kälte und Müdigkeit vergessen. Ein Sonnenaufgang in der Natur ist ein Spektakel. Kraftvoll bahnt sich das aufgehende Licht seinen Weg. Schweigend und fotografierend genießen wir, an diesem schönen Moment teilhaben zu können.

Kapelle Irgendwann, die Sonne ist vollends aufgegangen, entschließen wir uns weiterzugehen. Ein schmaler Pfad lädt uns (mit Wegweiser Münstereifelsteig) ein, links bis zur Kapelle und Spitze des Michelsbergs aufzusteigen und die Stimmung am frühen Morgen hier nochmals einzufangen. Nebenbei nehmen wir so die mit 588 Metern höchste Erhebung im Bad Münstereifeler Stadtgebiet mit. Zurück auf dem Hauptweg, der mit dem Markierungszeichen Münstereifelsteig gekennzeichnet ist, geht es bis zum Abzweig. Hier biegen wir rechts ein.

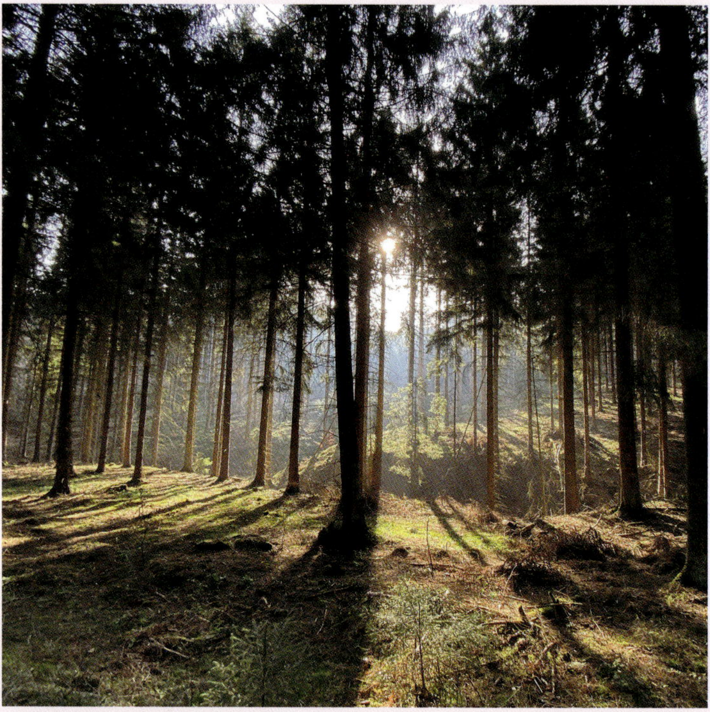

»Ein Spaziergang am frühen Morgen
ist ein Segen für den ganzen Tag.«

Henry David Thoreau

Schweigen Allmählich macht sich zwar ein leichtes Hungergefühl bemerkbar, aber wir halten noch ein kleines Stück aus, bis wir zu einer neuen Bank kommen, die das Eifelspuren-Logo trägt. Hier lassen wir uns den mitgebrachten dampfenden Kaffee und ein Brötchen schmecken. Ungewohnt schweigsam sind wir heute am Morgen, denn irgendwie verbietet es sich, in der gerade erwachenden Natur laut zu sprechen. Der Pfad liegt direkt vor uns, es geht bergab über die Wiese und dann über die Straße, auf der am frühen Sonntagmorgen niemand unterwegs ist. Den Wanderparkplatz Bleielsnück lassen wir links liegen und folgen dem breiten Teerweg bis zur Schutzhütte. Hier geht es geradeaus auf einem Feldweg bergab in den Wald hinein. Wir genießen die totale Stille im Wald und die frische, klare und auch ziemlich kalte Luft.

Decke Tönnes Kurz vor der Straße achten wir links, halb vom frischen Grün der Bäume verdeckt, auf einen hölzernen Wegweiser. Wir folgen dem Weg nach Rodert; auch die Eifelschleife Radioteleskop führt in die gleiche Richtung. Der schmale Pfad ist nicht lang, wir kommen an einen Abzweig und sehen vor uns die Kapelle Decke Tönnes (Dicker Antonius). Unser Weg führt am Abzweig links auf den Forstweg hinter dem Schlagbaum. Bevor wir weiterwandern, statten wir dem Eremiten St. Antonius aus Ägypten, der an diesem viel besuchten Wallfahrtsort verehrt wird, einen Besuch ab. Antonius gilt als Schützer des Waldes und der Tiere. Mehrere Eifelschleifen kreuzen an der Kapelle. Eine Bank sowie eine Schutzhütte bieten Möglichkeiten, auszuruhen und eine Infotafel informiert über den Decken Tönnes.

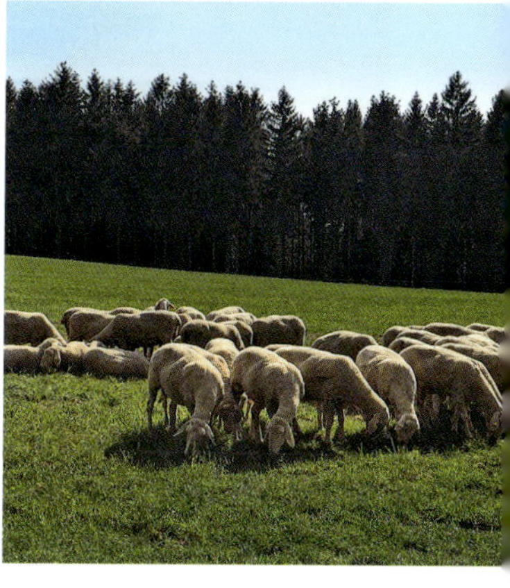

← **Kraftvoll bahnen sich die Sonnenstrahlen ihren Weg.**
→ **Schäfchen zählen brauchen wir heute Abend sicher nicht.**

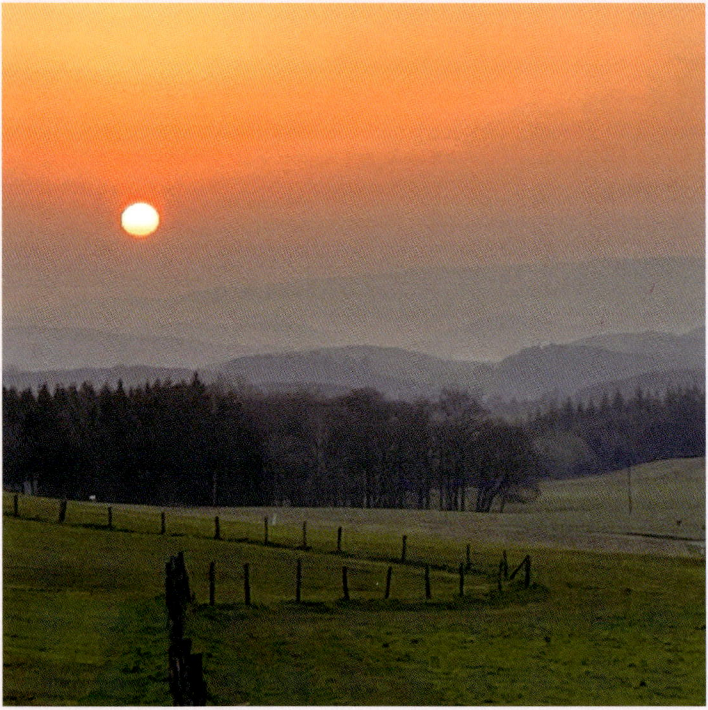

»Betrachte das Erwachen des Frühlings
und das Erscheinen der Morgenröte!
Die Schönheit offenbart sich denjenigen,
die betrachten.«

Khalil Gibran

Buchenwald Hinter dem Schlagbaum geht es nun auf den Rückweg, etwa die Hälfte der Wanderung liegt hinter uns. Links von Buchen, rechts von Nadelwald begleitet, folgen wir nun der Beschilderung schwarzer Pfeil geradeaus. Am nächsten Schlagbaum geht es geradeaus weiter, jetzt können wir uns am Münstereifelsteig orientieren, der uns aus dem Wald hinausführt. Etwa zwei Kilometer liegt der Decke Tönnes nun hinter uns, dann verlassen wir den Wald, halten uns ein Stück am Waldrand und folgen dann dem Münstereifelsteig rechts abbiegend.

Sonnenliege In der Ferne sehen wir schon eine der neu aufgestellten Holzbänke, kurz darauf liegen wir drauf, sonnen uns und loben uns für unsere Willenskraft, tatsächlich so früh losgewandert zu sein. Wir folgen dem Münstereifelsteig hinter der Bank weiter, es geht auf befestigtem Weg leicht voran. Nach einer Kurve geht es leicht ansteigend zwischen Wiesen in Richtung Wald. Hier zweigt nach wenigen Metern der Steig nach links, nun dürfen wir über wunderbaren Waldweg bis zu einem Teerweg spazieren. Diesem folgen wir noch ein kurzes Stück, dann sind wir wieder am Wanderparkplatz an der Straße. Noch etwa ein Kilometer trennt uns nun von unserem Auto. Es geht wie auf dem Hinweg über die Straße und den Graspfad aufsteigend und dann an der Eifelschleifen-Bank rechts. Wir genießen wenige Meter später das herrliche Panorama auf Hocheifel, Ahrgebirge, Westeifel sowie auf den Nationalpark Eifel und das kleine Dörfchen Mahlberg. Kurz darauf sind wir am Wanderparkplatz.

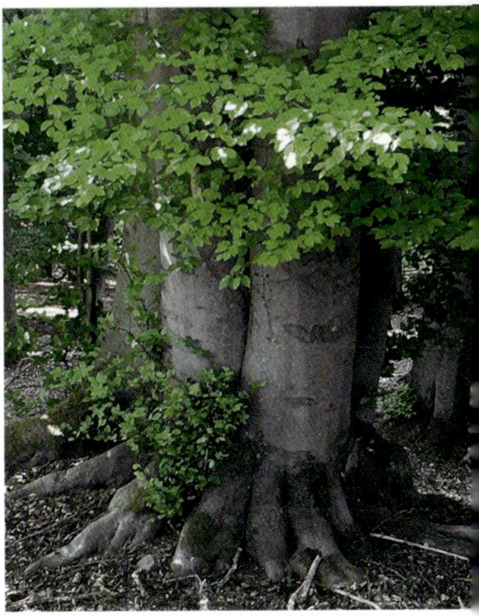

← **Gönnen Sie sich unbedingt dieses besondere Naturspektakel!**
→ **Erinnert an einen Tausendfüßler**

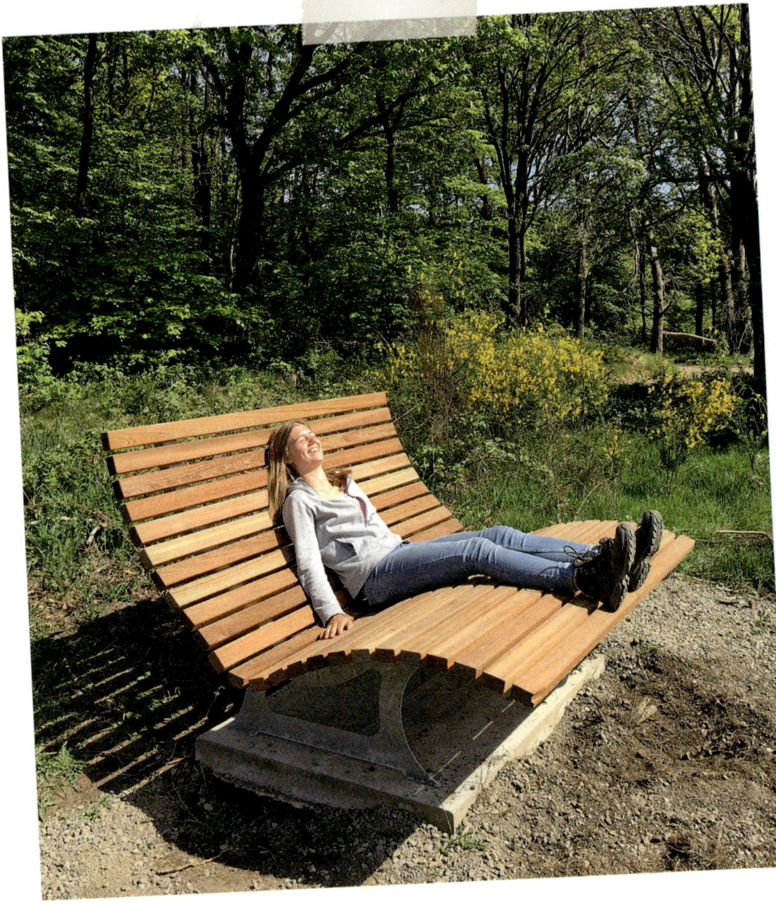

↑ **Genießen, entspannen, zur Ruhe kommen**

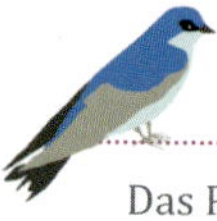

Variante

Das Paket Sonnenaufgang, Kapelle und Aussicht gibt es auch in der kurzen Variante: Vom Wanderparkplatz führt der Wanderweg, dem wir in der Tourenbeschreibung zunächst folgen, auf ca. 1,5 Kilometern rund um den Gipfel des Michelsbergs. Mehrere Pfade führen zur Kapelle hoch.

AUF EINEN BLICK

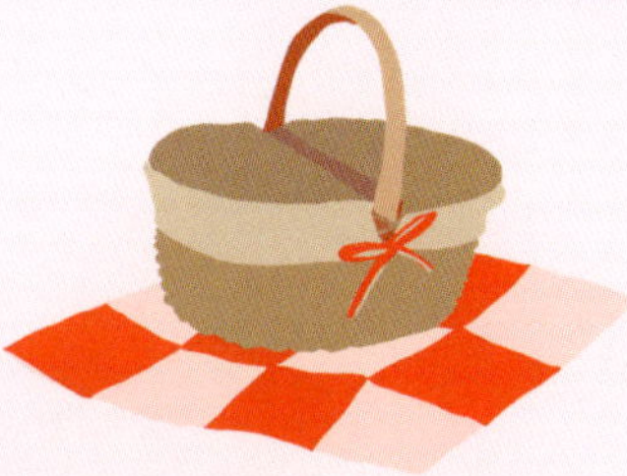

Tour 12: Tour für die Sinne

Dauer: 2.45 Std.

Höhenmeter: 160 Hm

Länge: 8,6 km

Schwierigkeit: Leicht, allerdings keine durchgehende Markierung

Tourencharakter: Einfache Wanderung auf bequemen Wegen – die größte Schwierigkeit ist das Aufstehen vor Sonnenaufgang!

Ausgangs-/Endpunkt: Wanderparkplatz unterhalb der Kapelle St. Michael am Michelsberg (Bad Münstereifel-Mahlberg)

Anfahrt: **Pkw:** Von Bad Münstereifel über B 51 bis Mahlberg, dort Beschilderung »Michelsberg« folgen

Einkehr: keine

Information:
www.nordeifel-tourismus.de

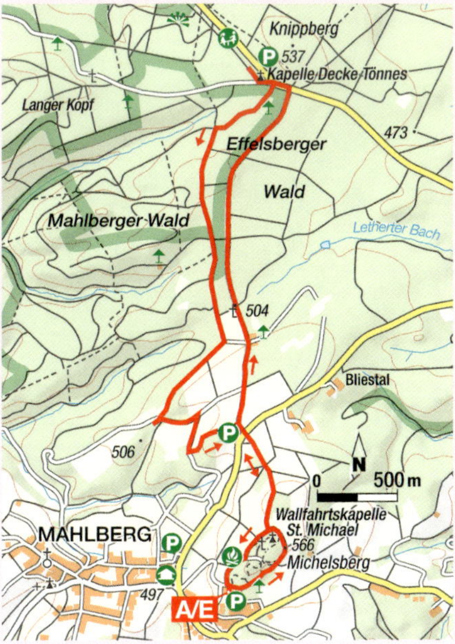

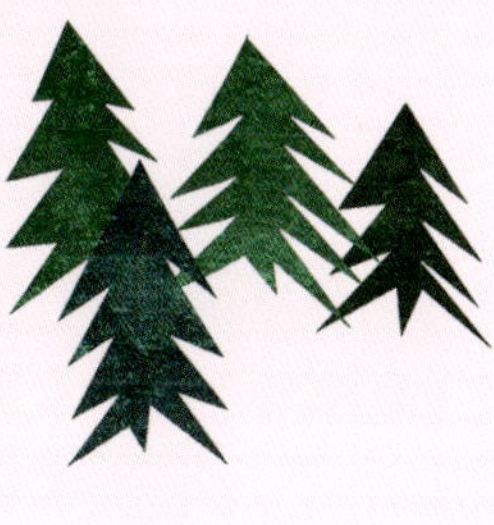

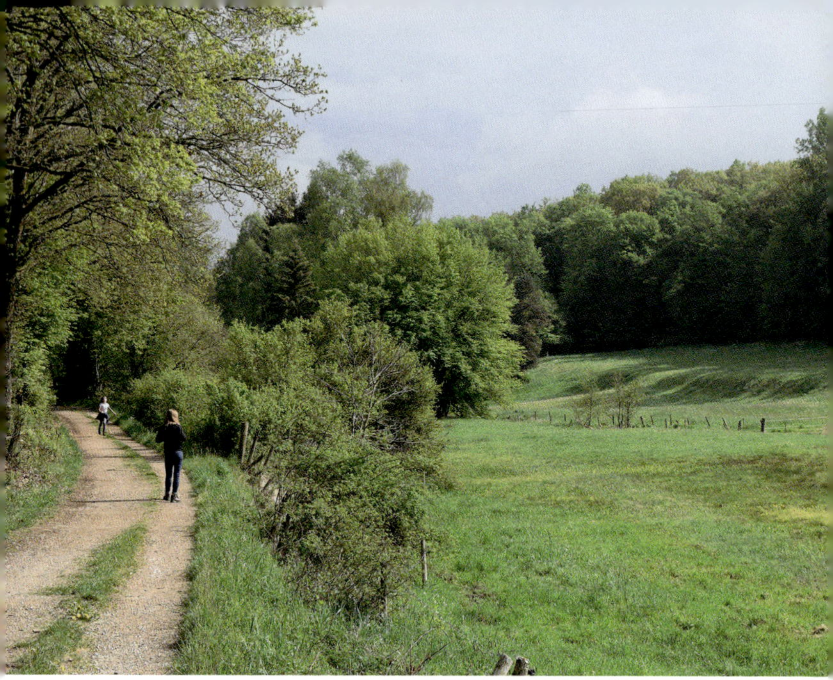

↑ Satte Wiesen erfreuen den Wanderer … ↓ … und erst recht die Kühe.

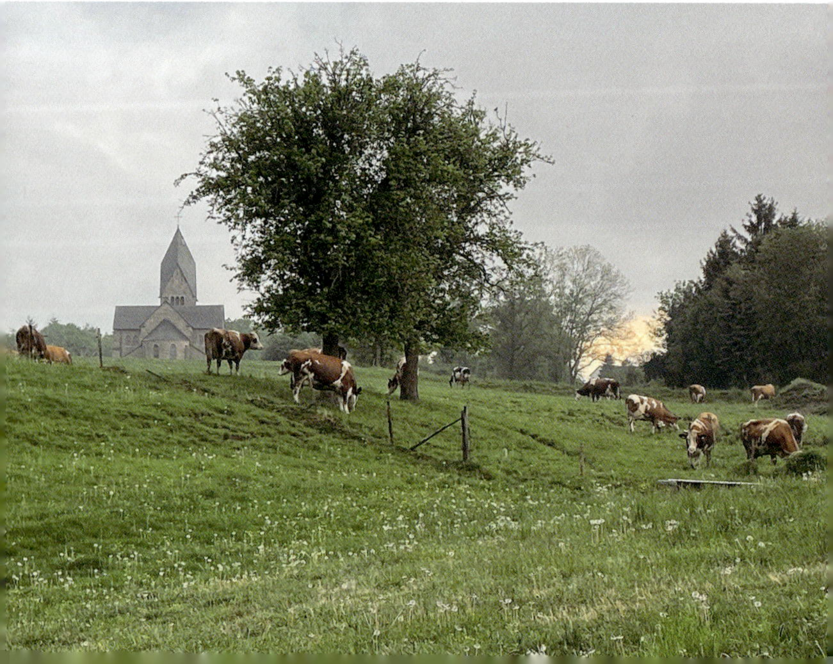

Tour für
TOUR 13
die Sinne

WÄÄSCH JANGS UND RUND UM DEN THÜRNE

Neben dem Weg gibt's viel zu entdecken

»Wääsch jangs« bedeutet im regionalen Dialekt »neben dem Weg« und beschreibt recht gut, was die gleichnamige Eifelschleife meint: Schärfen Sie alle Ihre Sinne, denn es gibt am Wegesrand allerlei Schönes zu entdecken.

Parcours Wir starten an der Sporthalle in Houverath mit der Eifelschleife Wääsch jangs und folgen dem Weg nach rechts. Sofort sind wir auf einem schmalen Waldpfad, der uns leicht bergab bis zu einem Campingplatz führt. Hier halten wir uns links und sind nun auf einem schönen Feldweg unterwegs. Links Weide, rechts Wald, dazwischen: Ruhe. Bald können wir die erste Infotafel des »Parcours der biologischen Vielfalt« studieren. Dann queren wir die Straße, kommen an einer Bank vorbei und nach einer weiteren Bank geht es in den Wald und an der Weggabelung links. Mit der nächsten Tafel rückt die Straße in Hör- und Sichtweite. Wir queren diese und folgen dem Feldweg, der an der roten Bank nach links führt.

Historische Brücke Wir kommen an der historischen Brücke zwischen Scheuren und Houverath vorbei. Der Weg führt nach rechts und wenige Meter später nach links auf einen Graspfad, dem wir nun sehr sanft ansteigend folgen. An der Wegekreuzung halten wir uns geradeaus und sind nun auf asphaltierter Straße unterwegs. An der neuen Eifelschleifen-Bank geht es links ab. Wir rasten aber erst einmal und bewundern die »Locke« des Hochthürmers, des markanten, 499,9 Meter hohen Berges vor uns, nach dem das Thürnegebiet benannt ist. Wieder kreuzen wir die Straße, nun haben wir einen guten Blick auf das kleine Dorf Wald. An der Straße Im Quersiefen halten wir uns geradeaus und erhalten einen schönen Einblick in die offene Kulturlandschaft.

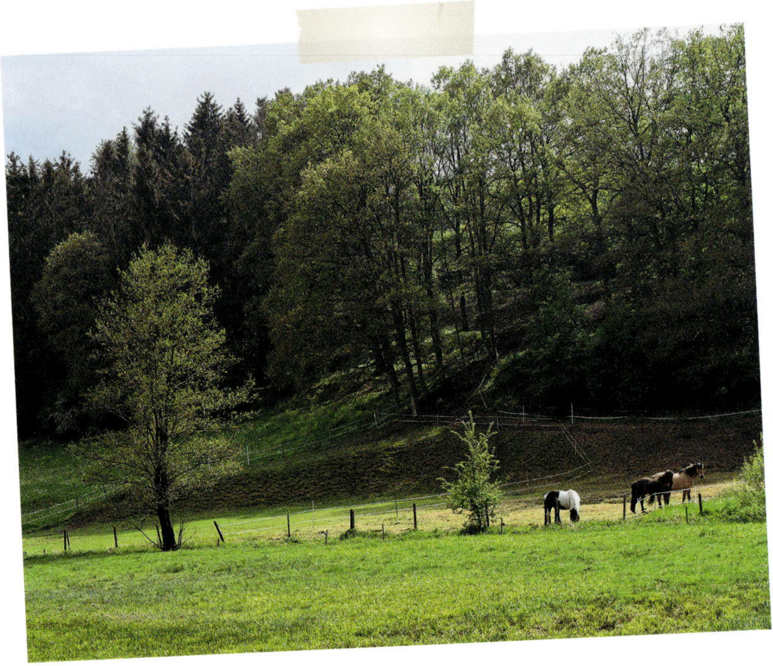

↑ **Still und über weite Strecken einsam präsentiert sich dieser Teil des Thürnegebiets.**

Waldpfad Vor der nächsten Bank geht es nun links auf befestigtem Weg nach Limbach. An der Limbacher Straße halten wir uns links. Nun verlassen wir die Eifelschleife, wir biegen vor der Steigung, die in den Ort führt, rechts in den Feldweg und in die Stille ab. Die Markierung 8 ist am Beginn des Pfades gut zu erkennen. Wir bleiben auf dem unteren Weg, der uns an einem Hundeübungsplatz vorbei auf weichem Waldpfad entlang des Limbachs führt. Was für eine traumhafte Strecke durch tiefsten Wald! Wir queren nach gut einem Kilometer die Straße und biegen links auf einen Pfad. Die Eifelschleife ist nun wieder unser Begleiter über eine kleine Brücke und an Wiesen entlang des Houverather Bachs in Richtung Houverath. Noch einmal geht es über die Straße, wir bleiben noch eine Weile auf dem Pfad. Schließlich rückt die Pfarrkirche links ins Blickfeld. Über eine Holzbrücke folgen wir der Eifelschleife in den Ort und biegen rechts zum Parkplatz ab.

AUF EINEN BLICK

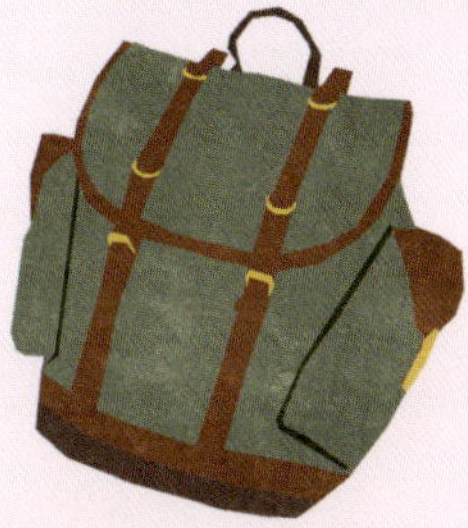

Tour 13: Tour für die Sinne

Dauer: 2 Std.

Höhenmeter: 121 Hm

Länge: 7 km

Schwierigkeit: Leicht

Tourencharakter: Einfache Wanderung über duftende Wiesen und entlang etlicher Quellbäche

Ausgangs-/Endpunkt: Sportplatz Houverath, Eichener Str. 13A, Bad Münstereifel-Houverath

Anfahrt: Pkw: Von Bad Münstereifel über Schleidtalstraße und Schleidstraße, weiter auf L 113 bis Houverath

Einkehr: Bitte Proviant mitnehmen

Information: www.nordeifel-tourismus.de

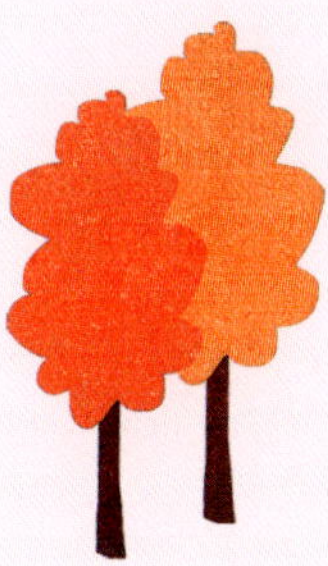

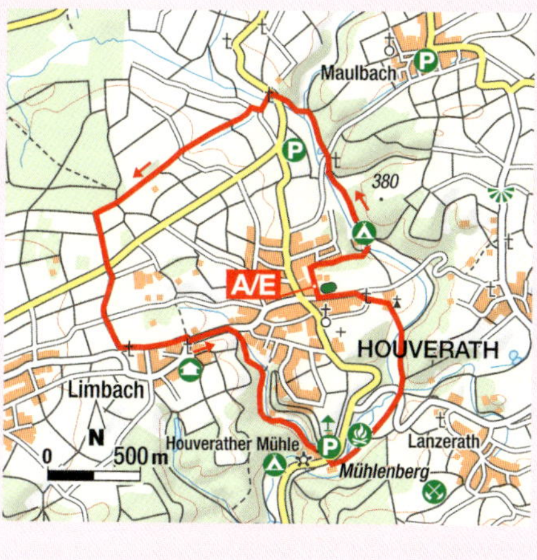

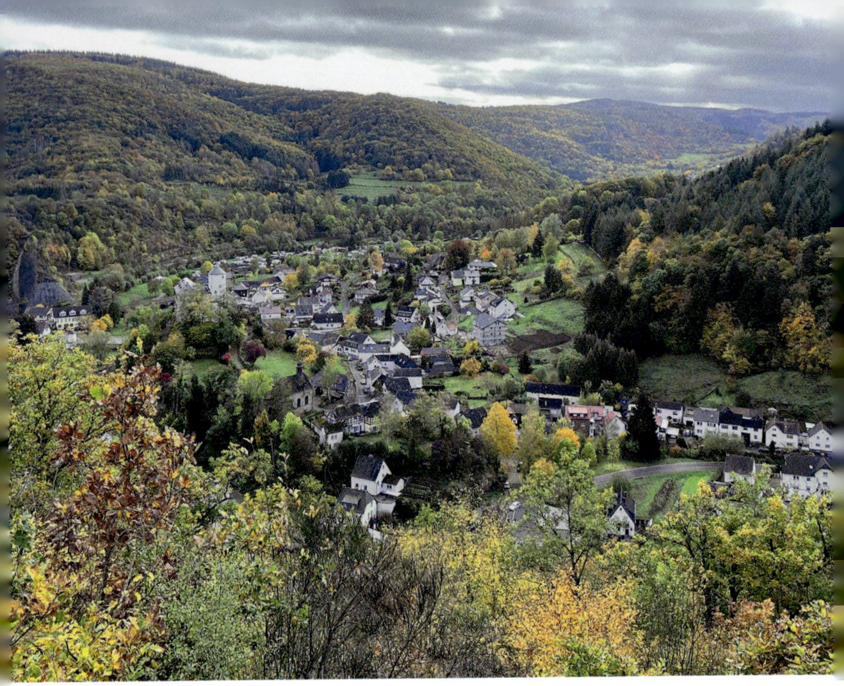

↑ In Kreuzberg fließt die Vischel in die Ahr. ↓ Das Wasserschloss Vischel

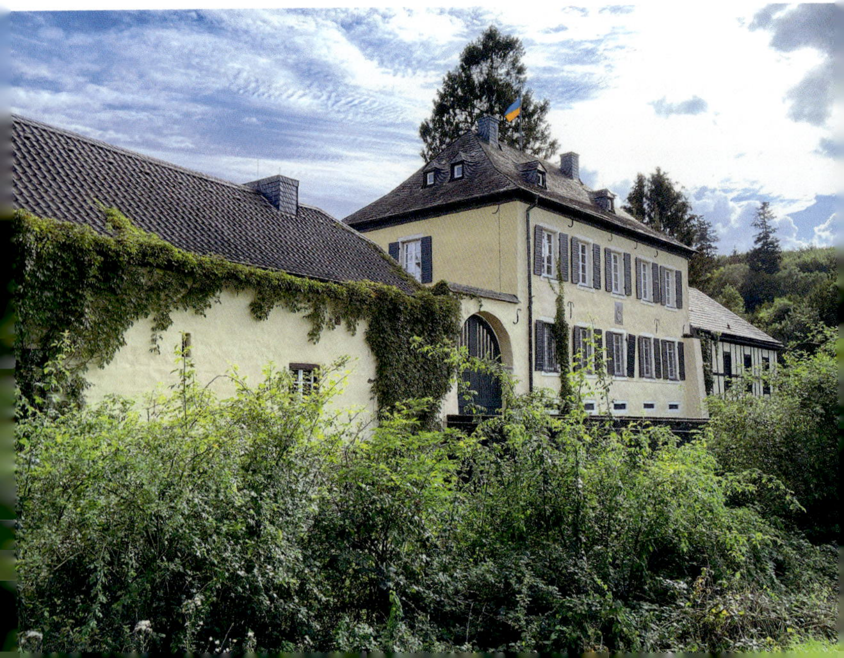

ROMANTIK PUR IM VISCHELTAL

Tour für TOUR 14 den Genuss

Die Seitentäler der Ahr

Verliebte werden diese Tour besonders genießen: Das romantische Vischeltal, ein Seitental der Ahr, besticht durch beschauliche Abgeschiedenheit und unverfälschte Naturschönheit. Zum Schluss lockt die Einkehr in einer geschmackvoll eingerichteten Hofanlage.

Schloss Vischel Direkt zu Beginn der Tour lohnt in Krälingen ein Blick in die Kapelle in der Kirchenstraße, deren Geschichte bis ins 15. Jahrhundert zurückreicht. Über die Kirchenstraße verlassen wir den Ort und folgen dann an der Bank mit Kreuz dem Holzschild »Vischeltal« auf bequemem Schotterweg. Direkt vor dem Wald zweigt nach links unser Weg ab. Nun geht es abwärts ins Vischeltal. Über eine Brücke queren wir den Vischelbach und halten uns dann links. Wir folgen dem Vischelbach, der sich links neben uns entlang schlängelt, durch das Tal. Abzweige nach rechts ignorieren wir. So gelangen wir an einem Schlagbaum vorbei in den Ortsteil Vischel der Gemeinde Berg und zum Schloss Vischel. Das Wasserschloss, auch als Burg Vischel bezeichnet, ist in Privatbesitz und kann nur von außen bewundert werden.

Rustikale Einkehr Etwa 100 Meter nach dem Schloss biegen wir am Bildstock links ab. Der Weg nimmt kurz darauf eine Kurve nach links. Zwei deutliche Abzweige nach rechts ignorieren wir, dann gehen wir kurz nach dem zweiten Abzweig nach rechts. Wir queren eine Bachwiese. Es folgt ein kurzes, aber recht steiles Stück bergauf. Oben angekommen halten wir uns links. Der Weg steigt weiter an – jetzt aber moderat, sodass auch eventuelle Nachzügler gut nachkommen können. So erreichen wir den Feldrand. Wir behalten unsere Richtung bei und können schon bald die Dächer von Krälingen sehen. Über die Straße Vilmahöhe erreichen wir den Ort und

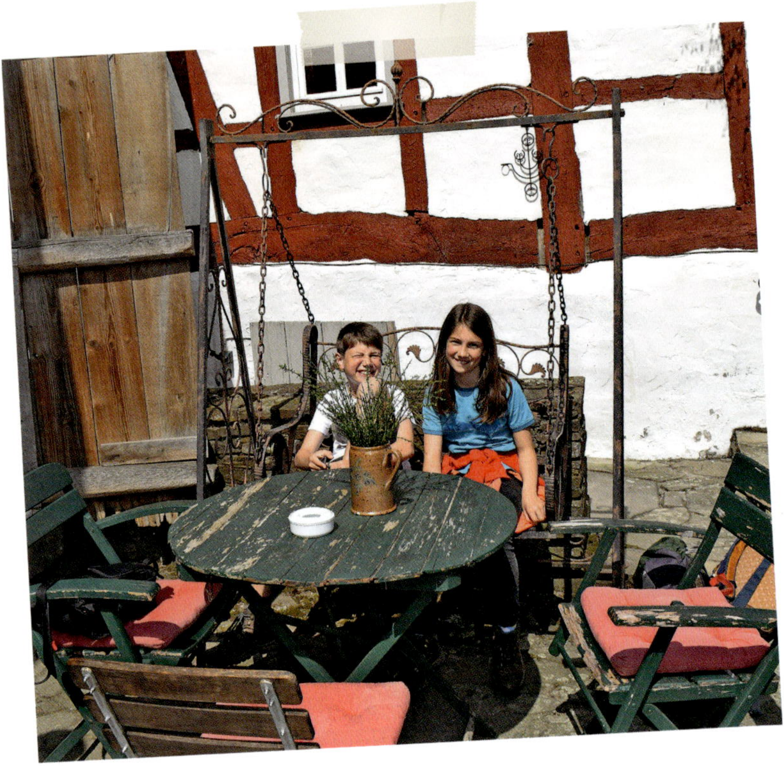

↑ **Gemütliche Einkehr in der Alten Krähe**

biegen links in die Ahrstraße ab. Ein kühles Getränk und ein Burger im wunderschönen Innenhof des Restaurants Alte Krähe – einer restaurierten, mehr als 200 Jahre alten Hofanlage – runden diese überaus entspannte Tour ab. Die netten Besitzerinnen freuen sich übrigens, interessierten Gästen die Geschichte der Hofanlage näherzubringen!

Tipp

Das Sahrbachtal bietet eine Vielfalt gut ausgeschilderter Wanderwege abseits des touristischen Rummels im nahen Ahrtal.

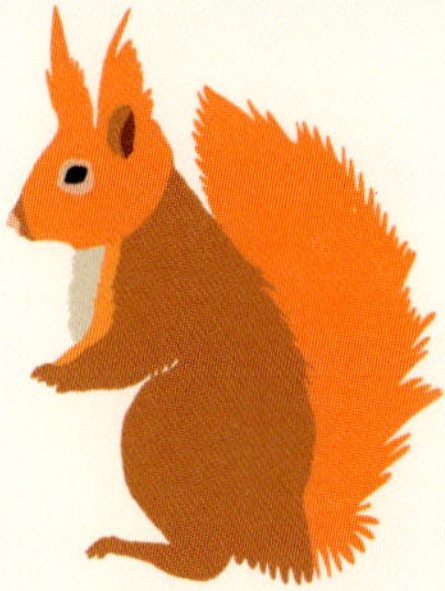

AUF EINEN BLICK

Tour 14: Tour für den Genuss

Dauer: 2.30 Std.

Höhenmeter: 175 Hm

Länge: 7,8 km

Schwierigkeit: Leicht

Tourencharakter: Leichte Wanderung ohne Wegzeichen, ruhiges Seitental fernab von touristischem Trubel

Ausgangs-/Endpunkt: St. Quirinus-Kapelle, Kirchenstraße, Berg-Krälingen

Anfahrt: **Pkw:** Aus nördlicher Richtung: A 565 bis B 257 in Grafschaft folgen, dann K 31 bis Ahrstraße (Berg). Parken im Ort (Die Alte Krähe hat einen eigenen Parkplatz)

Einkehr: Alte Krähe, Ahrstraße 21, Berg-Krälingen

Information: https://sahrtal-eifel.de

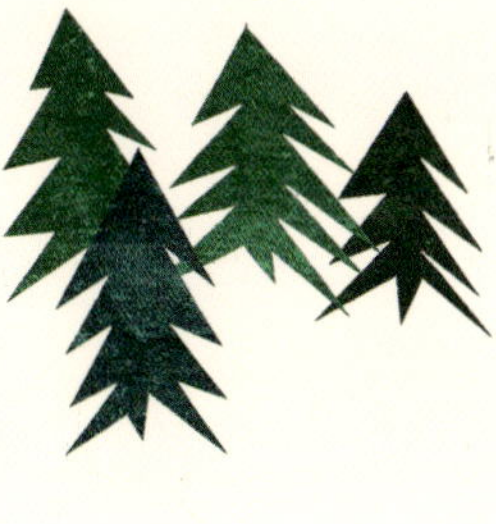

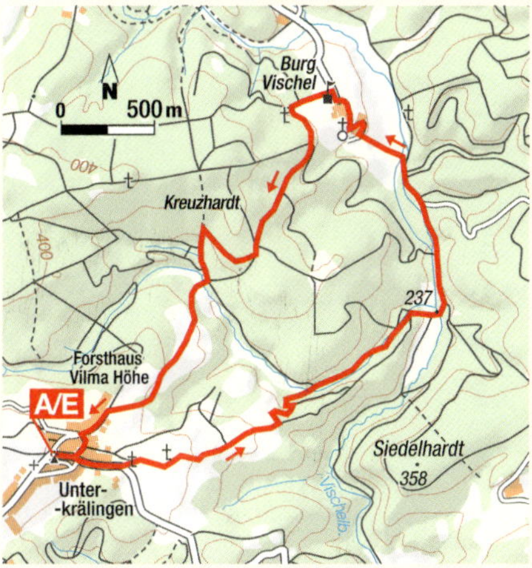

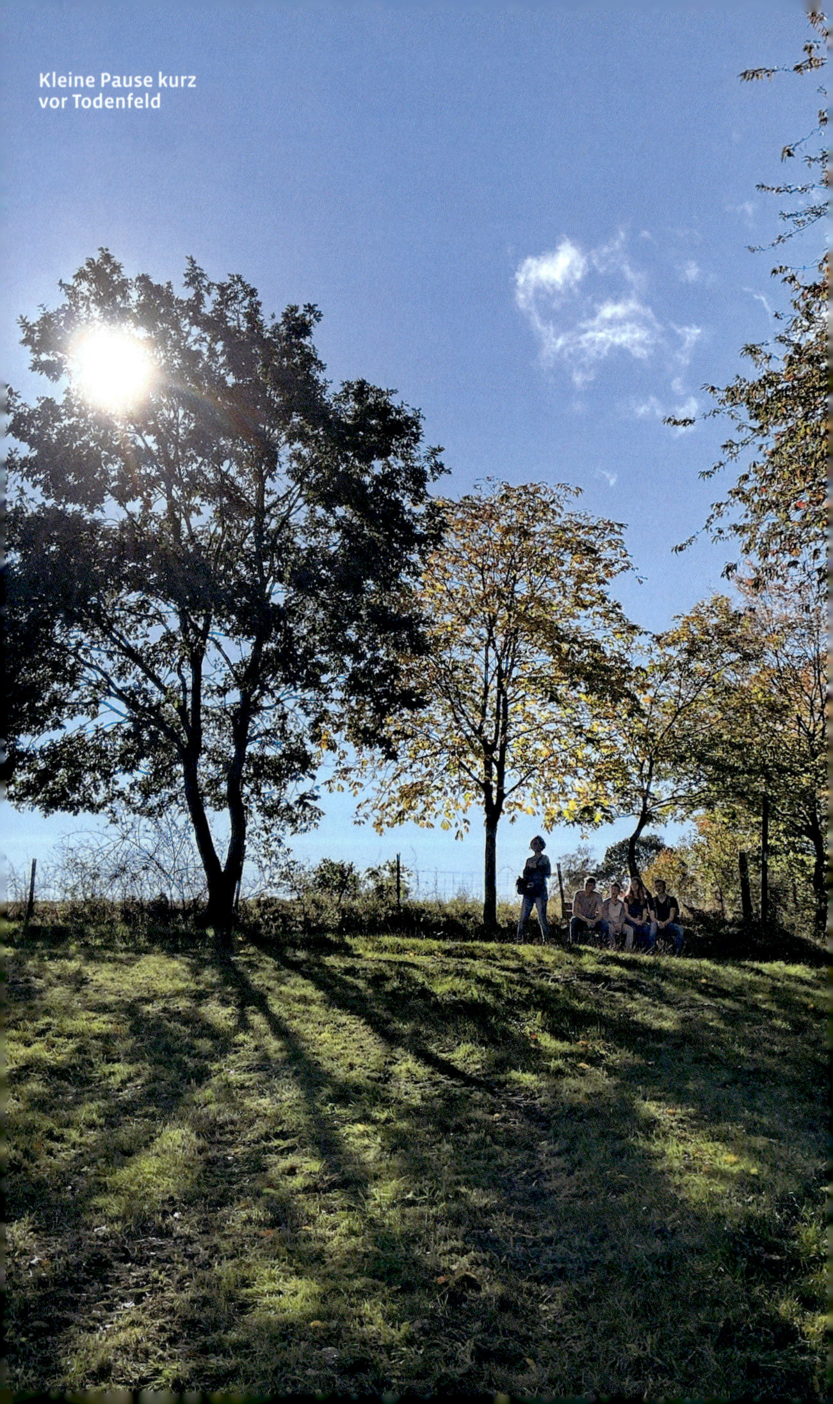
Kleine Pause kurz vor Todenfeld

Tour für
TOUR 15
die Sinne

AUF UND RUND UM DIE TOMBURG

Gemütlich durch den Rheinbacher Wald

Der Rheinbacher Wald mit seinem Buchen- und Eichenmischwäldern bietet sich als Einstieg in die Eifel in besonderer Weise an: Nur mäßige Steigungen und wunderbare Ausblicke machen das Gebiet besonders für Wanderanfänger interessant.

Waldkapelle An der Infotafel am Parkplatz an der Tomburg starten wir nach rechts auf den breiten Forstweg zur Tomburg-Runde durch das artenreiche Naturschutzgebiet Tomberg. Unser Wegzeichen ist ein schwarzes T. An der ersten Wegekreuzung biegen wir rechts in Richtung Kapelle ab. Nun verläuft der Weg gut markiert erst im Zickzack, dann auf schnurgeradem Weg durch das Eulenbachtal. Wir erreichen in Begleitung des T die bei Pilgern beliebte Waldkapelle.

Blätterdach Entlang des ausgewiesenen Pfades zum Klosterbrunnen kommen wir auf den Eselsweg, dem wir nun nach rechts abbiegend in Richtung des 1875 errichteten Schwarzen Kreuzes folgen. Dort angekommen, orientieren wir uns am Wegekreuz mit unserem Wegzeichen in Richtung Berscheid/Merzbach. Der Weg steigt nun bis Todenfeld zunächst sehr sacht, später mäßig an. An der nächsten Bank biegen wir links auf einen schmalen Pfad ein. Immer dichter wird das Blätterdach über uns, dieser Teil des Weges ist besonders im Herbst ein Hochgenuss! Außer dem Rascheln der Blätter unter unseren Füßen hören wir nichts.

St. Hubertus Kapelle Schließlich treten wir aus dem dichten Wald heraus, queren einen breiteren Forstweg und halten uns geradeaus über eine gerodete Fläche. Leicht, aber stetig ansteigend führt der Weg über Wiesen und Weiden. Wir gehen über die K 56 und halten uns weiter geradeaus auf

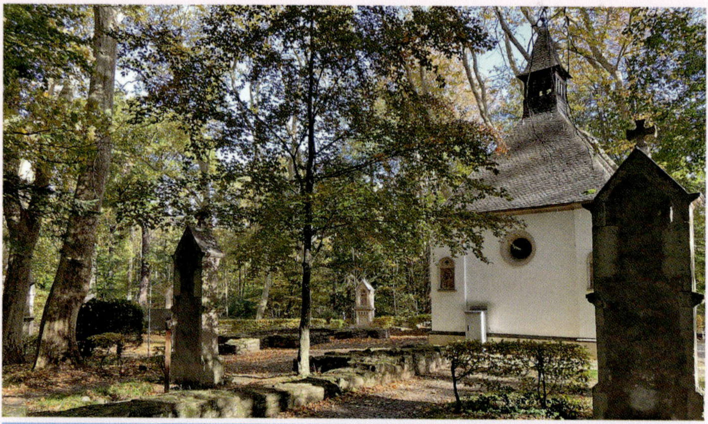

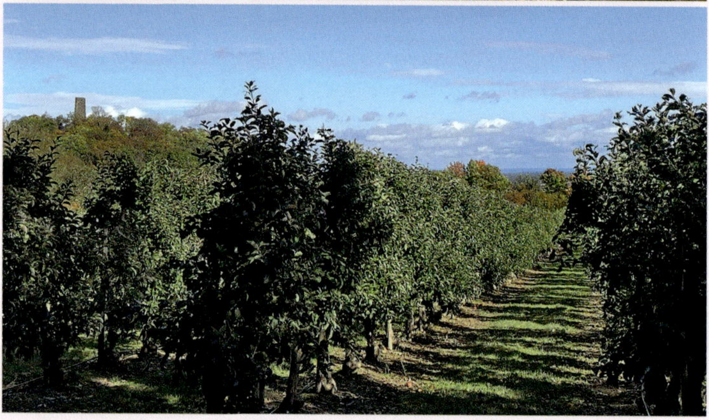

»Wohin du auch gehst,
gehe mit ganzem Herzen.«

Konfuzius

dem Feldweg. Im Herbst hängen die Sträucher hier voller Schlehen. An der Bank biegt der Weg links ab und über einen Wiesenpfad kommen wir nach Todenfeld. Wir überqueren vorsichtig die etwas unübersichtliche Straße, halten uns geradeaus und kommen an der neugotischen St. Hubertus Kapelle vorbei. Hier bietet sich eine Rast an. Noch vier Kilometer liegen vor uns. Über die Kirchstraße geht es wieder in den Wald.

Tomburg An einer deutlichen Kreuzung mit vielen Wegmarkierungen und dem Hinweis »Grüner Stein« halten wir uns rechts auf dem breiten Forstweg. Wo der Weg nach links abbiegt, heißt es aufpassen: Nicht der große, breite Forstweg ist unser Weg, sondern unmittelbar davor der Waldpfad. Er führt in dichten Wald. An der nächsten Kreuzung stoßen wir auf eine Schutzhütte, wir folgen dem Weg rechts. Ein breiter Forstweg, der in einer asphaltierten Straße mündet, führt aus dem Wald heraus. Links taucht der Bergfried der Tomburg auf. Vorbei am Wanderparkplatz und einer für die Region typischen Apfelplantage geht es ein Stück geradeaus. Es duftet überall nach Obst – in den umliegenden Ortschaften gibt es viele Möglichkeiten, direkt beim Erzeuger einzukaufen! Dann biegen wir gemäß der Beschilderung links ab und laufen zum Waldrand. Wer mit Kindern unterwegs ist, sollte ab hier die Losung »Alle Wege führen nach oben« ausgeben – zur Tomburg führen viele Pfade. Oben angekommen können wir den einzigartigen Gipfelblick genießen. Wir steigen wieder zum Waldrand hinab und erreichen nach etwa 200 Metern den Parkplatz.

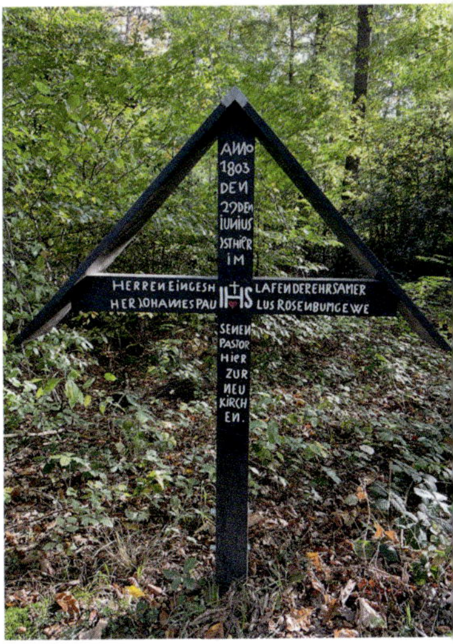

↑ **Waldkapelle bei Rheinbach**
↓ **Duftende Obstplantagen bestimmen das Bild der Region.**
→ **Das Schwarze Kreuz**

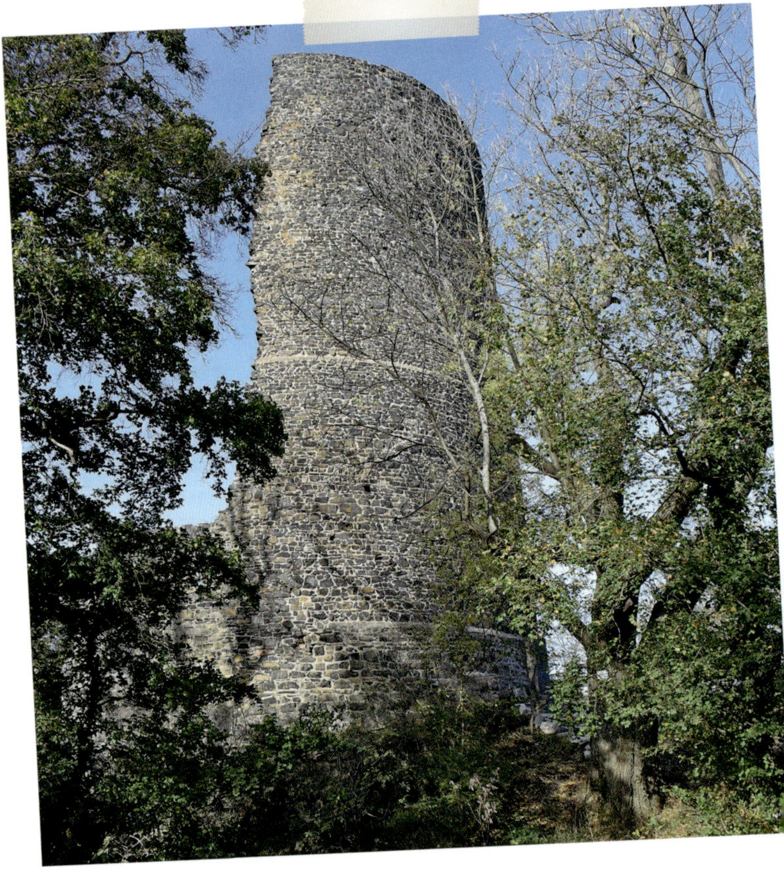

↑ **Die Ruine der Tomburg liegt auf einem 316 Meter hohen Basaltkegel.**

Tipp

Wer den Rheinbacher Wald auf einer längeren Tour erkunden möchte, kann am Schwarzen Kreuz variieren: Hier überschneiden sich mit Tomburg- und Rheinbacher-Wald-Runde zwei beliebte Rundwanderwege der Naturpark Rheinland Feuerroute. Die Routen können an dieser Stelle zu einem 20 km langen Rundweg miteinander verknüpft werden.

AUF EINEN BLICK

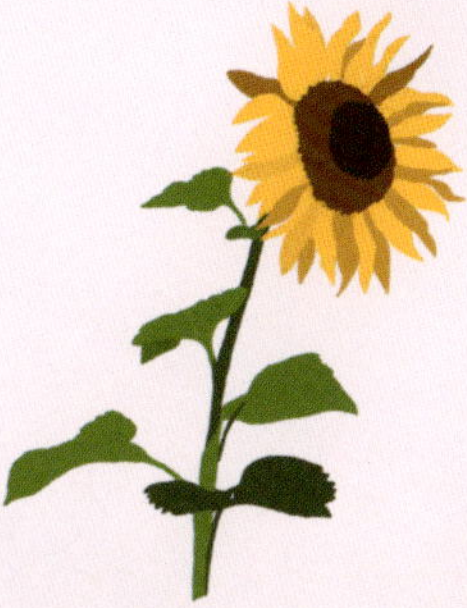

Tour 15: Tour für die Sinne

Dauer: 3 Std.

Höhenmeter: 177 Hm

Länge: 9,8 km

Schwierigkeit: Leicht

Tourencharakter: Einfache Wanderung durch Buchen- und Eichenwald

Ausgangs-/Endpunkt: Parkplatz an der Tomburg, Rheinbach-Wormersdorf. Auch an der Waldkapelle ist ein Parkplatz. Ein Start ist auch in Todenfeld möglich.

Anfahrt: **Pkw:** Über A 61 bis Ausfahrt Rheinbach, L 471 nach Wormersdorf, dort Beschilderung zur Tomburg folgen
Bahn/Bus: Linie 749 zwischen Meckenheim Bf und Rheinbach Bf und Linie 849 zwischen Bad Neuenahr und Rheinbach Bf. Mit dem Bus bis Haltestelle Wormersdorf. Von dort ist der Zuweg zur Tomburg ausgeschildert.

Einkehr: Keine, bitte Rucksackverpflegung mitnehmen

Information: www.naturpark-rheinland.de; www.nordeifel-tourismus.de

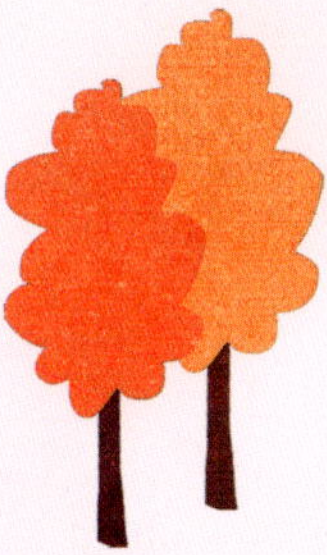

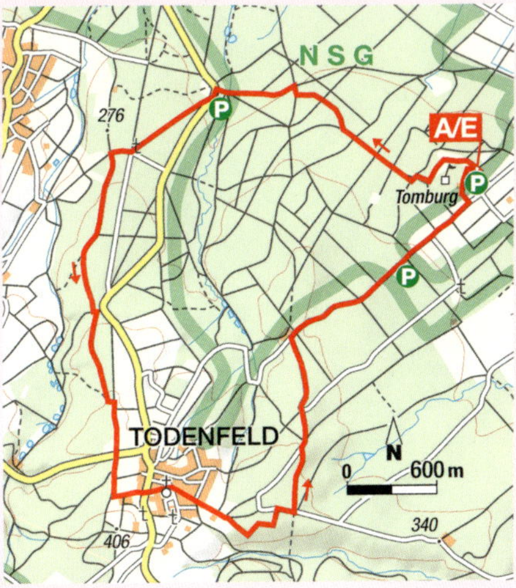

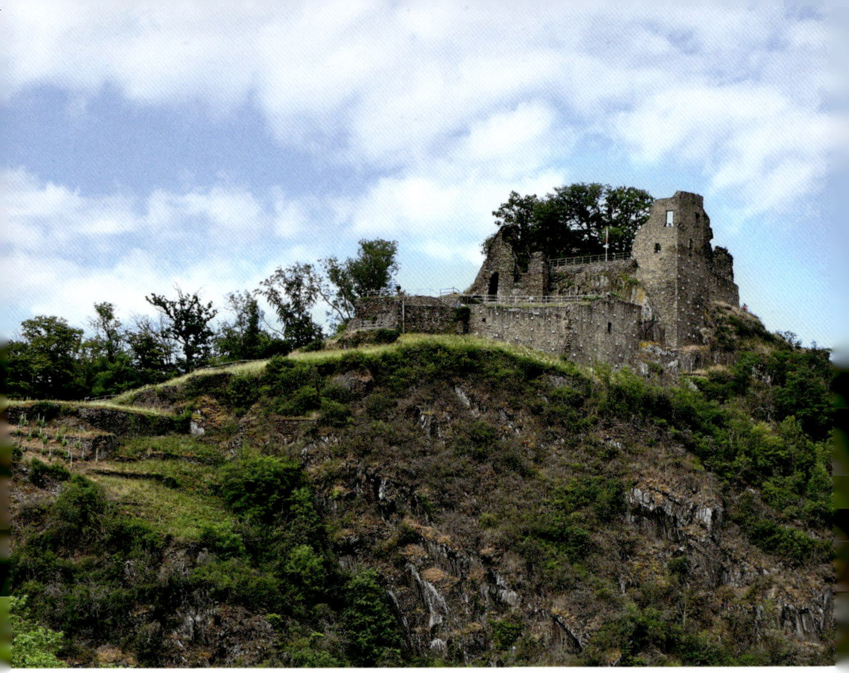

↑ Blick auf die Burg Are ↓ Die neue Brücke im Langfigtal

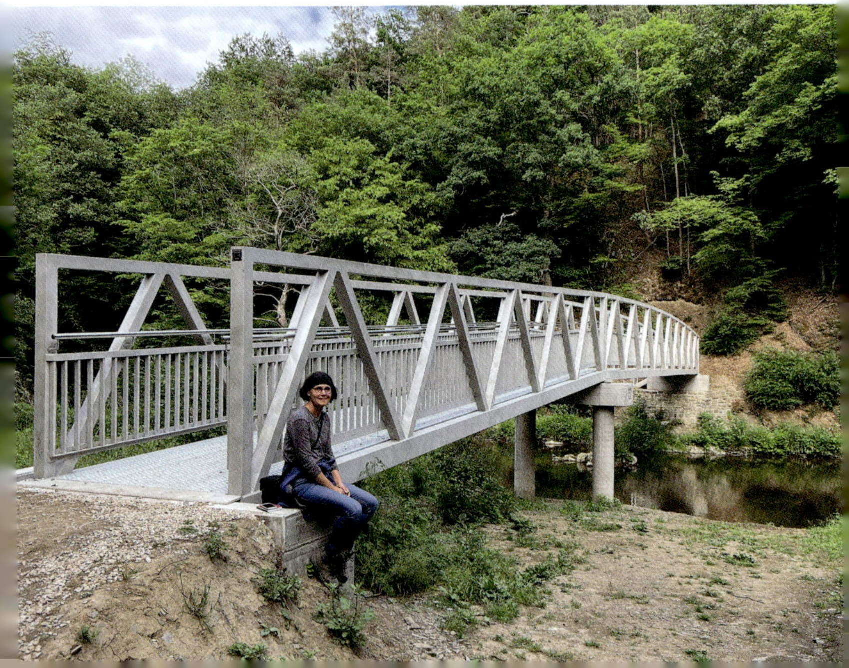

ENTLANG ALTER TROCKENMAUERN

Tour der Stille – TOUR 16

Durch das Langfigtal

Keine Straße, keine Bahn, kaum Touristen: Wer das Langfigtal durchwandert, ist buchstäblich nur einen Steinwurf vom quirligen Treiben in Altenahr entfernt und doch weit weg. In diesem vielfältigen Naturschutzgebiet hat sich eine einmalige Flora und Fauna entwickelt, die nur zu Fuß oder mit dem Fahrrad erkundet werden kann.

Aussicht Vor dem Bahnhof Altenahr führt der Weg links durch eine Unterführung. In einigen Kehren geht es nun kurz steil bergauf. An der Gabelung halten wir uns links (wer rechts geht, kann einen Abstecher zum Schwarzen Kreuz und zum Teufelsloch machen und kehrt dann um). Wir kommen an einem Aussichtspunkt mit grandiosem Blick auf die Burg Are mit Bank und Schutzhütte vorbei. Durchschnaufen! Der anstrengende Teil der Wanderung ist bereits geschafft!

Idylle am Fluss Nun geht es abwärts auf einem schmalen Pfad. Nach dem Spielplatz überqueren wir die Ahr und halten uns dann rechts. Der Weg ist zunächst asphaltiert und geht dann in einen Schotterweg über, der kurz darauf zum Pfad wird. Wo eben noch Fahrgeräusche um uns waren, wird es nun ganz plötzlich still. Wer das Langfigtal nicht kennt, wird kaum glauben, dass es ein solches Gebiet inmitten des touristisch stark erschlossenen Ahrtals überhaupt gibt.

Neue Brücke Einige Jahre war dieser Teil des Langfigtals eine Einbahnstraße. Denn ein schweres Hochwasser hat die Fußgängerbrücke im Jahr 2016 weggerissen. Wir betreten die seit 2020 neu begehbare Brücke mit Bedacht, denn in diesem schwer zugänglichen Bereich mussten Baumaterialien per Hubschrauber eingeflogen werden. Nun führt uns der Pfad dem

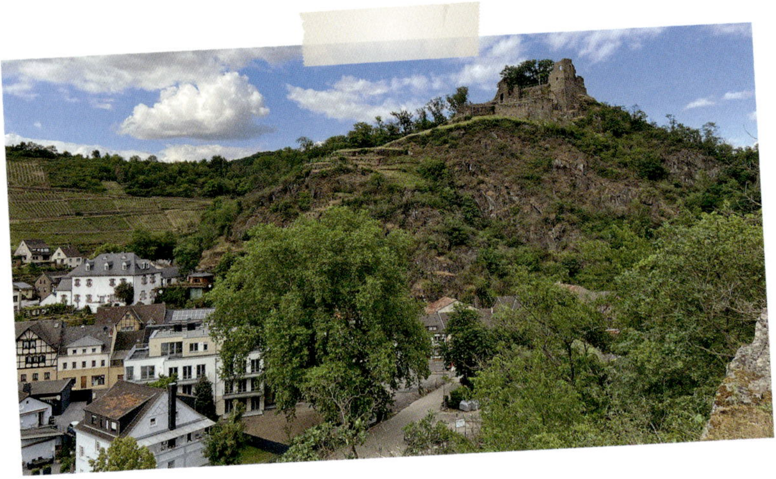

↑ **Von Altenahr aus kann die Burg Are erwandert werden.**

unberührten Flusslauf der Ahr folgend zurück nach Altenahr. An den steilen Südhängen erinnern Trockenmauern daran, dass hier bis in die 1950er-Jahre hinein Weinbau betrieben worden ist. Über die Fußgängerbrücke und dann durch den Straßentunnel an der B 267 folgen wir der Beschilderung Richtung Bahnhof.

Zeit zum Genießen Wer sich noch nicht ausgelastet fühlt, kann direkt nach dem Tunnel noch einen kleinen Abstecher hoch hinauf auf den Felssporn oberhalb der Ahr zur Burgruine Are unternehmen, die wir unterwegs schon von weitem bewundert haben. Statt mit Höhenmetern könnte die Wanderung vor der letzten Brücke auch einfach bis Mayschoß entlang des Ahruferwegs fortgesetzt werden (Zugverbindung zurück nach Altenahr).

Tipp

Beim Bummel durch Altenahr trifft man neben der Burg Are auf viele weitere historische Baudenkmäler. Sehenswert sind zum Beispiel das um 1900 gebaute Haus des Gastes oder die katholische Pfarrkirche Mariä Verkündigung aus dem 13. Jahrhundert.

AUF EINEN BLICK

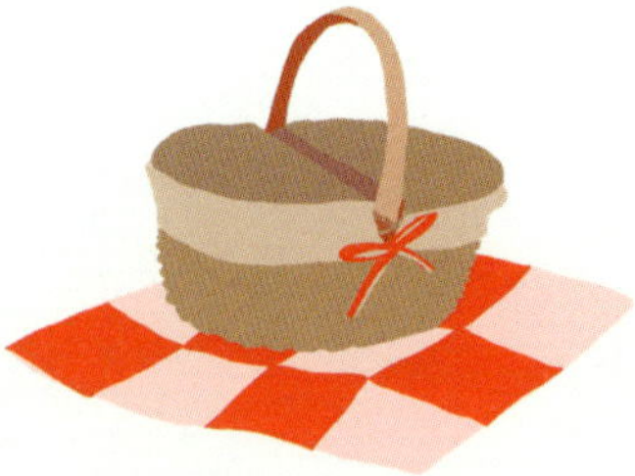

Tour 16: Tour der Stille

Dauer: 2 Std.

Höhenmeter: 131 Hm

Länge: 4,5 km

Schwierigkeit: Leicht

Tourencharakter: Einfacher Spaziergang durch unberührte Natur

Ausgangs-/Endpunkt: Bahnhof Altenahr, Altenbergerstr. 1a, Altenahr

Anfahrt: **Pkw:** Über B 61 bis Kreuz Meckenheim, weiter über B 257 bis Altenahr
Bahn/Bus: Mit dem Zug direkt zum Startpunkt am Bahnhof

Einkehr: Unterwegs keine, in Altenahr zahlreiche Möglichkeiten

Information: www.ahrtal.de

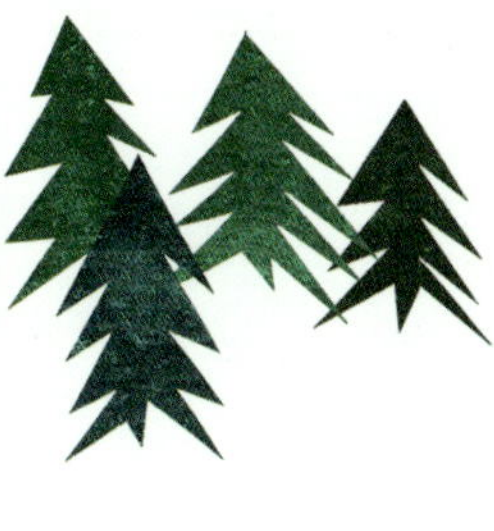

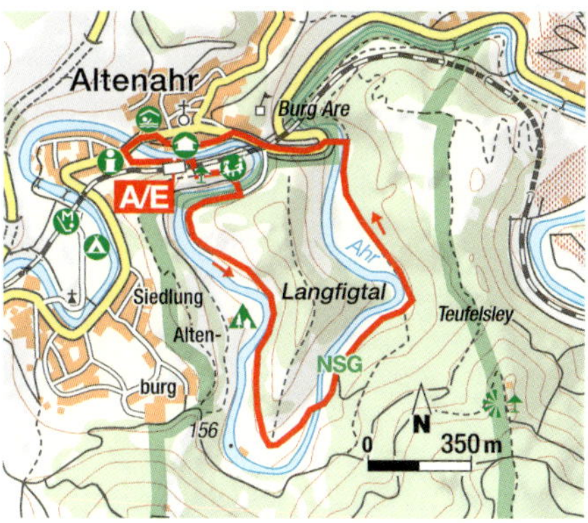

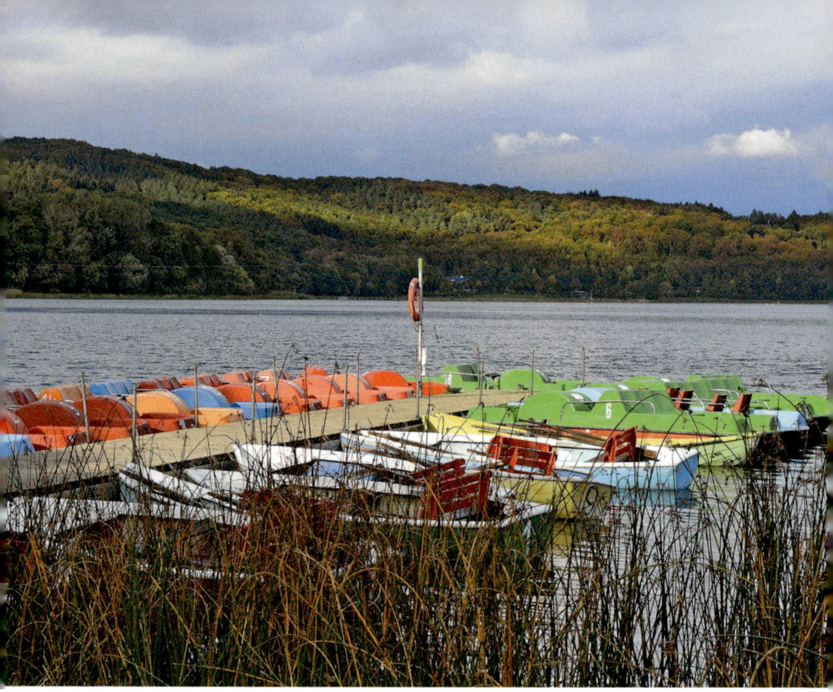

↑ Urlaubsstimmung am Laacher See ↓ Idylle am Nachmittag

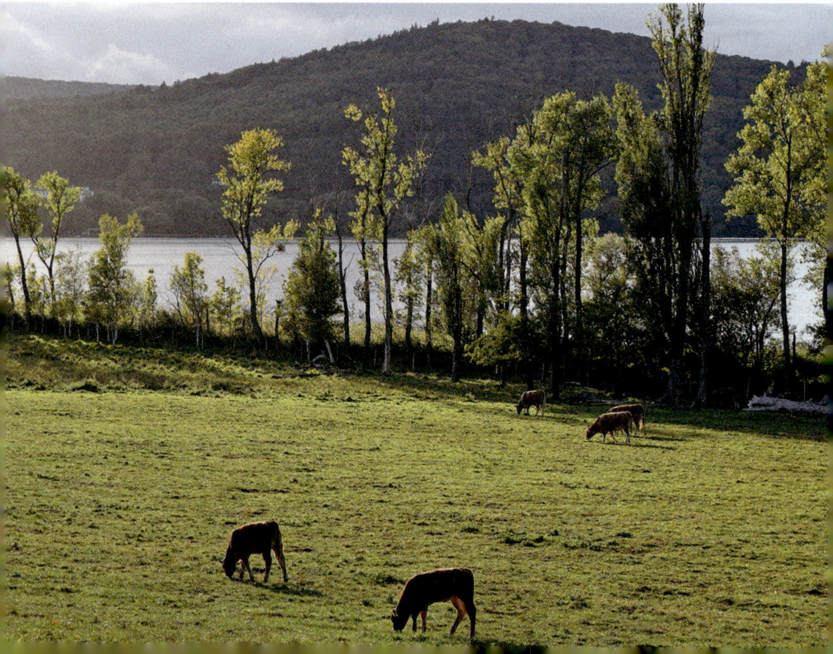

TIEFENENTSPANNT AM VULKAN

Tour für die Sinne
TOUR 17

Die Mofetten am Laacher See

Urlaubsfeeling mit besonderem Naturerlebnis bietet diese Tour: Die Ausblicke auf den See sorgen sofort für Tiefenentspannung. Am Ostufer erinnern Mofetten daran, dass wir den größten vulkanischen See der Eifel umrunden!

Bootsanleger Wir starten im Uhrzeigersinn mit der Umrundung des Sees und folgen ab dem Parkplatz am Kloster Maria Laach dem Schild »Uferrundweg«. Es geht ein Stück über asphaltierten Weg bis zu einem Bootsanlegesteg mit Rastplatz und Ruhebank. Der Weg führt links und gleich wieder rechts in einen lichten Wald, etwas abseits vom Ufer und parallel zur Straße. Wir kommen über eine kleine Holzbrücke und können bald schon wieder auf einer Ruheliege den Blick auf den See bewundern. Das Wasser glitzert in der Nachmittagssonne. Bis zum Minigolfplatz folgen wir der Route Geo-L, die aber nun ein Stück vom See wegführt. Wir gehen am Parkplatz vorbei. Der Weg wird zu einem schmalen Pfad, der uns oberhalb des Campingplatzes führt. Hier können wir unsere Reserven mit einem Eis auffüllen und ab hier wieder die Route Geo-L als Wegweiser nehmen.

Mofetten Kurz nach dem Hinweis »Túmulus/Aussicht, Laacher See« erkennen wir rechts zum Ufer hin einen schmalen Pfad, der ab hier mehr oder weniger durchgehend (einfach probieren, notfalls zurück zum Hauptweg, der immer sichtbar bleibt) direkt am Wasser herführt. Hier lässt sich wunderbar spazieren und die Zeit vergessen. Jetzt heißt es, gleichzeitig auf den Weg zu achten und das Wasser zu beobachten: Denn ab hier und noch ein Stückchen weiter können wir die Mofetten beobachten. So heißen die kleinen, gasgefüllten Bläschen, die an der Ostseite des Sees überall aufsteigen und beweisen: Im Innern ist der Vulkan noch aktiv!

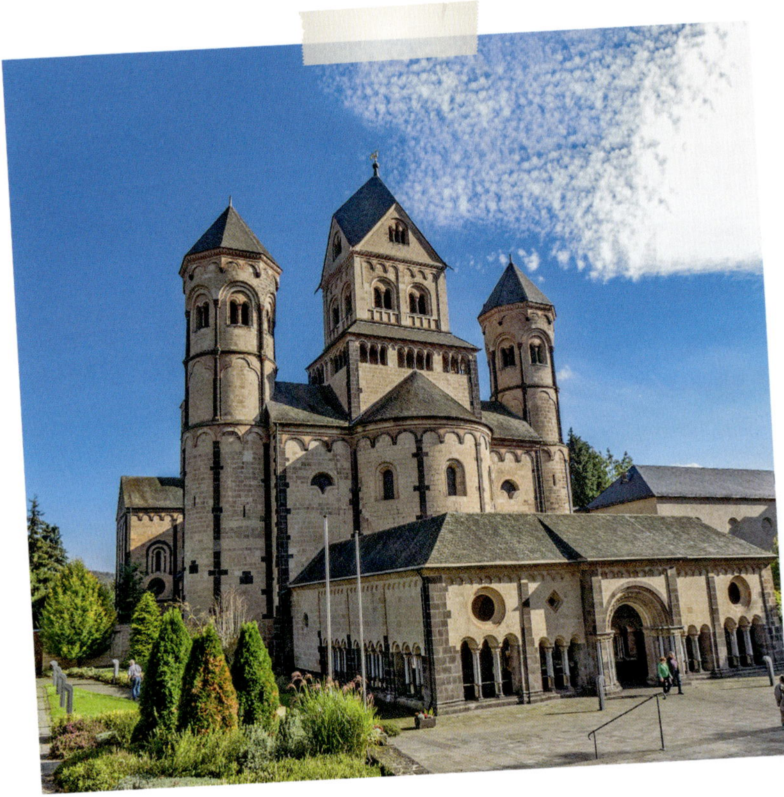

↑ **Die romanische Basilka lohnt unbedingt einen Besuch.**

Kloster Laach Der Pfad führt wieder auf den Hauptweg und wir stehen vor einem ausgesprochen schönen Picknickplatz. Nochmals können wir ein Stück am See gehen, kommen wieder auf den Hauptweg und treten schließlich aus dem Wald heraus. Eine wunderschöne Weide liegt nun rechts, Kühe grasen, es ist einfach idyllisch, besonders in der späten Nachmittagssonne. Wir biegen rechts ab und haben nun einen guten Blick auf das Kloster Laach. Vorbei am Fulberstollen kommen wir zu einer Teerstraße, die an duftenden Obstplantagen vorbei zurück zum Parkplatz führt. Unbedingt sollte noch Zeit eingeplant werden, um die Klosteranlagen und die Abteikirche zu besichtigen.

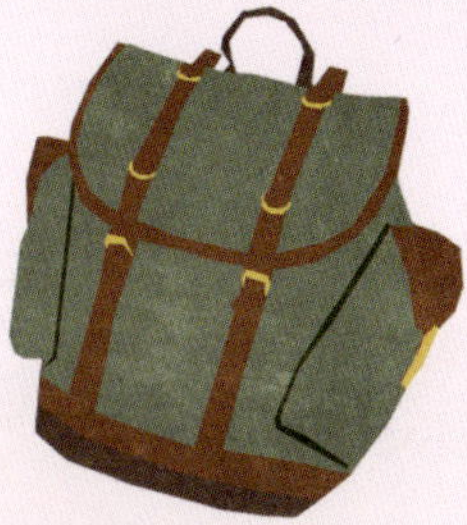

AUF EINEN BLICK

Tour 17: Tour für die Sinne

Dauer: 2.45 Std.

Höhenmeter: 39 Hm

Länge: 9 km

Schwierigkeit: Leicht

Tourencharakter: Einfache Wanderung über gut ausgebaute Wege

Ausgangs-/Endpunkt: Parkplatz am Kloster Maria Laach in Glees

Anfahrt: **Pkw:** A 61 bis Mendig, dann Beschilderung zum See

Einkehr: Kloster Maria Laach und am Campingplatz. Selbstversorger finden direkt am Parkplatz einen Bio-Supermarkt mit regionalen Spezialitäten, darunter Fisch aus dem Laacher See.

Information: Touristeninfo am Parkplatz oder www.vulkanregion-laacher-see.de

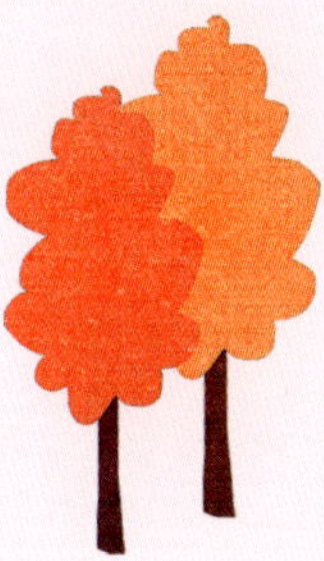

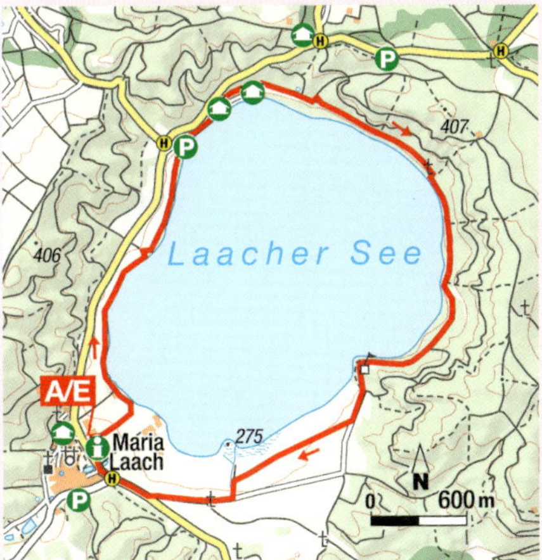

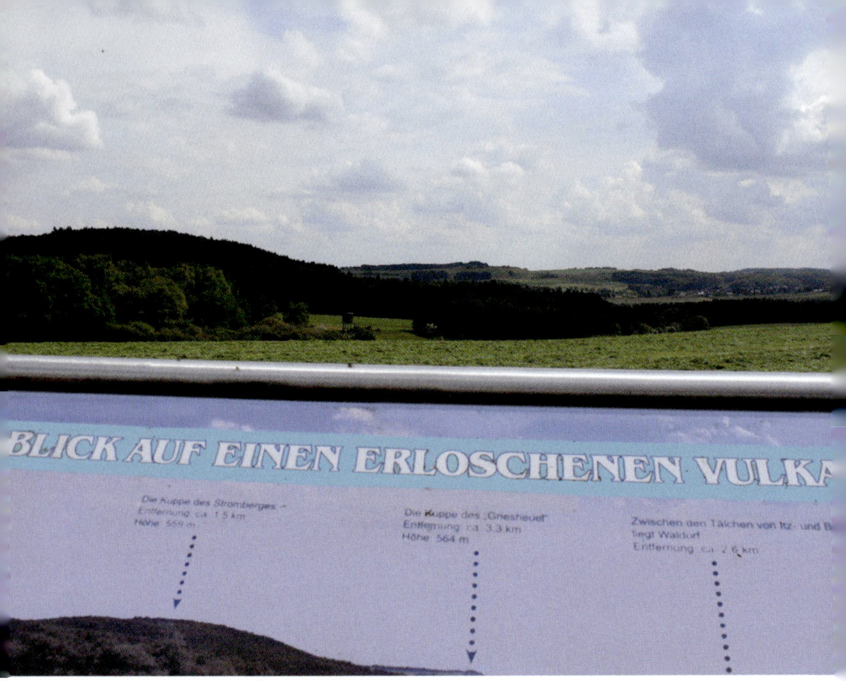

↑ Den Stromberg im Blick ↓ In Stein gemeißeltes Gedicht

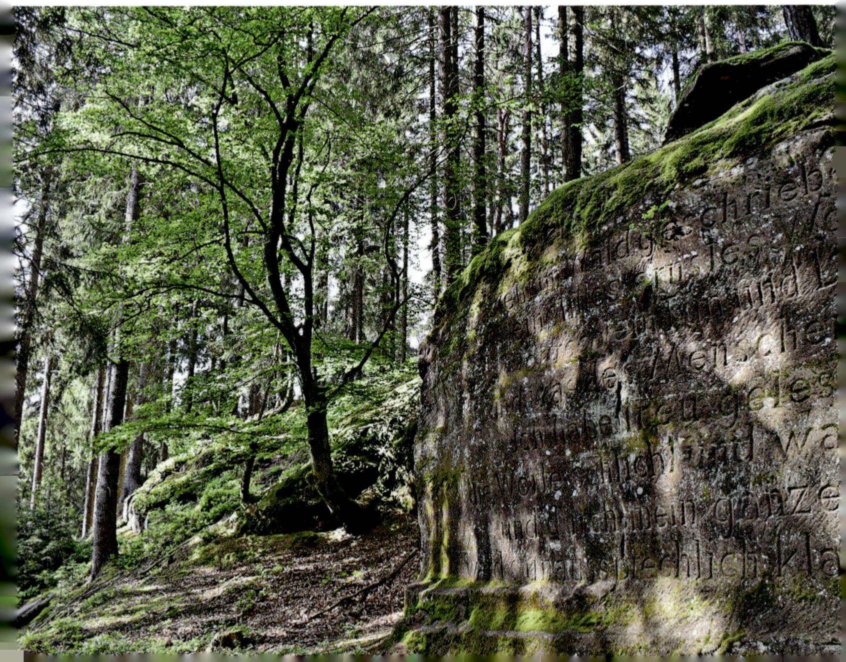

MIT EICHENDORFF AM DÜVELSSTEEN

Tour für die Sinne
TOUR 18

Das obere Ahrtal entdecken

Durch das obere Ahrtal führt diese märchenhaft schöne und entspannende Rundtour. Wir genießen die Stille und atmen den Duft des Waldes.

Graspfad Mit dem Café Maus im Rücken gehen wir links und queren die Straße in der Kurve. Links können wir den erloschenen Vulkan Stromberg gut erkennen. An der Infotafel am Straßenrand geht es nun rechts ab auf einen Schotterweg. Unser Wegsymbol, die Eifelschleife Wo Wälder rauschen, ist ein zuverlässiger Begleiter. Zunächst ist der Weg breit, aber bald gelangen wir auf einen verwunschenen Graspfad. Umgeben von Moosen und Farnen erreichen wir eine kleine Lichtung. Hier halten wir uns rechts. Seltene Waldbiotope liegen nun am Weg: sogenannte Bruch- und Sumpfwälder. Der Boden ist hier sehr nass, weshalb nur wenige Pflanzenarten gut wachsen können: Erlen und Birken beispielsweise, aber auch Moose. Weiter geht es auf traumhaft weichem Waldboden – wer wagt ein paar Schritte ohne Schuhe? Der Pfad biegt nach rechts ab und mündet auf einen befestigten Forstweg, dem wir nun nach links folgen. An einer großen Wegekreuzung geht es weiter geradeaus. Gleich darauf teilt sich der Weg erneut, wir bleiben links. An der Infotafel des »Düvelssteen« (Teufelsstein) lädt eine Picknickbank zur Rast ein.

Düvelssteen Ein Pfad führt hoch zum Düvelssteen. Was für ein magischer Ort! Es ist absolut still, nur Vögel, Bienen und das Rascheln der frischen Blätter sind im Frühling zu hören. Vom Düvelssteen folgt der Weg ein Stück um die Anhöhe herum. Nach ca. 50 Metern sehen wir erst übereinandergeschichtete Steine, dann das Teufelsloch. Die Eifeler haben der niedrigen Höhle den Namen »Düvelskall« gegeben. Wir können nun bis zum Haupt-

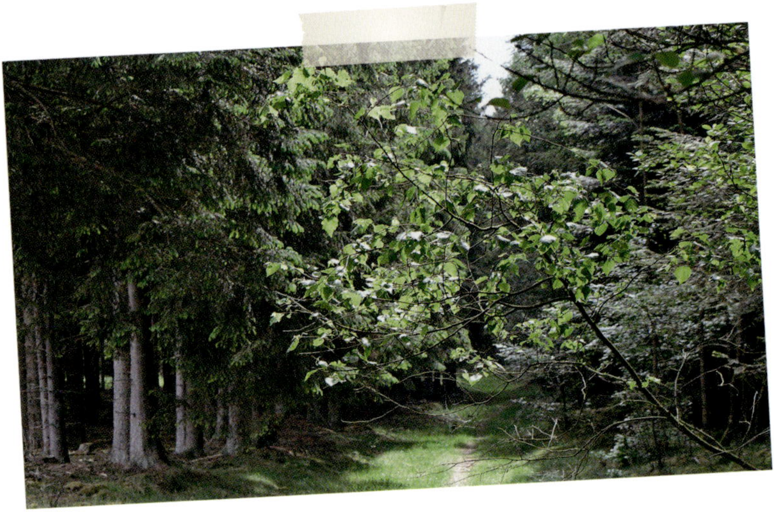

↑ **Über verwunschene Graspfade geht es zum Düvelssteen.**

weg zurückgehen oder uns am Teufelsloch einen schmalen Pfad bergab durch den Wald schlagen, bis wir wieder ein Stückchen weiter am Hauptweg herauskommen. Wir passieren große Wiesen, die im Frühjahr gelb vor Sumpfdotterblumen sind. Statt Sumpfwäldern sehen wir im weiteren Wegverlauf Auwälder. Hier fühlt sich im Frühjahr der leckere Bärlauch wohl – wir können es riechen und sehen. Wir kommen an eine Straße, folgen ihr ein kleines Stück aufwärts und biegen direkt links ab auf einen breiten Forstweg. Nun sind wir auf dem Jakobsweg unterwegs. An einer Schutzhütte geht es nach links und nun auf breitem Weg zurück bis zum Wanderparkplatz.

Info

Der Name Düvelssteen ist angeblich auf die Zeit des Eisenbahnbaus zurückzuführen. Die Eifeler nannten den Sandstein, der hier für den Bau der Bahnstrecke Köln-Trier zwischen 1860 und 1870 gebrochen wurde, »Düvelssteen« (Teufelsstein). Er war nämlich unerwartet schwer zu verarbeiten, weil er so hart war – echtes Teufelszeug eben.

AUF EINEN BLICK

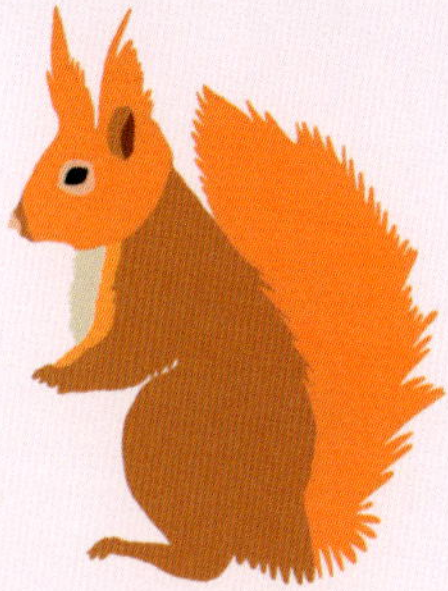

Tour 18: Tour für die Sinne

Dauer: 2.30 Std.

Höhenmeter: 127 Hm

Länge: 6,7 km

Schwierigkeit: Leicht

Tourencharakter: Wunderschöne Wanderung über einfache Pfade, keine besonderen Anforderungen

Ausgangs-/Endpunkt: Wanderparkplatz am Waldcafé Maus, Waldcafé Maus 1, Blankenheim

Anfahrt: **Pkw:** A 1 Abfahrt Blankenheim, über B 51 an Blankenheim und Blankenheimerdorf vorbei, links Richtung Blankenheim (K 70), an der nächsten Kreuzung rechts nach Nonnenbach (K 69), nach der Kirche rechts Richtung Ahrmühle/Ripsdorf. Neben dem Waldcafé ist ein Wanderparkplatz.

Einkehr: Waldcafé Maus

Information: www.nordeifel-tourismus.de

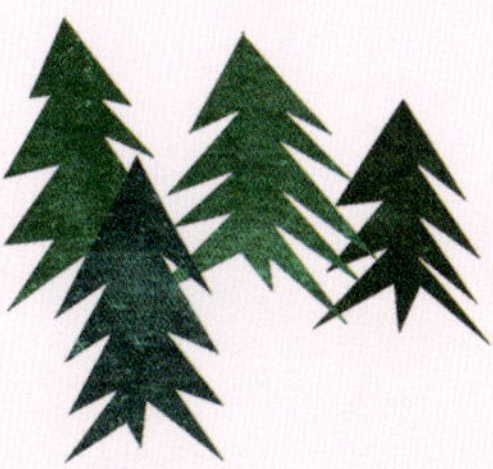

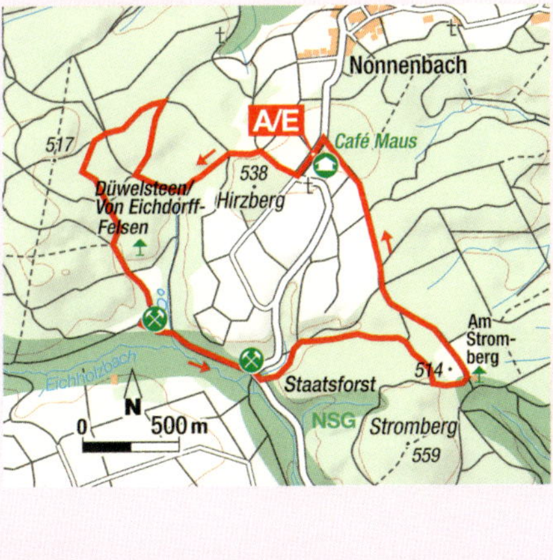

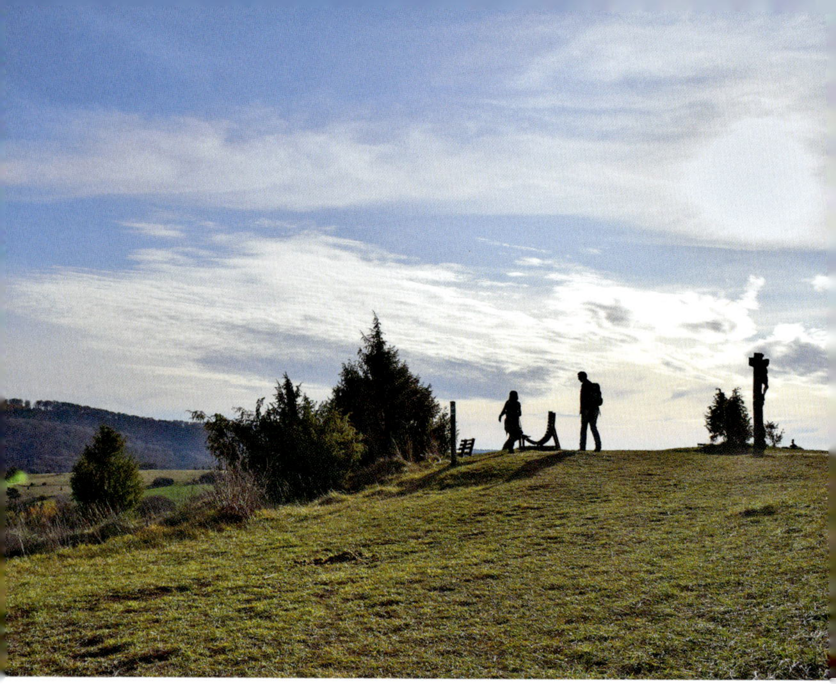

↑ Blick über die Eifel vom Kalvarienberg ↓ Gipfelkreuz

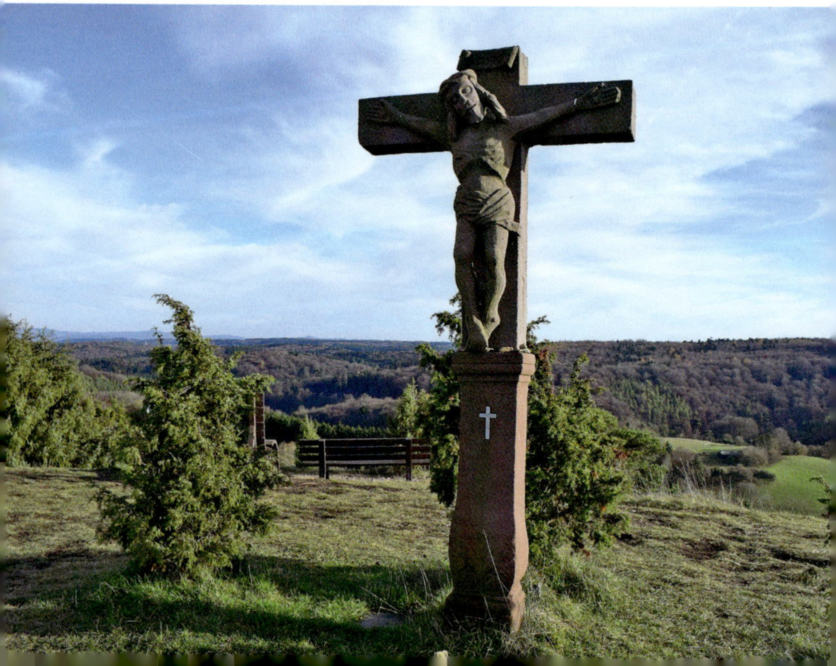

REISE IN DIE TOSKANA DER EIFEL

Tour
TOUR 19
ohne Uhr

Lampertstal und Kalvarienberg

Urlaub zu Hause mit mediterranem Flair: So könnte man die Tageswanderung südlich von Blankenheim durch das größte zusammenhängende Wacholderschutzgebiet in Nordrhein-Westfalen zusammenfassen.

Lampertstal Wir gehen über die Ripsdorfer Hauptstraße, vorbei an der Kirche und mit unserem Wegzeichen, der Eifelspur Toskana der Eifel, die Schulstraße abwärts. Ein Feldweg führt über Weiden, dann geht es über einen Wiesenpfad abwärts ins Bachtal. Im Herbst können wir die mit dunkelblauen Schlehen vollhängenden Sträucher am Wegesrand bewundern. So gelangen wir ins Lampertstal. Das Tal des Lampertsbaches ist ein Nebental des Ahrtals und ein ökologisch besonders wertvolles Naturschutzgebiet. Seit Jahrhunderten prägen die Magerrasen hier das Landschaftsbild. Sie gehören zu den schönsten Kulturbiotopen der Eifel und bieten zahlreichen Pflanzen und Tieren einen geschützten Lebensraum.

Zypressen des Nordens Rechts ab geht es nun knapp 1,5 Kilometer erst sacht, an dem Rastplatz rechts abbiegend die letzten 300 Meter stetig bergauf zum Kalvarienberg. Der Weg führt jetzt mitten durch die Magerrasenflächen mit Wacholderbüschen. Je höher wir kommen, desto besser können wir auf der anderen Talseite die Wacholderbüsche bewundern, die vereinzelt an den kargen Hängen stehen. Die »Zypressen des Nordens« prägen auf einzigartige Weise die Hänge rund um Alendorf. Hier, südlich der Gemeinde Blankenheim, liegt das mit etwa 650 Hektar größte zusammenhängende Wacholderschutzgebiet in Nordrhein-Westfalen. Seltene Orchideenarten blühen im Frühsommer, wilder Deutscher Enzian im Herbst.

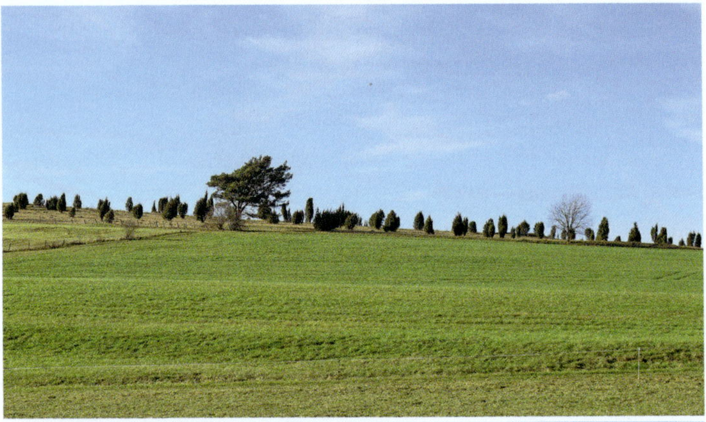

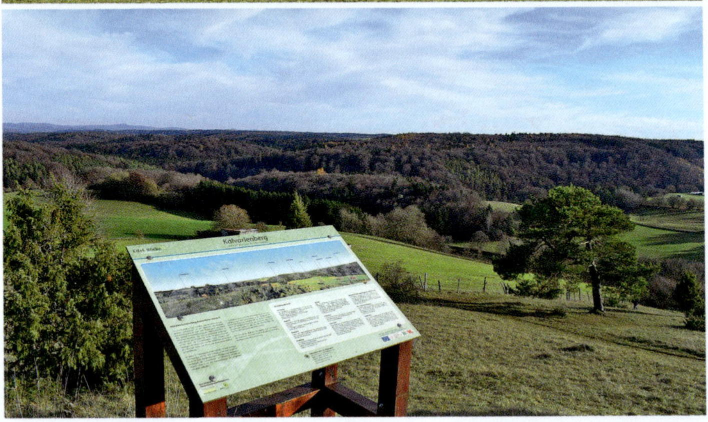

»Wie schön muss es erst im Himmel sein,
wenn er von außen schon so schön aussieht?«

Astrid Lindgren

Kalvarienberg Der 525 Meter hohe Kalvarienberg lädt nicht nur zur ausgiebigen Rast ein, sondern bietet bei klarem Wetter auch eine atemberaubende 360-Grad-Sicht auf die »Stars« der Eifel, den Aremberg, die Hohe Acht, die Nürburg und den Stromberg. Der Blick über die sanften Hügel und Kuppen wirkt beruhigend. Gerne lassen wir uns von der besonderen Stimmung hier oben verzaubern. Über den Kreuzweg geht es nun abwärts zur Straße. Wir können die sehenswerte Friedhofskapelle St. Agatha besichtigen oder mit der Wegführung zunächst einige Schritte entlang der Straße und dann links abbiegend an der Kapelle und dem Friedhof vorbei aufwärts gehen. Am Wegekreuz biegen wir scharf links ab. Wir queren nach etwa 150 Metern die Straße und folgen dem Pfad nun bis zu einer neuen »Sinnesliege«, die – durch einen Holzbilderrahmen – erneut eine phänomenale Weitsicht bietet. Wir haben heute jede Menge Zeit auf unserer Tour ohne Uhr und nutzen die Gelegenheit zu einer weiteren entspannenden Pause.

Schmetterlingsarten Der Weg verläuft nun in leichtem Zickzack um eine Weide herum. Danach geht es ein Stück durch dichten, recht dunklen Wald, bevor wir an eine Lichtung gelangen. An der Bank müssen wir rechts abbiegen. Es geht zweimal links, dann folgen wir der Straße ein Stück nach links und biegen dann rechts auf den Feldweg ein. Das Wegzeichen führt uns nun an Feldern, Wiesen und einem Waldstück vorbei. Kurz vor der Straße folgen wir dem Weg rechts. Eine Infotafel verrät, welche seltenen Schmetterlingsarten sich im Gebiet der Kalktriften wohlfühlen, und eine Picknickbank fördert auch unser Wohlbefinden. Nun führt der Weg durch Wacholderhänge

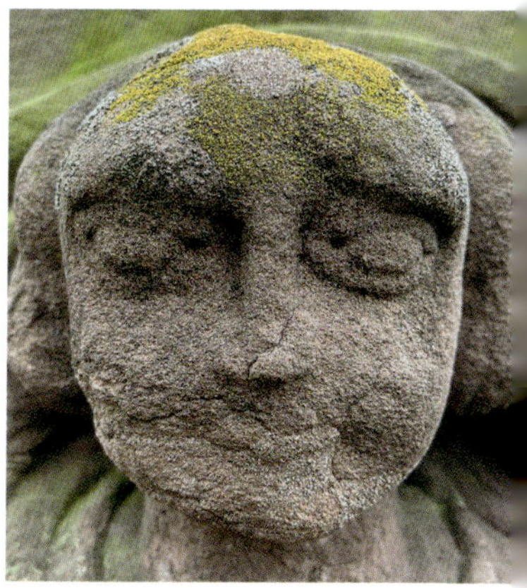

↑ Wacholderhänge bei Alendorf
↓ Weitsicht auf erloschene Vulkane
→ Steinaltes Zeugnis tiefer Gläubigkeit

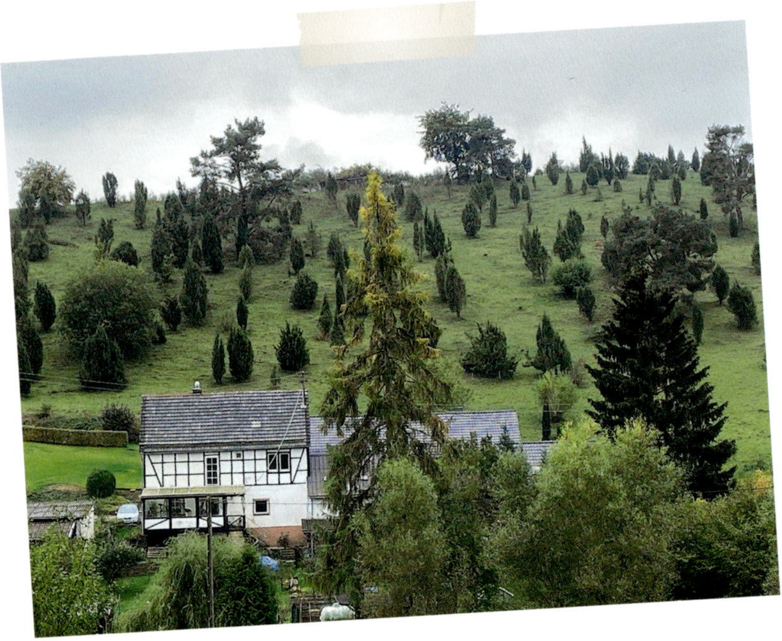

↑ **Wie aus einem Bilderbuch**

und kleinere Waldstücke. Wir kommen noch mal an einer schmalen Straße heraus, der wir rechts etwa 200 Meter folgen. Dann geht es links in den Wald, erst leicht ansteigend, dann über einen breiten Forstweg absteigend ins Lampertstal. Wir queren den Lampertsbach über eine kleine Brücke und setzen unseren Weg rechts abbiegend bis zum Abzweig nach Ripsdorf fort. Dieser führt uns nach links und bergauf zurück in den Ort zum Wanderparkplatz.

Tipp

Das Lampertstal kann auch auf zwei weiteren ausgewiesenen Rundwegen gut erkundet werden: Die Eifelschleifen »Wo Bäche schwinden« und »Wacholderheide« führen jeweils auf gut zehn Kilometern durch das Naturschutzgebiet.

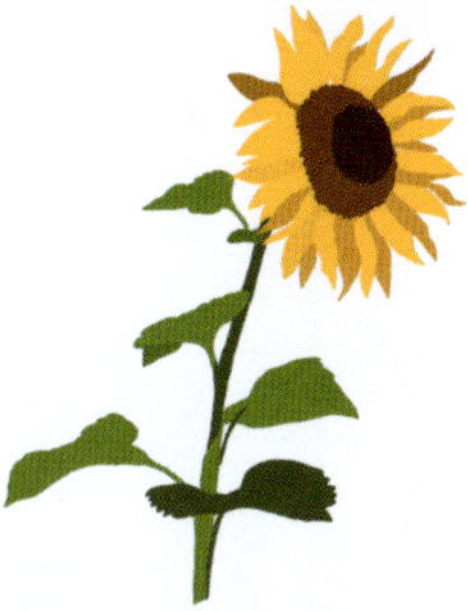

AUF EINEN BLICK

Tour 19: Tour ohne Uhr

Dauer: 5 Std.

Höhenmeter: 295 Hm

Länge: 15,4 km

Schwierigkeit: Mittel

Tourencharakter: Aufgrund der Länge mittelschwere Wanderung, die zu jeder Jahreszeit lohnt!

Ausgangs-/Endpunkt: Ripsdorf, Wanderparkplatz an der Tränkgasse

Anfahrt: **Pkw:** Über B 51 und B 258 nach Ripsdorf, an der Kirche der Tränkgasse abwärts folgen bis zum Wanderparkplatz
Bahn/Bus: Der Bus 833 (ab Blankenheim Busbahnhof) hält am Wanderweg direkt vor der Kirche.

Einkehr: Unterwegs keine. In Ripsdorf bietet das Restaurant Breuer regionale Küche.

Information: www.nordeifel-tourismus.de

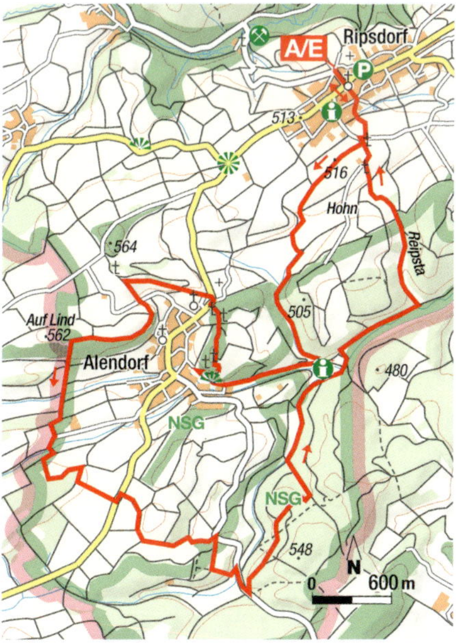

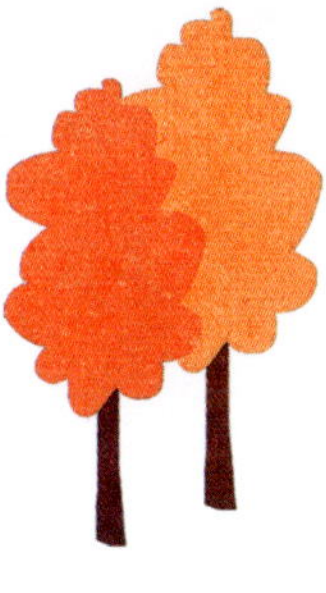

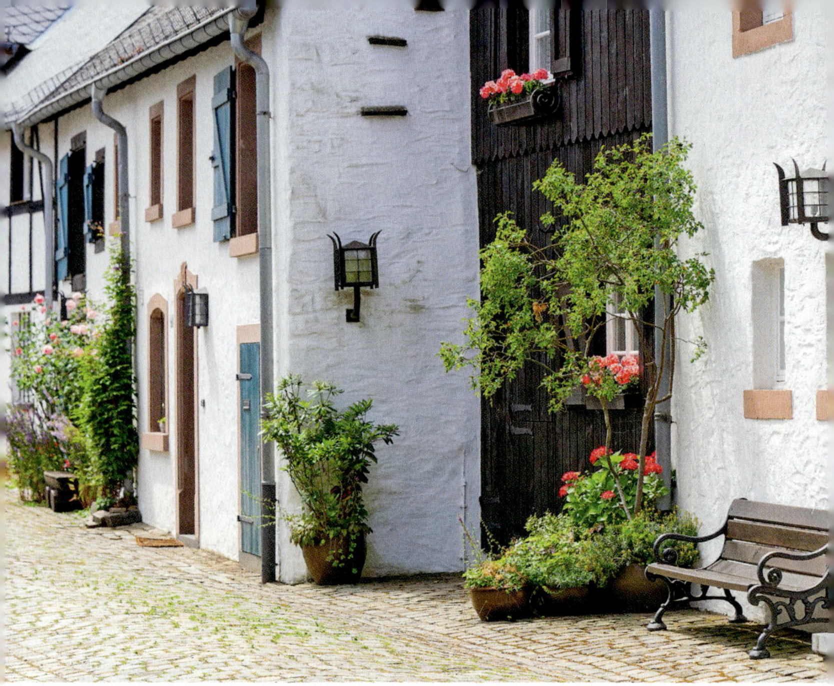

↑ Flanieren Sie ohne Hektik und Stress. ↓ Reste der einst mächtigen Burg

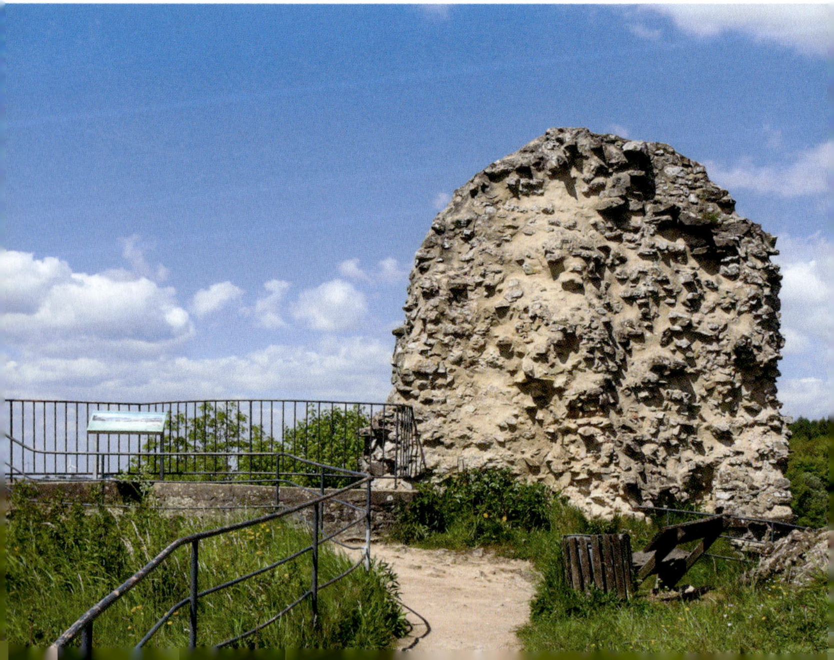

UNTERWEGS IM »SPANISCHEN LÄNDCHEN«

Tour
TOUR 20
ohne Uhr

Rund um Kronenburg

Verwinkelte Gassen, eine Burgruine und ein See zum Schwimmen und Tretbootfahren. Diese Tour bietet maximale Entspannung und eignet sich ganz besonders für einen abwechslungsreichen Tagesausflug mit der Familie.

Kronenburger See Wir starten am nördlichen Ende der Staumauer des Kronenburger Sees. In östlicher Richtung gelangen Sie zum Einstieg in die Rundstrecke. Über die Straßen Neuer Weg und rechts abbiegend in den Weg Auf dem Plan gelangen wir zur Brigidakapelle. Kurz darauf queren wir die historische Kyllbrücke. Unser Weg führt nun entlang der Kyll durch das Naturschutzgebiet Kyllaue. Immer schmaler wird der Pfad, bis wir schließlich über Treppenstufen zur St. Vither Straße (B421) aufsteigen. Diese queren wir und halten uns nun geradeaus auf dem Weg mitten durch die Wiese. Vor der Hochspannungsleitung halten wir uns links, steigen auf und folgen dem Rechtsknick des Wiesenweges. Wir genießen die herrliche Fernsicht über die Nordeifel und können im Frühjahr den Duft frischer Wildkräuter genießen. Unser Weg mündet in einen Asphaltweg. Wir folgen der Straße wenige Meter bis zur Einmündung. Hier halten wir uns links und biegen dann halbrechts auf den Feldweg ein.

Kronenburg An einem Wanderparkplatz vorbei erreichen wir das 560 Meter hoch gelegene Kronenburg. Wir queren die Straße und steigen über die Treppen der Wilhelm-Tell-Gasse aufwärts in den Ortskern und schließlich bis zur Burgruine mit Eifelblick, der eine fantastische Fernsicht auf das Kylltal ermöglicht. Es lohnt sich, anschließend durch die mittelalterlichen Gassen des Örtchens zu streifen, in der einst die Ritter von Kronenburg herrschten.

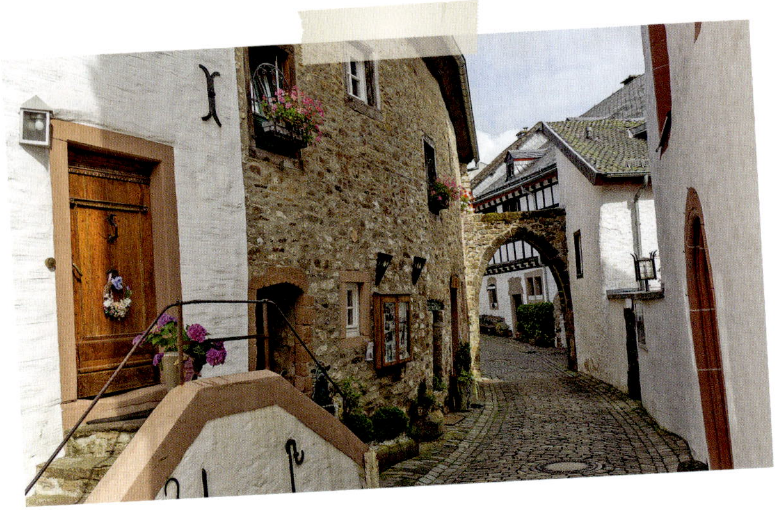

↑ **Kronenburg ist ein typisches mittelalterliches Burgdorf.**

Spanisches Ländchen Unter Karl V. fiel Kronenburg 1555 bis 1715 unter spanische Herrschaft. Die spanische Enklave wird deshalb noch heute als »Spanisches Ländchen« bezeichnet. An vielen Gebäuden scheint äußerlich die Zeit seit Jahrhunderten stillzustehen. Über die Burgstraße verlassen wir den malerischen Eifelort und gehen am Parkplatz links abwärts auf einen Graspfad. Er führt – an einer Streuobstwiese vorbei – unterhalb des Ortes entlang. Vor der roten Bank müssen wir aufpassen, dass wir den schmalen Abzweig nicht verpassen, der uns scharf rechts auf den Hocheifelweg führt. Wir steigen einige Stufen abwärts und wenden uns dann nach rechts auf den geschotterten Weg. Über Zum Kleebusch passieren wir wieder die B421 und erreichen so den Ausgangspunkt unserer Wanderung.

Tipp

Der Kronenburger See ist im Sommer ein beliebtes Ausflugsziel mit vielen Wassersportmöglichkeiten und großer Liegewiese mit Seeterrasse. Schwimmen ist erlaubt. Der See kann auch auf einem ausgewiesenen Spazierweg umrundet werden.

AUF EINEN BLICK

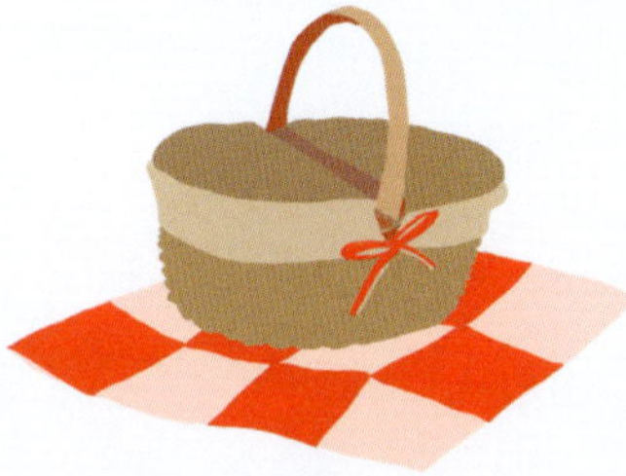

Tour 20: Tour ohne Uhr

Dauer: 1.45 Std.

Höhenmeter: 87 Hm

Länge: 5,1 km

Schwierigkeit: Leicht

Tourencharakter: Leichte Wanderung für die ganze Familie – im Sommer unbedingt Badesachen einpacken!

Ausgangs-/Endpunkt: Staumauer des Kronenburger Sees, Kronenburg-Dahlem. Viele weitere Parkplätze am Seeufer (Seeuferstraße)

Anfahrt: **Pkw:** Über B 51 bis Abfahrt Stadtkyll/B 421 Richtung Kronenburg. Entlang des Sees viele kostenpflichtige Parkmöglichkeiten
Bahn/Bus: Ab Bahnhof Dahlem mit Bus 834 bis Kronenburg

Einkehr: Viele Möglichkeiten in Kronenburg und direkt am Kronenburger See

Information: www.nordeifel-tourismus.de

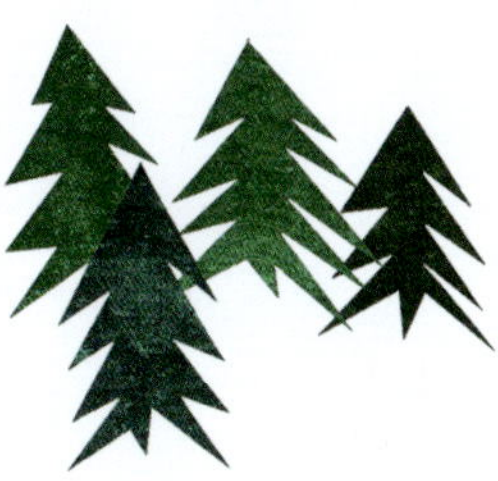

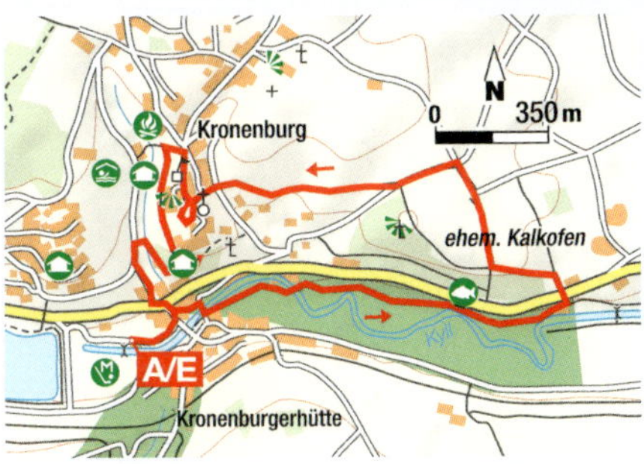

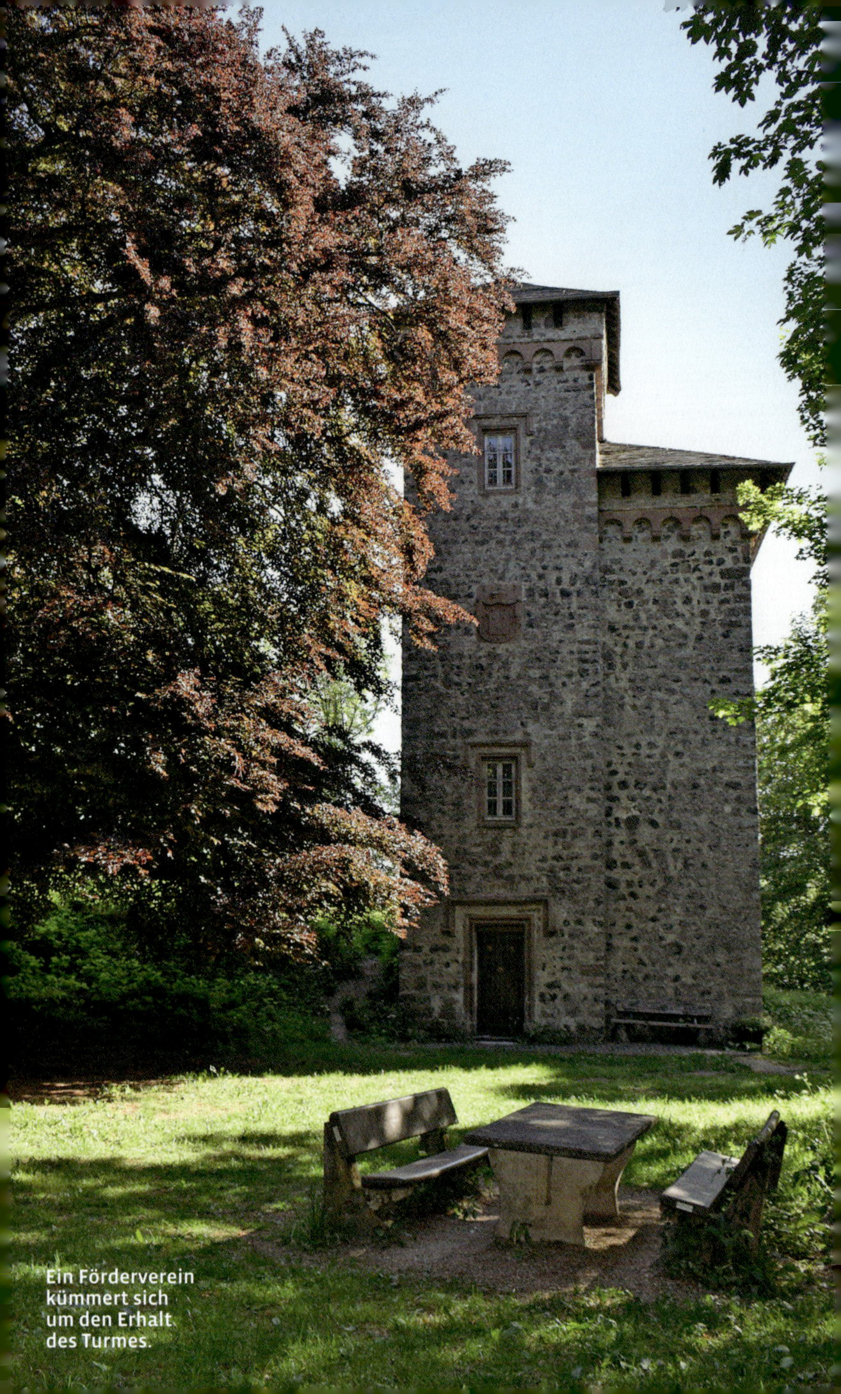

Ein Förderverein kümmert sich um den Erhalt des Turmes.

Tour für TOUR 21 den Genuss

DURCH DAS EINSTIGE FÜRSTEN- UND HERZOGTUM

Rund um den Aremberg

Wir begeben uns auf die Spuren der einst mächtigen Fürstin Margaretha von der Marck-Arenberg. Zu Lebzeiten machte die Dame ihren Einfluss bis in die Niederlande geltend. Heute wandern wir auf dem Gebiet des ehemaligen Fürsten- und Herzogtums ins stille Eichenbachtal.

Historischer Pfad Vom Parkplatz in Aremberg gehen wir über die Burgstraße durch Aremberg und an der Burgschänke vorbei aufwärts in Richtung Wald aus dem Ort hinaus. Auf dem historischen Pfad wandern wir nun Richtung Burgruine. Für diesen ersten Teil des Weges sollten wir uns viel Zeit nehmen. Denn viele Schautafeln erklären anschaulich das historische Geschehen in dieser Region. Nach etwa zehn Minuten durch schönen Buchenwald kommen wir an einer Picknickbank vorbei, die uns einen schönen Blick auf die Gemeinde Aremberg bietet.

Burg Aremberg Wir bemerken überall um uns verstreut alte Steine. Überwuchert sind sie, voller Moos, und sie erzählen eine dramatische Geschichte vom Niedergang der Burg Aremberg im Jahr 1862. Damals zerstörten französische Truppen die Gemäuer aus dem 12. Jahrhundert. Von der imposanten Befestigungsanlage ist heute noch ein hervorragend restaurierter Turm übrig. Um diesen zu sehen, ignorieren wir den Wegweiser Richtung Eichenbach zunächst und bleiben noch ca. 100 Meter auf dem Hauptweg. Dann stehen wir vor der Ruine. Uns beeindrucken die großen Blutbuchen und der großzügige Platz vor der Ruine genauso wie der Turm selbst und wir nutzen diesen schönen, lichten Ort für eine erste Rast.

Eichenbachtal Dann geht es zurück zum Wegweiser und links hinab Richtung Eichenbach. Alle Wanderherzen schlagen nun höher: Der Weg ist

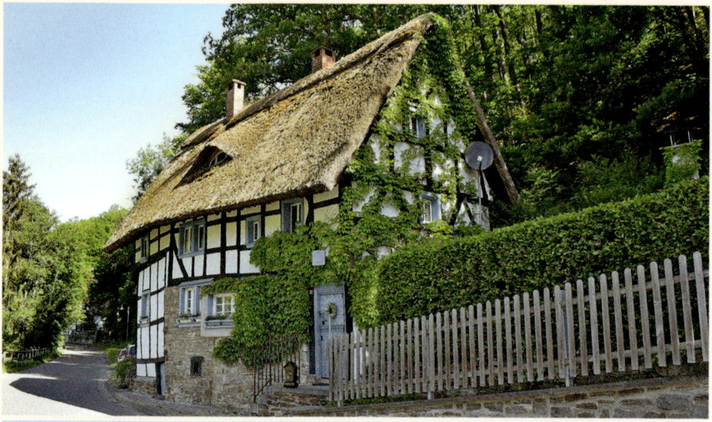

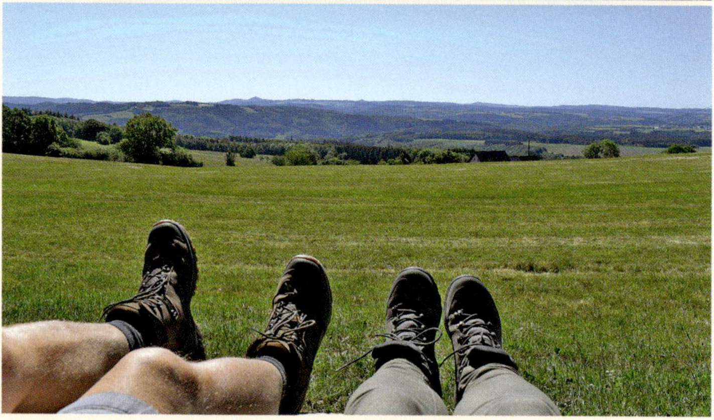

»Am Waldessaume träumt die Föhre,
Am Himmel weiße Wölckchen nur,
Es ist so still, dass ich sie höre,
die tiefe Stille der Natur.«

Theodor Fontane

schmal, Vögel zwitschern und sonst: Stille. Nichts. Niemand begegnet uns. Das Eichenbachtal ist ein Nebental der Ahr und liegt trotz seiner Nähe zum Nürburgring abseits aller Touristenströme. Der Pfad trifft auf einen Waldweg. Links können wir nun eine Abkürzung wählen und gelangen dann rasch nach Aremberg zurück. Wir aber wollen noch mehr vom ehemaligen Herzogtum sehen und halten uns rechts auf nun breiterem, bequemem Waldweg weiter abwärts. Das Wegzeichen des Ahrsteigs bietet uns eine gute Orientierung. Einige kleinere Abzweige ignorieren wir, bis wir an die breite Gabelung kommen. Hier halten wir uns halblinks und treffen auf einen breiten Weg. Nun folgen wir dem Wegweiser Richtung Eichenbach. Wir verlassen nun kurz den Wald und können auf einer links liegenden Bank vormittags die Sonne und die schöne Weitsicht genießen.

Kapelle Wir ignorieren alle Abzweige nach rechts und ebenso den Meisenweg. Stattdessen halten wir uns dort, wo ein Haus den Weg gabelt, geradeaus und gehen abwärts auf den idyllischen Ort Eichenbach zu. Über den Breitscheiderweg und vorbei am Denkmal des Bläke Fritz gehen wir links über die Ahrtalstraße Richtung Ortsausgang. Nach einem reetgedeckten Haus geht es rechts über Treppenstufen wieder auf den Ahrsteig, vorbei an einem Bildstock und hinauf zur Kapelle. Anschließend wandern wir über die Teerstraße am Hotel Zum Wiesengrund vorbei. Wir queren den Eichenbach und folgen der alten Fahrstraße bis zur ersten Kurve. Hier geht es nun rechts auf einen Schotterweg in den Wald. Am Querweg folgen wir der Markierung V nach rechts. Nun bleiben wir auf dem Hauptweg, bis wir aus dem Wald auf eine breite T-Kreuzung mit Blick auf den Aremberg treffen. Hier halten wir uns rechts, bis wir wieder in den Wald kommen.

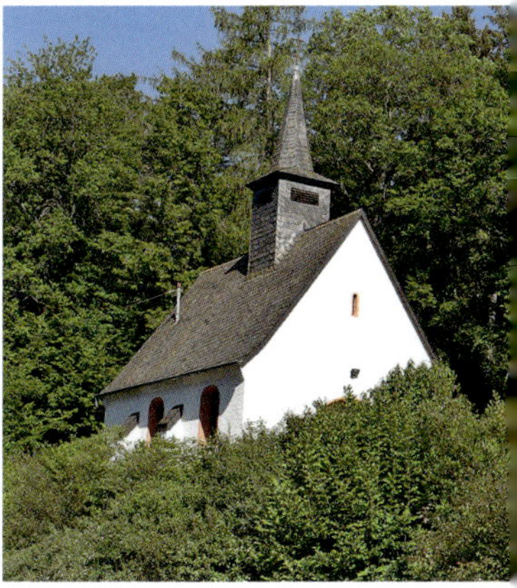

- ↑ **Kurz nach dem Haus geht es hoch zur Kapelle.**
- ↓ **Füße und Seele baumeln lassen**
- → **In der Kapelle lohnt ein Blick auf ein Relief aus dem Jahr 1626.**

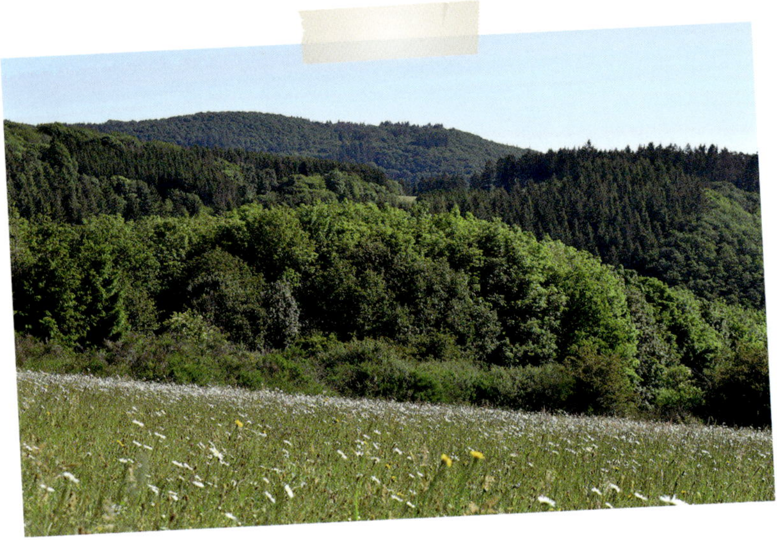

↑ **Blühende Wiesen voller Wildkräuter**

Panoramablick Außer dem Summen der Bienen und dem Rascheln der Blätter im Wald hören wir nichts. Wir queren eine kleine Straße und kommen an einem Picknickplatz vorbei. Wir folgen dem Weg nach links. Kurz darauf blicken wir, aus dem Wald kommend, auf die Rückseite der Schutzengelkapelle. Der Kapellenstraße, einer schönen Baumallee, folgen wir nun geradeaus Richtung Ort. Noch ein letzter, etwas windiger Panoramablick auf die Hohe Acht von einer Sinnesliege, dann sehen wir rechts den Parkplatz wieder. Über die Burgstraße schlendern wir jetzt zurück in den Ort und genießen die wunderbare Aussicht und einen frischen Flammkuchen auf der Terrasse der Burgschänke.

Tipp

Wer eine längere Wanderung durch das Gebiet des früheren Herzogtums Arenberg unternehmen möchte, kann den ausgeschilderten Fürstin-Margaretha-Weg wählen. Die knapp 28 Kilometer lange Wanderung kann auch in zwei Etappen gegangen werden.

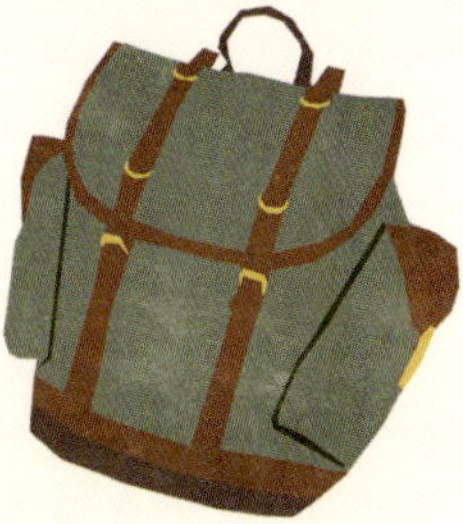

AUF EINEN BLICK

Tour 21: Tour für den Genuss

Dauer: 3 Std.

Höhenmeter: 270 Hm

Länge: 9,2 km

Schwierigkeit: Leicht

Tourencharakter: Wunderschöne Tour durch ein einsames Nebental ohne technische Schwierigkeiten

Ausgangs-/Endpunkt: Wanderparkplatz in Aremberg Ecke Kapellen-/Burgstraße

Anfahrt: **Pkw:** A 1 Richtung Blankenheim, B 258 in Richtung Nürburgring nach Lommersdorf und weiter nach Aremberg

Einkehr: Gasthaus Zur Burgschänke, Tel. 02693/39 10, urig eingerichtetes Gasthaus mit Traumblick-Terrasse in netter Ortslage unterhalb der Burgruine

Information: www.eifel.info

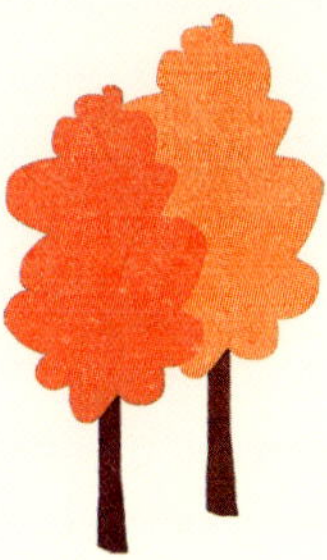

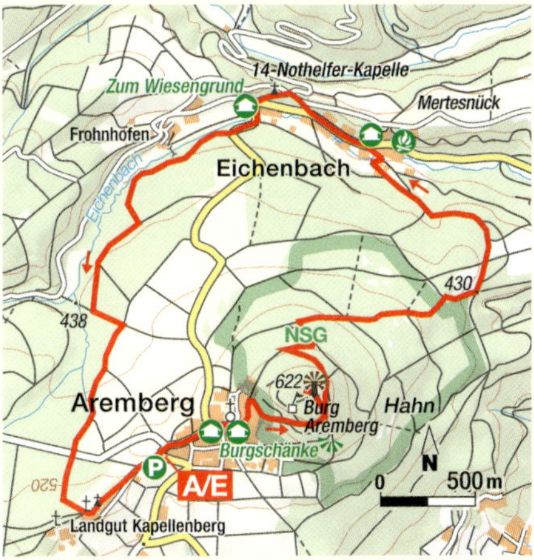

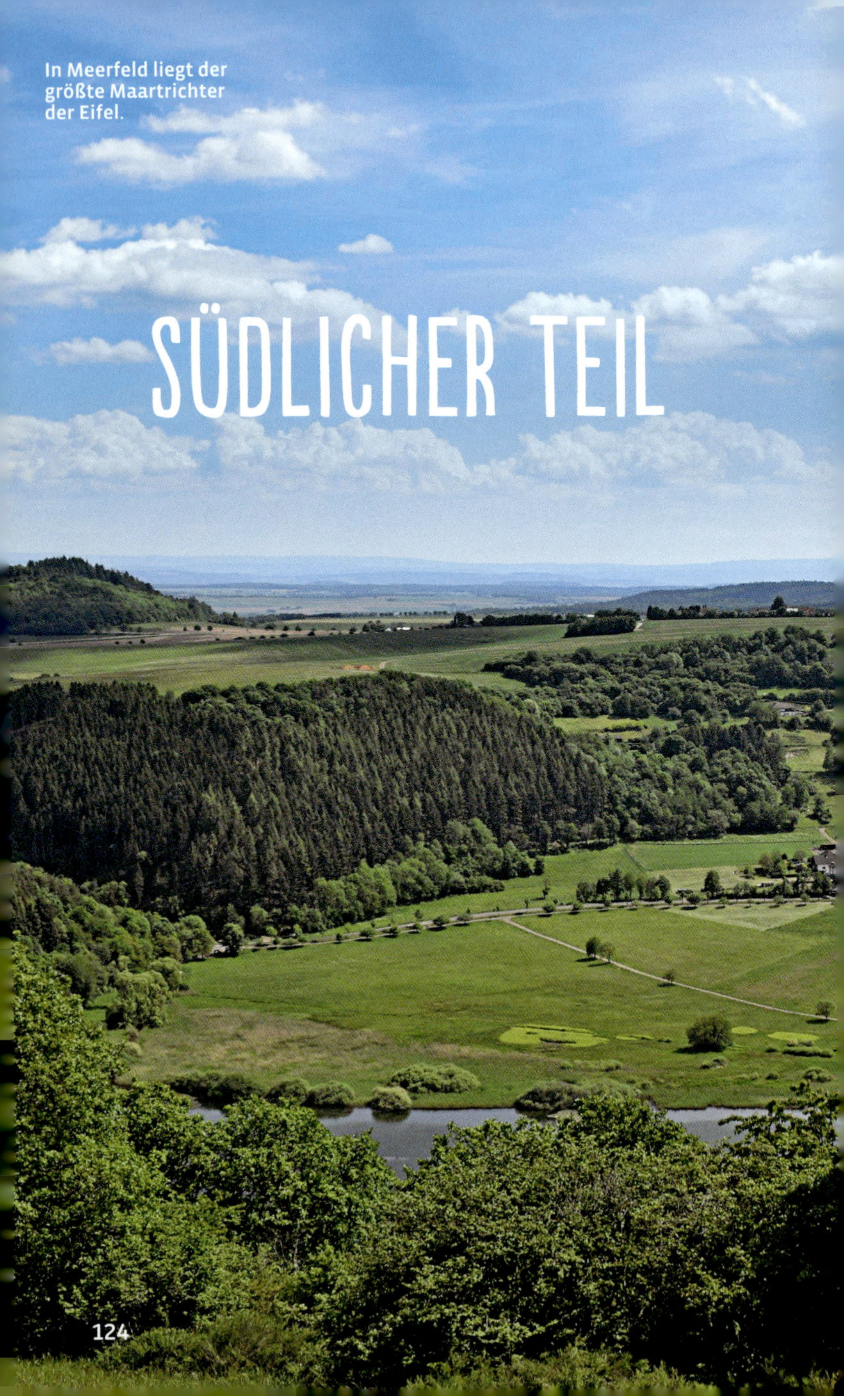
In Meerfeld liegt der größte Maartrichter der Eifel.
SÜDLICHER TEIL

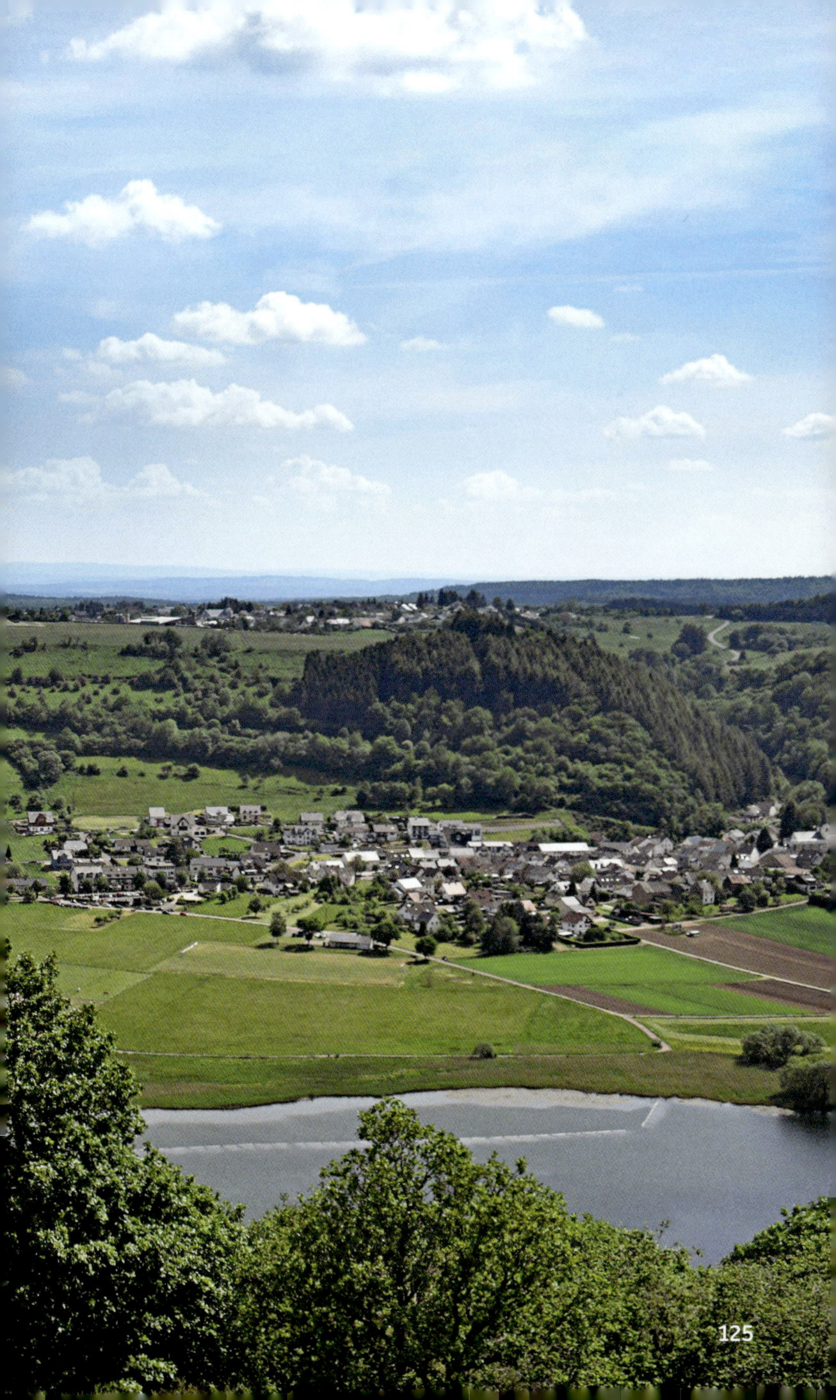

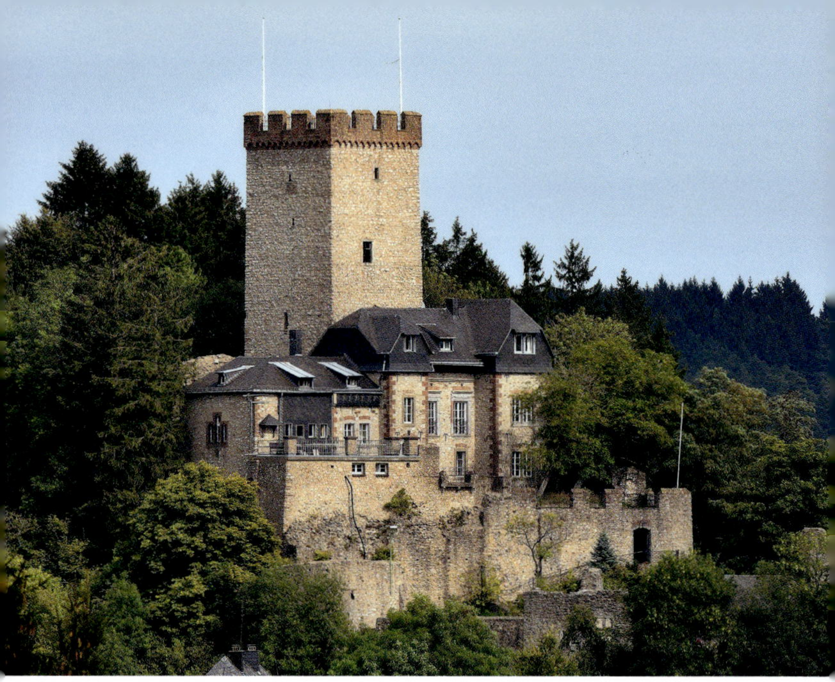

↑ Die Burg Kerpen thront über dem Ort ↓ St. Leodegar aus dem 12. Jahrhundert

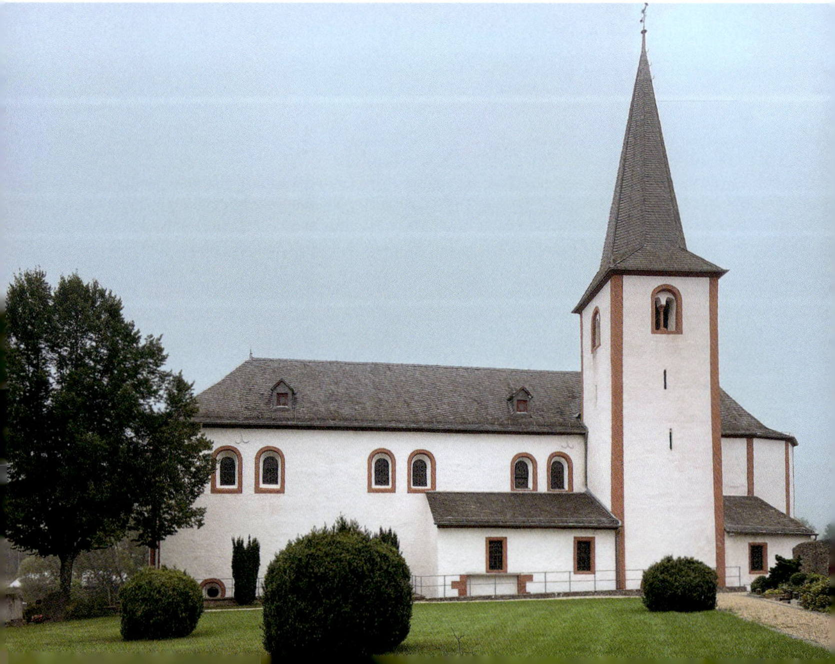

AUSSICHTSREICHER GENUSS ZU FUSS

Tour für TOUR 22 den Genuss

Rundtour durchs Hillesheimer Land

Ruhesuchende Genießer sind auf dieser Tour richtig. Die Etappen zwischen den Orten sind sehr moderat. In den Orten warten zahlreiche Einkehrmöglichkeiten darauf, entdeckt zu werden. Wer lieber sein eigenes Butterbrot verzehrt, findet reichlich Bänke – der Blick auf die herrliche Landschaft ist gratis.

Burg Kerpen Wir starten die Rundtour in dem hübschen Eifeldörfchen Kerpen an der Bushaltestelle. Unser Logo ist ein stilisierter gelber Topf auf grünem Hintergrund. Der Wanderweg wird unter dem Titel »Genuss zu Fuß« geführt. Zu Recht: Es gibt reichlich Einkehrmöglichkeiten. Entlang der Fritz-von-Wille-Straße gehen wir durch den historischen Ortskern in Richtung Burganlage. Über Treppen gelangen wir zu der imposanten Burg und können hier bereits eine erste Rast an einer schönen Sitzgruppe einlegen und die Sicht auf das Hillesheimer Land genießen.

Steinbruch Weiter geht es über Stufen und gemeinsam mit dem Eifelsteig auf schmalem Pfad bis zum Grab des Fritz von Wille. Der einstige Burgherr ist auch als Eifelmaler bekannt. Noch wenige Schritte, dann biegen wir rechts auf einen Feldweg ein, der später ein Stück durch einen Laubwald führt. Schließlich gelangen wir zum Steinbruch Niederehe. Bis in das nächste Eifelörtchen ist ab hier noch ein knapper Kilometer durch lichten Laubwald zu bewältigen. Über Stufen gelangen wir abwärts nach Niederehe. Wir queren die Straße und folgen den Hinweisschildern zum Landgasthof Schröder, der gegenüber der Kirche St. Leodegar liegt.

Kulturerbe Ein Abstecher in die ehemalige Klosterkirche St. Leodegar ist unbedingt empfehlenswert. Sie stammt aus dem 12. Jahrhundert und birgt

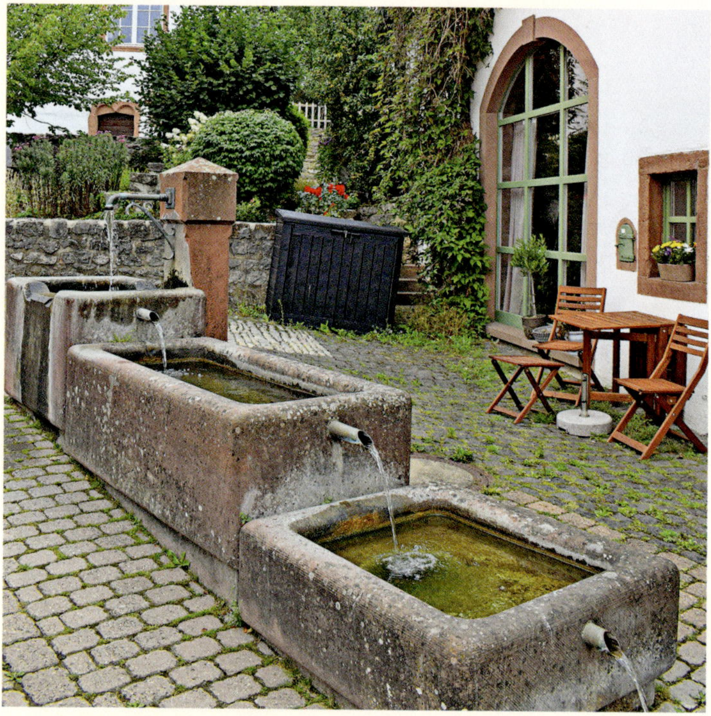

»Kein Genuss ist vorübergehend,
denn der Eindruck,
den er zurücklässt, ist bleibend.«

Johann Wolfgang von Goethe

nicht nur ein Chorgestühl aus dem Jahr 1530, sondern auch die erste von Balthasar König erbaute Kirchenorgel aus dem Jahr 1714/15.

Wacholderheiden Wir wandern entgegen des Uhrzeigersinns um die Kirche herum und verlassen hier den Eifelsteig. Über die Stroheicher Straße und Am Hönsel führt unser Weg bergauf aus dem Ort hinaus. Nach den kulturellen Highlights erwarten uns im Naturschutzgebiet Hönselberg nördlich von Niederehe wunderschöne Wacholderheiden. Der Weg steigt weiter moderat an. Immer wieder laden Bänke dazu ein, die großartige Sicht und die besondere Atmosphäre der Wacholderlandschaft zu genießen. Wacholderbeeren werden seit jeher als Heilpflanzen geschätzt. In den Zapfen (so der botanisch richtige Begriff für die Beeren) stecken nach einem alten Sprichwort gleich neun Ärzte!

Auf den Berg Der abwechslungsreiche Weg führt schließlich durch herrlichen Laubwald über den Hönselberg hinab nach Loogh. Wir passieren den Gröner Hof mit Restaurant und Hofladen. Nach dem letzten Bauernhof biegt der Weg rechts ab. Achtung, das Wegzeichen an einem Stromkasten kann leicht übersehen werden! Über den Felschbach und die Loogher Straße kehren wir wieder nach Kerpen zurück und beenden unsere Wanderung in dem wunderschön angelegten Garten vom »kleinen Landcafé« unter schattigem Weinlaub bei Kaffee und Kuchen.

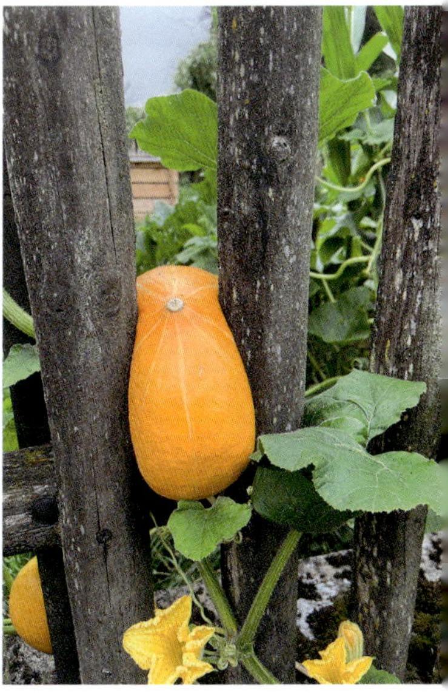

← **Kerpen zählt zu den schönsten Eifeldörfern.**
→ **Wo ein Wille ist …**

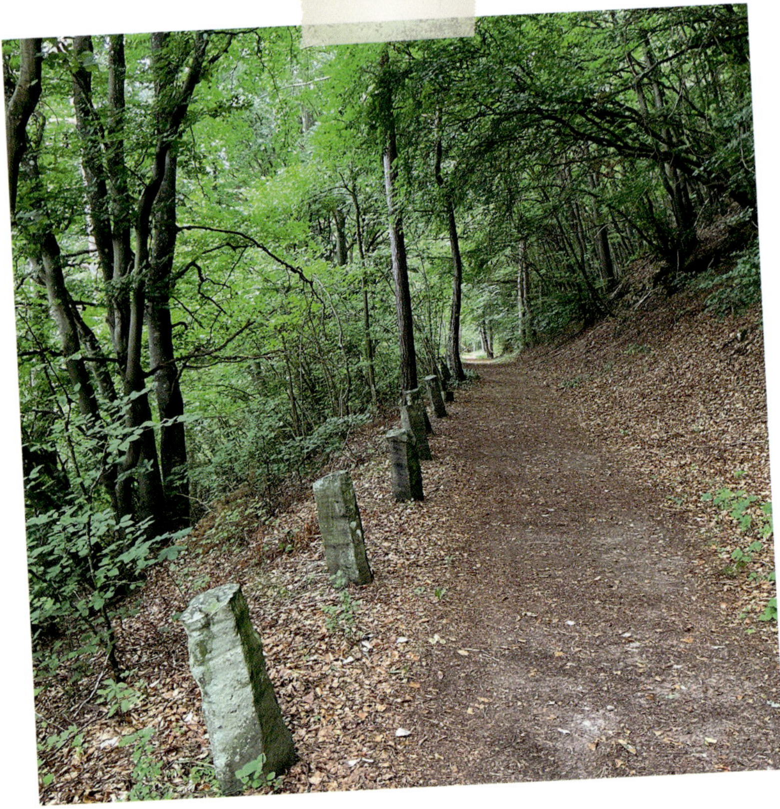

↑ **Die moderate Strecke verspricht gemütlich-genüssliche Stunden.**

Variante

Wer das Hillesheimer Land etwas ausführlicher erkunden möchte, kann ab Niederehe noch einen gut ausgeschilderten Abstecher zum Dreimühlen-Wasserfall unternehmen (einfach ca. 3,5 Kilometer). Der Dreimühlen-Wasserfall ist der größte Wasserfall in der Vulkaneifel und meist sehr gut besucht. Das Wasser fällt über eine Breite von etwa zwölf Metern bis zu sechs Meter tief ins Ahbachtal. Eine kürzere Kennenlerntour über 3 Kilometer führt von der Nohner Mühle (Einkehr möglich) zum Wasserfall.

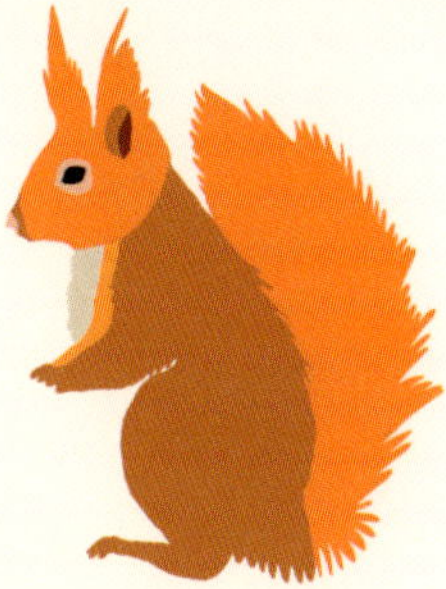

AUF EINEN BLICK

Tour 22: Tour für den Genuss

Dauer: 2.30 Std.

Höhenmeter: 235 Hm

Länge: 7,5 km

Schwierigkeit: Leicht

Tourencharakter: Einfache Wanderung mit moderaten Steigungen, mehrere Einkehrmöglichkeiten

Ausgangs-/Endpunkt: Bushaltestelle Fritz-von-Wille-Straße, Kerpen

Anfahrt: **Pkw:** Von Norden: A 1 bis Blankenheim, weiter über L 115 und L 10 nach Kerpen. Von Süden A 1 bis Gerolstein, weiter über B 410, L 67 und L 10 bis Kerpen. Parkmöglichkeiten im Ort und direkt am »kleinen Landcafé«

Einkehr: Das kleine Landcafé (Kerpen), Die Einkehr (Kerpen), Landgasthof Schröder, Niederehe, Gröder Hof (Restaurant und Hofladen mit regionalen Spezialitäten und eigener Hofkäserei), Loogh

Information: www.gerolsteiner-land.de

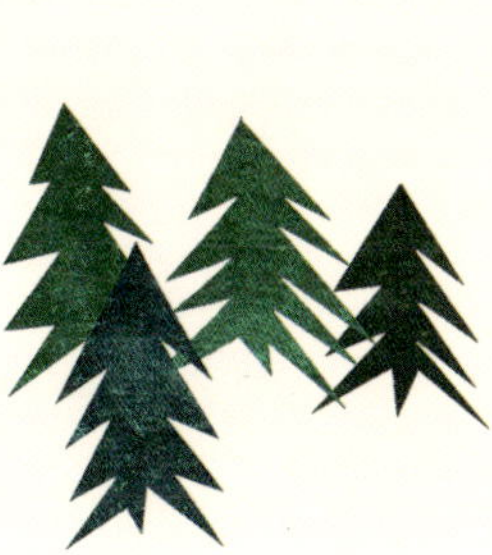

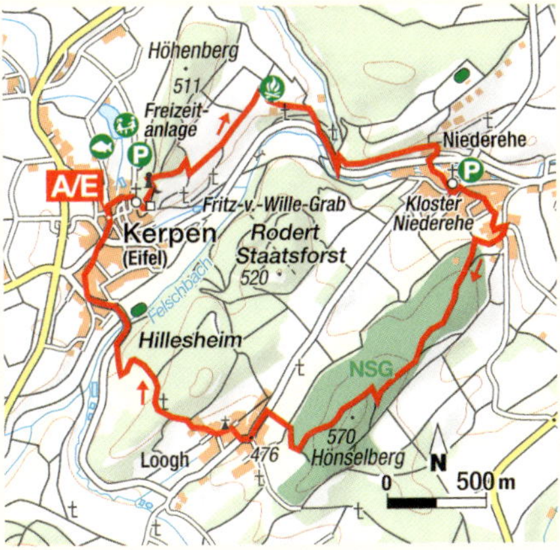

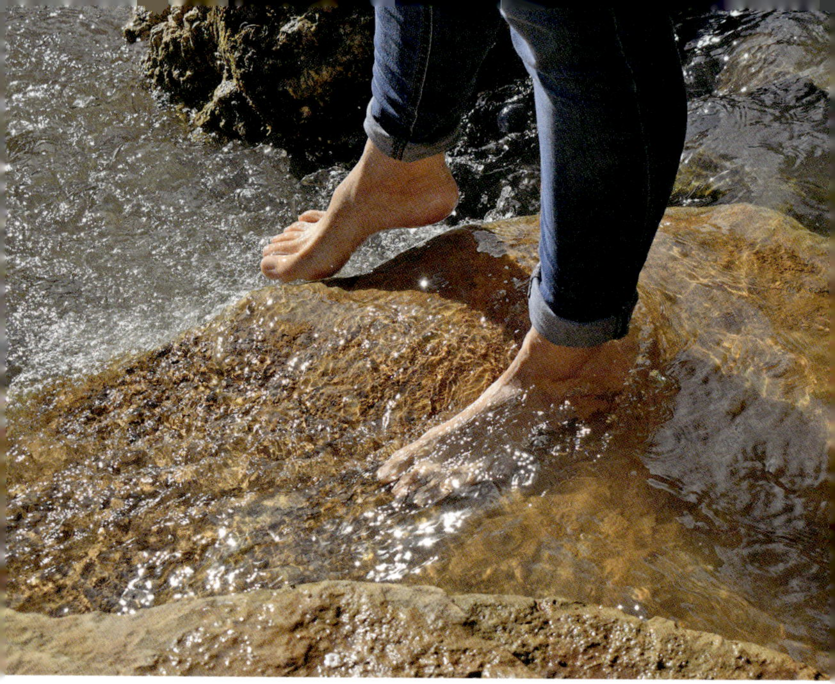

↑ Herrlich erfrischend! ↓ Emsiges Treiben am Wegesrand

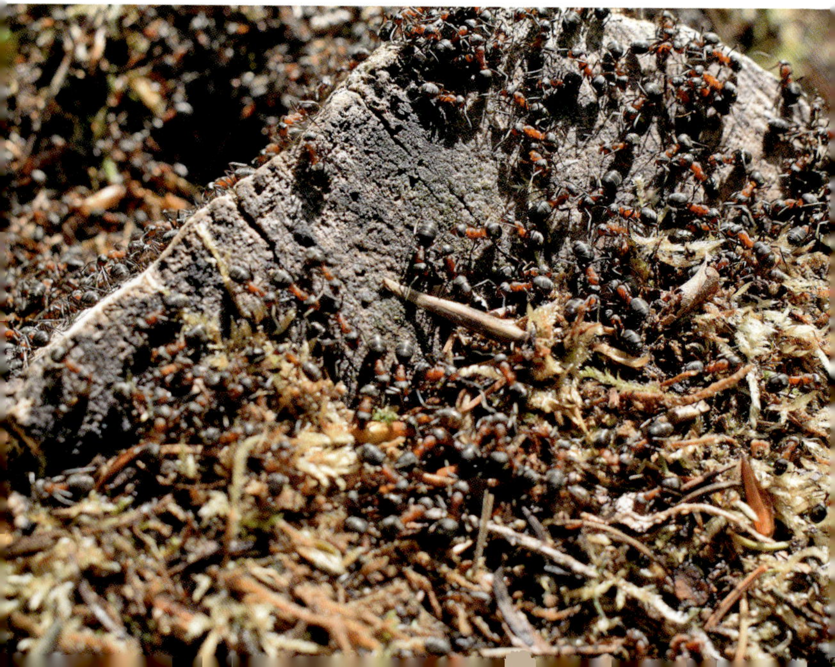

KOSTENLOSE WELLNESS FÜR MÜDE FÜSSE

Tour für die Sinne
TOUR 23

Der Barfußpfad in Hillesheim

Was soll toll daran sein, barfuß bei mäßigen Temperaturen über Kieselsteine zu laufen oder über einen Baumstamm zu balancieren? Probieren Sie es aus, es ist einfach großartig! Der Barfußpfad in Hillesheim bietet hierfür ideale Voraussetzungen.

Eingebettet in Natur Der 1,5 Kilometer lange Hillesheimer Barfußpfad liegt im Naherholungsgebiet Bolsdorfer Tälchen und verläuft parallel zu einem gut ausgebauten und sehr gepflegten Spazierweg. Er führt über 22 Stationen um einen kleinen See herum. Ob ich die wirklich barfuß erwandern möchte? Ich bin skeptisch und muss mich wirklich überwinden, im April nach einem kräftigen Regenschauer Schuhe und Strümpfe auszuziehen. Tapfer halte ich den mitleidig-spöttischen Blick eines Spaziergängers aus und schreite zur Tat.

Feld für Feld Der Einstieg über Pflasterbeläge und Sandwege ist einfach, das Fußbad im See machbar. Dann wechseln sich in den rechteckigen Becken unterschiedliche Beläge ab, darunter Feinsplitt, Kies und Mulch. Tastend und langsam, Schritt für Schritt geht es voran. Es pikst und sticht ordentlich und ist dennoch angenehm. Wie eine sanfte Massage wirken die unterschiedlichen Beläge, massieren die Füße und entspannen den ganzen Körper. Erfreut sehe ich die nächste Herausforderung: Sand. Kennt man ja vom Sommerurlaub. Dieser Sand heute ist jedoch kalt. Das Gefühl, angenehm einzusinken, ist dennoch da und in Gedanken ersetze ich das Wort »kalt« durch »erfrischend«.

Wasser marsch Schließlich komme ich zu einer Bachbrücke, die ich nicht benutze. Viel schöner ist es, durch die Kiesfurt zu waten und dabei

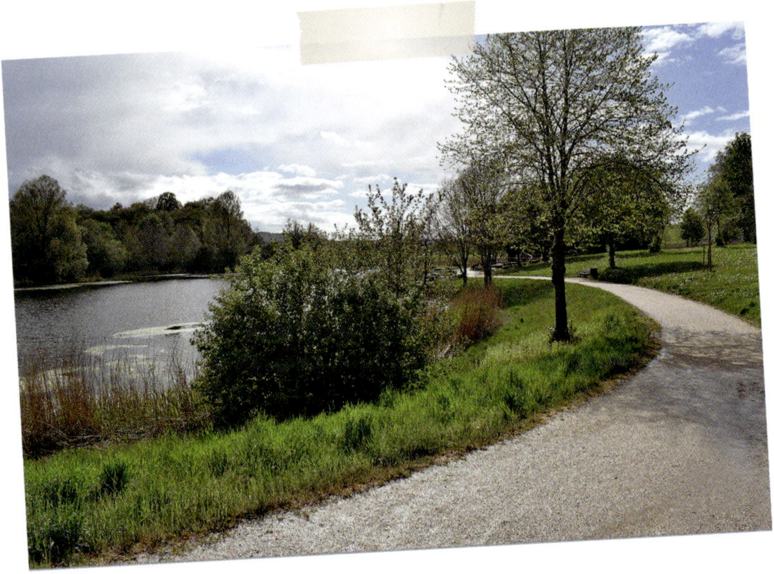

↑ **Ein gepflegter Spazierweg führt um den kleinen See.**

das wirklich kalte Wasser zu spüren. Ich bin jetzt im Tritt. Auf einem Balancierbalken umfasse ich mit den Füßen das Holz. Es fühlt sich gut und sicher an. Ein kleiner »Klettersteig« führt zu einer Kalksteinhöhle und einer Sitzbank. Hier lässt es sich barfuß gut aushalten und die emsigen Ameisen beobachten, die vor mir auf ihrem Hügel herumwuseln. Über ein Wiesenstück und eine Holzbrücke erreiche ich wieder den Ausgangspunkt meiner kleinen Tour. Etwa eineinhalb Stunden war ich unterwegs. Meine Füße sind vollkommen durchblutet. Ein wunderbares Gefühl, für das es sich lohnt, wiederzukommen.

Tipp

In unmittelbarer Nachbarschaft gibt es viele Wandermöglichkeiten. Für die Jüngsten sorgt ein Spielplatz für Abwechslung. Wer nicht nur beim Waten durch kaltes Wasser Gänsehaut verspüren möchte, sollte sein Glück im Hillesheimer Café Sherlock im Kriminalhaus versuchen!

AUF EINEN BLICK

Tour 23: Tour für die Sinne

Dauer: 1.30 Std.

Höhenmeter: 15 Hm

Länge: 1,6 km

Schwierigkeit: Leicht

Tourencharakter: Einfacher Weg mit Wow-Effekt

Ausgangs-/Endpunkt: Infopavillon an den Sportanlagen (Am Sportpark 1, Hillesheim)

Anfahrt: **Pkw:** Der Barfußweg gehört zum Naherholungsgebiet Bolsdorfer Tälchen. Navis bitte auf die Straße Am Sportplatz programmieren. Parkplätze stehen am Infopavillon zur Verfügung.

Einkehr: Unterwegs keine, in Hillesheim viele Möglichkeiten, Kultstatus hat das Café Sherlock (Am Markt 5–7, Hillesheim)

Information: Verkehrsverein Hillesheim, Graf-Mirbach-Straße 2, Hillesheim Tel. 06593/80 92 00

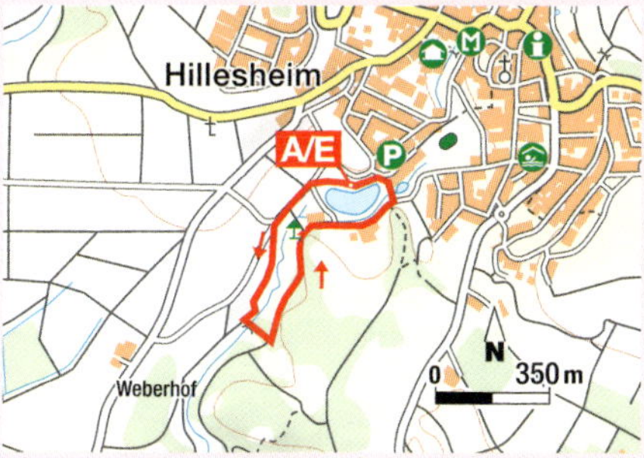

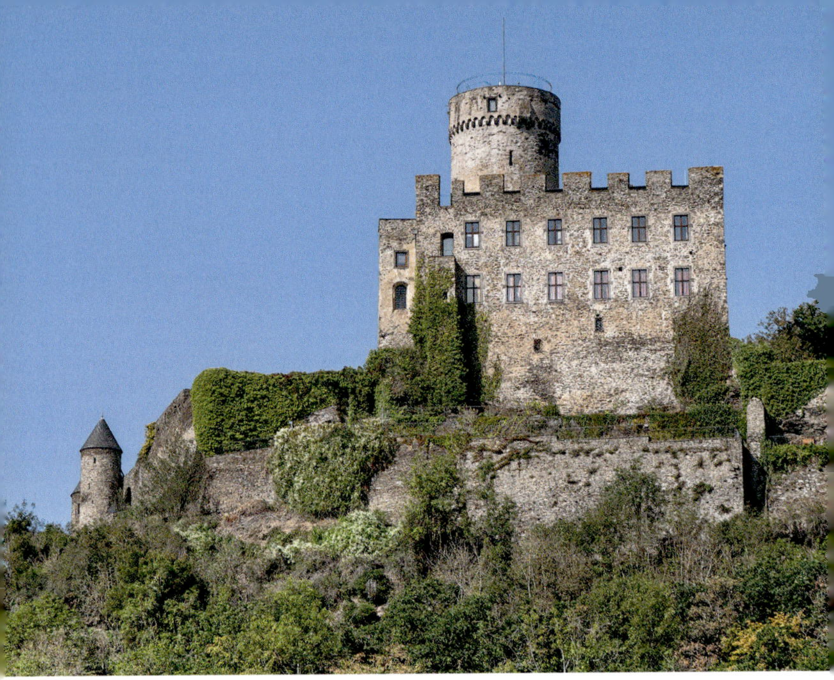

↑ Namensgeber der Tour: die Burg Pyrmont ↓ Im Tal des Elzbachs

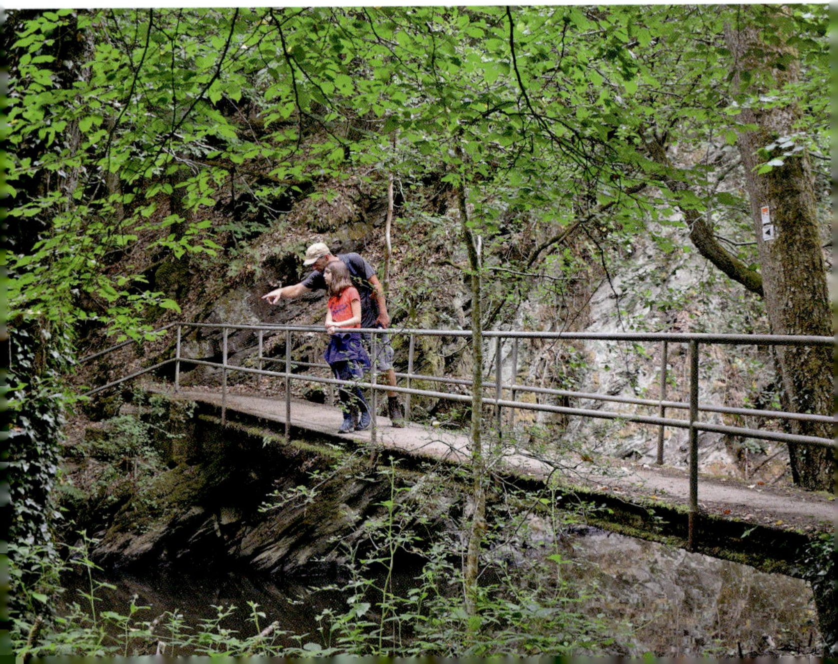

ÜBER DAS MAIFELD UND DURCH DAS ELZBACHTAL

Tour für TOUR 24 den Genuss

Der Pyrmonter Felsensteig

Neben der imposanten Burg aus dem Mittelalter, die Namensgeber der Tour ist, garantieren schmale Pfade und grandiose Aussichten über sanfte Hügellandschaften einen erlebnisreichen Wandertag.

Traumpfad Vom Wanderparkplatz unterhalb der Burg Pyrmont führt ein kurzer, steiler Stichweg hinauf zur Burg. Die Tour ist durchgehend sehr gut mit dem orangefarbenen Traumpfadsymbol markiert. Damit werden zertifizierte und hervorragend beschilderte Touren in der Region gekennzeichnet. Das Konzept ist überaus erfolgreich – entsprechend sind viele der Wege besonders am Wochenende frequentiert.

Pyrmonter Mühle Der Anfang hat es gleich in sich. Über teils abenteuerlich schmale Pfade wandern wir entlang weit vorspringender Felsen. Nach etwa zwei Kilometern kommen wir links abbiegend zu der etwa 1350 erbauten Pyrmonter Mühle. Das hübsch restaurierte Fachwerkgebäude steht unter Denkmalschutz. Hier bietet sich eine erste Rast an und wir genießen mit Blick auf den Wasserfall ein feines Stück Kuchen. Anschließend folgen wir einige Meter der Straße und queren diese dann. Über einen von Ginsterhecken gesäumten Graspfad geht es nun hangaufwärts. Einige Stufen helfen uns dabei, die Höhenmeter gut zu bewältigen. Wir passieren eine Wiese und queren erneut die K35. Nach einem lichten Waldweg, der schließlich in einen Feldweg mündet, öffnet sich der Blick und wir können eine herrliche Panoramasicht über die Hochebene des Maifelds genießen. Mohn- und Kornblumen und viele Wildkräuter sorgen im Frühsommer für schöne Farbtupfer. Die für diese Gegend charakteristischen sanften Hügel sind ohnehin eine Augenweide und eine Wohltat für die Seele. Immer wieder rückt auch die Burg Pyrmont ins Blickfeld – jedesmal aus einer anderen Perspektive.

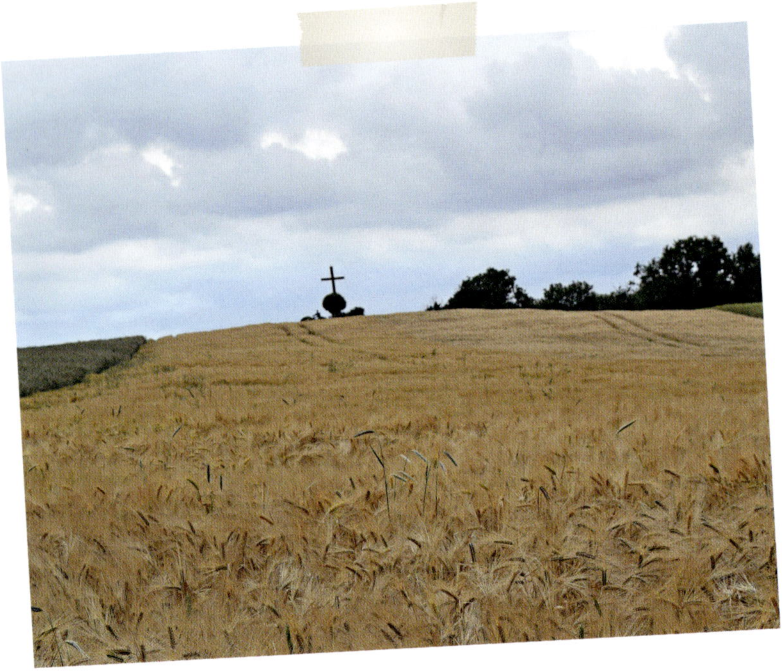

↑ **Weithin sichtbar ist der Sammetzkopf.**

Gipfelrast Schon von weitem sichtbar ist das 341 Meter hoch gelegene Gipfelkreuz mit grandioser Aussicht am Sammetzkopf, unser nächstes Etappenziel. Noch ein Weilchen folgen wir anschließend dem Feldweg, dann biegen wir rechts ab und sind inmitten des Naturschutzgebietes am Juckelberg unterwegs. An der Hauerhütte und einigen Bänken vorbei, gelangen wir schließlich zur letzten und besonders kurzweiligen Etappe: Im ständigen Auf- und Ab erreichen wir auf einem schmalen Trampelpfad das Tal des Elzbachs. Unser Weg durch wunderbar naturbelassenen Auenwald folgt dem Lauf des Wassers, eindrucksvolle Felsformationen, darunter die Klippen der »Teufelskammer«, lassen uns immer wieder innehalten. Festes Schuhwerk ist für diese Tour unbedingt erforderlich. Immer wieder bieten sich an diesem Abschnitt naturnahe Picknickplätze direkt oder nah am Wasser an. Schließlich queren wir die K27 und erreichen so wieder den Wanderparkplatz.

AUF EINEN BLICK

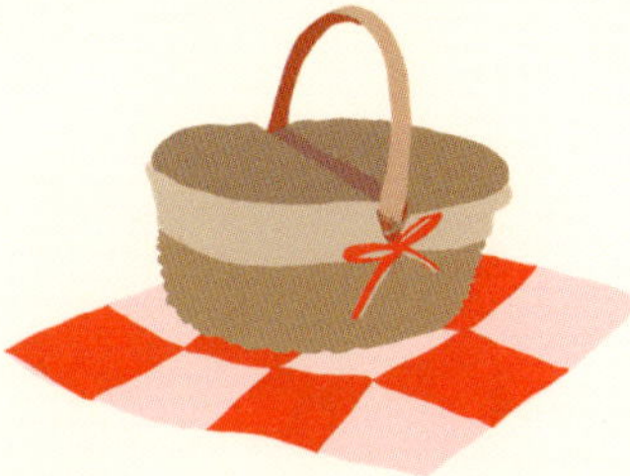

Tour 24: Tour für den Genuss

Dauer: 4 Std.

Höhenmeter: 363 Hm

Länge: 11,4 km

Schwierigkeit: Mittel

Tourencharakter: Abwechslungsreiche Wanderung, für die etwas Trittsicherheit erforderlich ist. Bei Nässe oder Glatteis ist die Tour nicht zu empfehlen. Am Wochenende gut besucht

Ausgangs-/Endpunkt: Wanderparkplatz unterhalb der Burg Pyrmont oder an der Pyrmonter Mühle (Pyrmonter Mühle 1, Roes). Offizieller Einstieg an der Mühle. Bei vollem Parkplatz Start an der Burg, dann Einkehr auf dem Weg

Anfahrt: **Pkw:** A 61, Ausfahrt Mendig über Mayen zur A 48 Richtung Trier. Oder A 48, Ausfahrt Kaifenheim bis Roes (Beschilderung Burg Pyrmont)
Bahn/Bus: Der Burgenbus fährt von Mai bis Oktober an Wochenenden und Feiertagen. Infos unter www.bahn.de/rheinmoselbus

Einkehr: An der Pyrmonter Mühle und am Wochenende auf Burg Pyrmont. Aktuelle Öffnungszeiten bitte vorher erfragen oder im Internet nachlesen!

Information: www.traumpfade.info

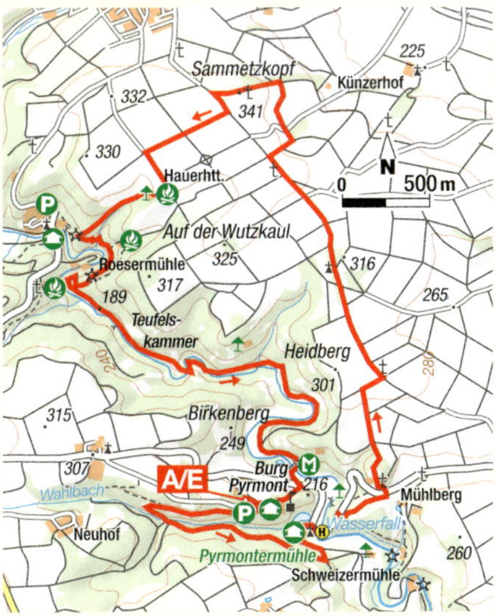

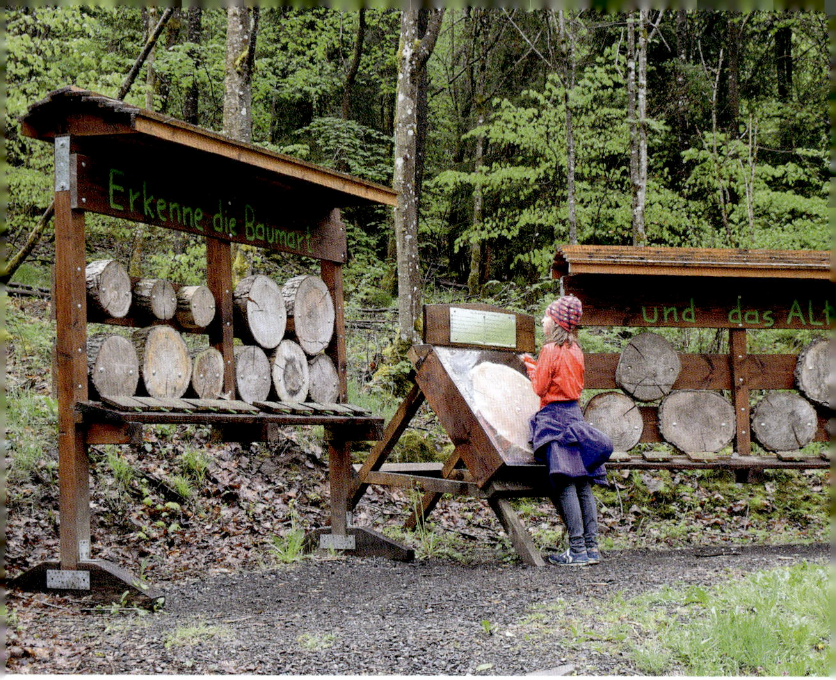

↑ Unterwegs auf dem Waldlehrpfad ↓ Märchenhaft schön

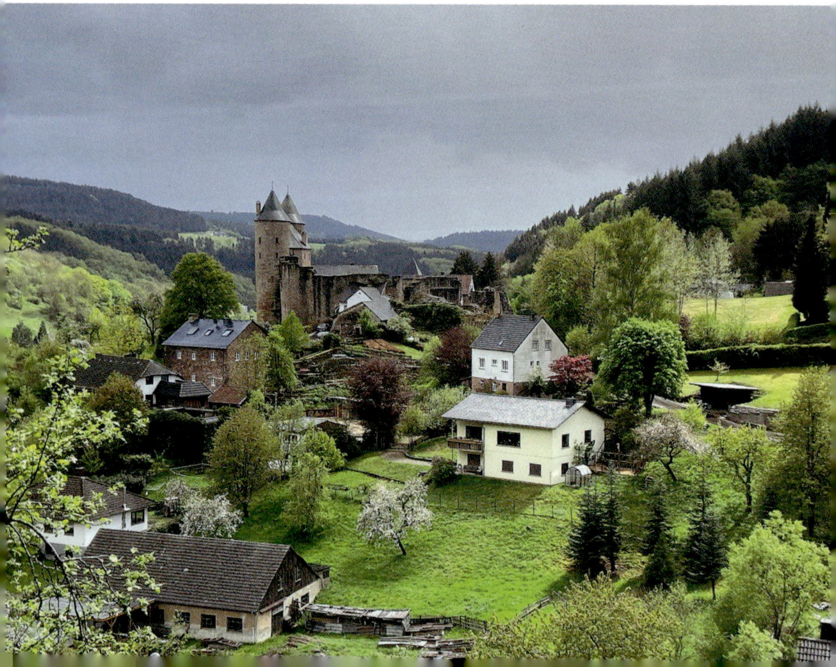

ZU KARL DEM GROSSEN UND INS REICH DER ZWERGE

Tour TOUR 25 der Stille

Rund um die Bertradaburg

Eine wahre Entdeckungsreise liegt heute vor uns: Wir erforschen Höhlen, werden zu Zwergen und kommen noch an der vermeintlichen Geburtsstätte von Karl dem Großen vorbei. Vermutlich werden wir kaum andere Wandernde treffen, dafür garantiert tolle Weitsichten genießen.

Waldlehrpfad Unser Wegzeichen ist die stilisierte Bertradaburg. Wir starten entlang der Bahnhofstraße in Birresborn und gehen dann rechts auf der L 24 bis zur Kirche. Hier geht es links entlang der Fischbachstraße (Startpunkt ab Parkplatz) und die Straße Im Steinreich aufwärts und an einer Gabelung in den Wald auf den Lehrpfad. Am Parkplatz Grillhütte lockt ein attraktiver Picknickplatz mit Spielplatz.

Erst heiß Nun warten etliche originelle Mitmachstationen auf uns, dabei orientieren wir uns am Wegweiser »Eishöhlen«. Kurz davor wird der Weg unebener und felsiger. Wir passieren einen alten Kohlemeiler und kommen zu einer großen Picknickfläche mit grandiosem Blick auf den Vulkan Kalem. Der Vulkan Kalem ragt als einer der größten Vulkane der Eifel westlich von Birresborn auf. Er ist gut 600 000 Jahre alt und gilt als einer der ältesten Vulkane der Eifel. Heute ist es schwer vorstellbar, dass sich einst der Lavaschlund am Gipfel des Kalem öffnete und Lava bis ins Urtal der Kyll ergoss.

Dann kalt Zu den Eishöhlen geht es rechts ab. Versteckt hinter großen Lavabrocken liegt ein Höhleneingang. Schon davor wird es spürbar kälter, denn die Luft aus den Höhlen strömt durch die schmalen Öffnungen heraus. In den Höhlen ist es stockdunkel, eine ordentliche Taschenlampe (Handy reicht nicht) ist zur Erkundung unbedingt notwendig! Die fünf teils

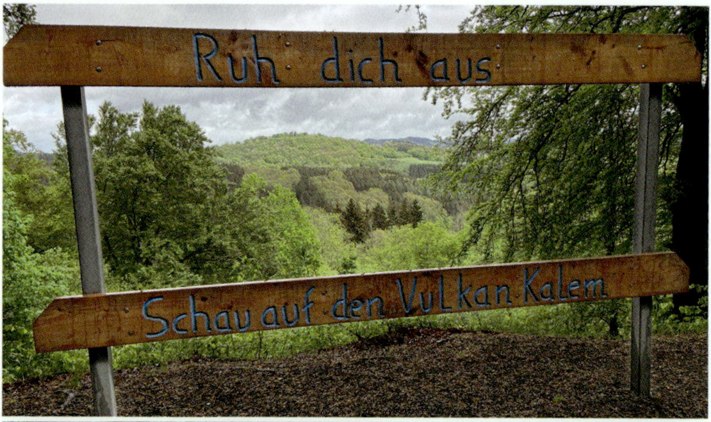

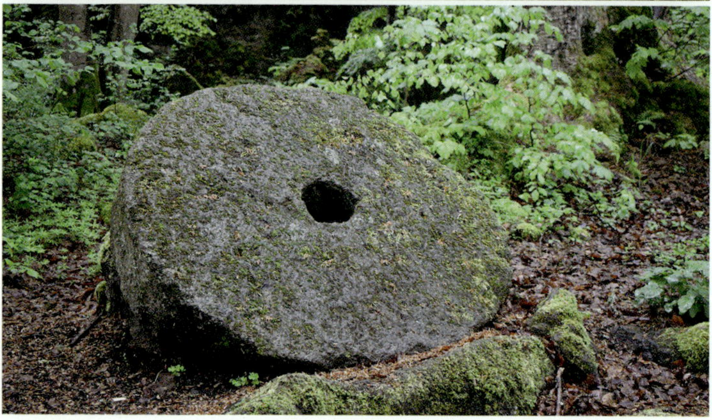

»Der Sinn des Reisens ist es,
an ein Ziel zu kommen,
der Sinn des Wanderns ist es,
unterwegs zu sein.«

Theodor Heuss

miteinander verbundenen Eishöhlen wurden von Menschenhand geschaffen. Hier und da liegen noch halbfertige Mühlsteine herum. Sie wurden in mühsamer Arbeit bis ins 19. Jahrhundert hinein gewonnen. Selbst im Sommer wird es hier nie wärmer als sieben Grad Celsius. Genuss hat an dieser Stelle auch etwas mit einer wärmenden Jacke zu tun. Die Gegend um die Höhlen erinnert an einen verwunschenen Märchenwald, wir lassen uns gerne verzaubern von der Stimmung rund um diesen schönen Ort.

Reich der Riesen Zurück auf unserem Wanderweg kommen wir über einen Parkplatz auf einen Schotterweg, dem wir abwärts nach links folgen. An der nächsten Möglichkeit biegen wir rechts ab. (Variante: Geradeaus gelangt man ab hier in etwa 2,5 Kilometern direkt zurück nach Birresborn. Tourlänge gesamt: sechs Kilometer). Am Waldrand entlang geht es nun etwas bergauf und wir erblicken rechts eine wahrhaft riesige Bank, die wir über eine Rampe besteigen können. Sechs Meter breit, zwei Meter hoch und die Lehne weitere 1,70 Meter hoch: So fühlt es sich also an, ein Zwerg zu sein. Auch Zwerge können von hier das wunderbare Panorama über die Vulkaneifel genießen. Gut 100 Meter weiter ragten bis vor Kurzem zwei betagte Baumriesen in die Höhe: Adam und Eva wurden die zwei etwa 200 Jahre alten Kiefern im Volksmund genannt. Im Oktober 2020 wurden die Naturdenkmäler gefällt. Möglicherweise begegnen Ihnen die Bäume noch in vielen Karten.

Spuren der Geschichte Noch gut vier Kilometer trennen uns jetzt von der Bertradaburg, zunächst geht es über einen breiten Forstweg geradeaus, dann an einer Bank links ab. Junge Fichten und das frische

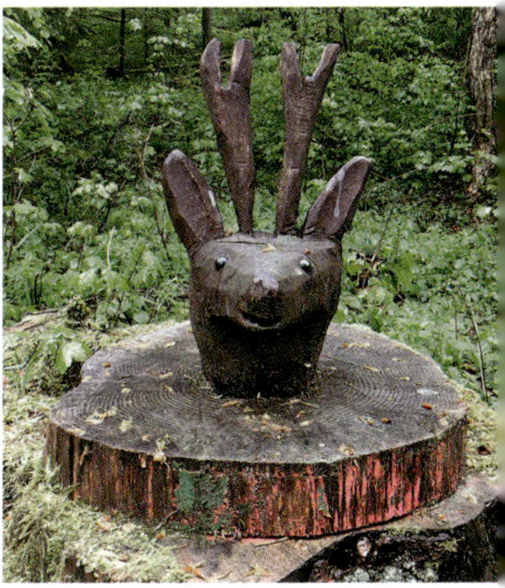

↑ **Blick auf einen Vulkan**
↓ **Fundstück im Wald**
→ **Kunst im Wald**

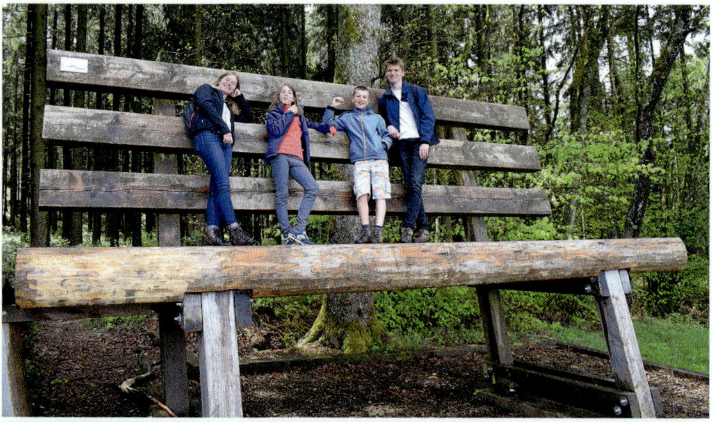

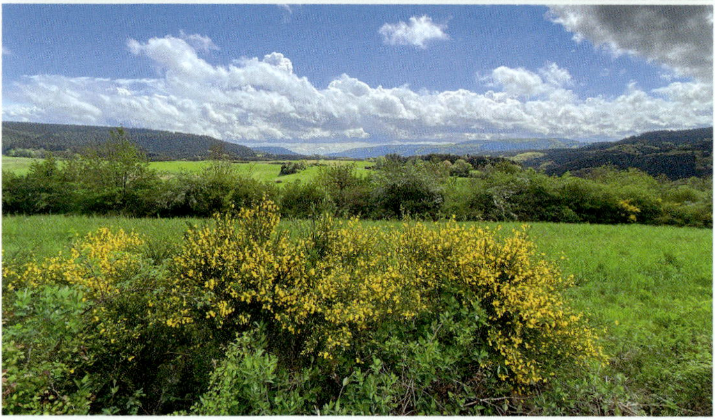

»In jedem Geschöpf der Natur
lebt das Wunderbare.«

Aristoteles

Grün des Frühlings verströmen einen besonders angenehmen Geruch. Schließlich verlassen wir den Wald Richtung Mürlenbach. Fast hätten wir den Abzweig am Picknickplatz An der Hardt verpasst. Hier geht es rechts auf einem Schotterweg bergab. Am Ortseingang führt uns eine Schleife um die Bertradaburg nach Mürlenbach. Wir können auch direkt nach links in den Ort wandern, verpassen dann aber die Ruine der doppeltürmigen Torburg Betrada, die über dem Kylltal thront. Die Höhenburg wurde nach der Urgroßmutter von Karls dem Großen, Bertrada der Älteren, benannt. Sie soll hier gelebt haben. Nicht sicher belegt, aber zumindest möglich scheint es, dass auf der Burg Karl der Große seinen ersten Schrei tat.

Eifelgold In Mürlenbach überqueren wir die Kyll. Nach dem Bahnhof geht es entlang der Alten Straße bergauf, dann über die Straße Auf dem Hostert aus dem Ort hinaus. Ein schmaler Pfad führt nun bergauf, wir queren ein Sträßchen und gelangen auf eine geteerte Straße, auf der wir links ansteigend weiterwandern. Eine kleine Kapelle links, wunderschöne Weitsichten rechts – Gelegenheiten zum Genießen gibt es reichlich. Wir kommen wieder in den Wald und folgen dem linken Weg entlang vieler Ginsterbüsche, die hier und in vielen Teilen der Eifel herrlich goldgelb blühen und deshalb auch »Eifelgold« genannt werden. Nun müssen wir etwas aufpassen: An der Bank geht es nur noch wenige Meter in Richtung Birresborn, dann zweigt unser Weg links ab auf einen schmalen, etwas matschigen Pfad bergab und weiter geht's an einer Gabelung links. Auch nicht verpassen sollten wir einen kleinen Hohlweg,

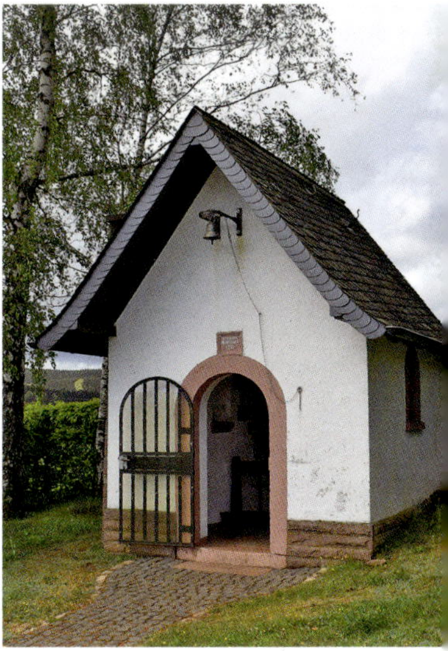

↑ Da werden selbst große Wanderer ganz klein.
↓ Ginster – das »Gold« der Eifel
→ Einladung zur stillen Einkehr

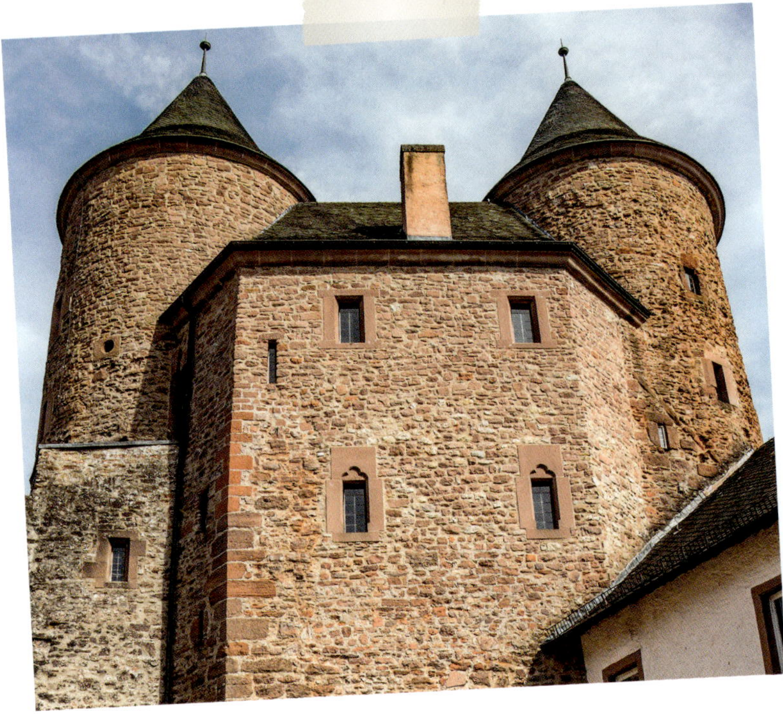

↑ **Ob Karl der Große hinter diesen Mauern wirklich seinen ersten Schrei tat?**

auf den wir links abbiegen müssen. Wir kommen an einer Bank vorbei und wandern nun durch schönen Laubmischwald. An einer Gabelung halten wir uns rechts und dann durch ein Tor links. Dem Weg folgend, gelangen wir ein Stück an der Bahn und ersten Häusern entlang über die Kyll nach Birresborn zurück.

Tipp

Die Birresborner Eishöhlen dienen vielen Fledermäusen als Rückzugsort. Sie sind daher nur von Mitte April bis Mitte Oktober zugänglich und bis auf eine im Winter gesperrt.

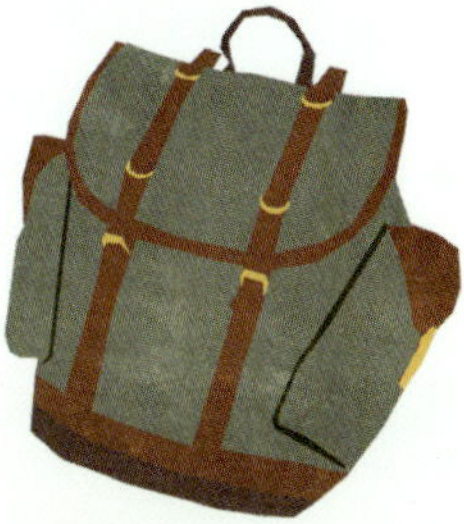

AUF EINEN BLICK

Tour 25: Tour der Stille

Dauer: 4 Std.

Höhenmeter: 404 Hm

Länge: 13,5 km

Schwierigkeit: Mittelschwer wegen der Länge

Tourencharakter: Längere Wanderung mit spektakulärer Höhlenbesichtigung

Ausgangs-/Endpunkt: Ortsmitte Birresborn (Parkplatz Fischbachstraße) oder am Bahnhof

Anfahrt: **Pkw:** A 1 bis Autobahnende dann B 410 Richtung Prüm, links ab nach Birresborn. Parkplatz in der Ortsmitte, ab hier ca. 2 km bis zu den Eishöhlen
Bahn/Bus: Bis Bahnhof Birresborn oder Start ab Bahnhof Mürlenbach

Einkehr: In Birresborn oder Mürlenbach, für unterwegs auf jeden Fall Verpflegung mitnehmen

Ausrüstung: Unbedingt feste Schuhe, Jacke auch im Sommer, Taschenlampe

Information: TW Gerolsteiner Land, Tel. 06591/94 99 10, www.hillesheimer-gerolsteiner-land.de

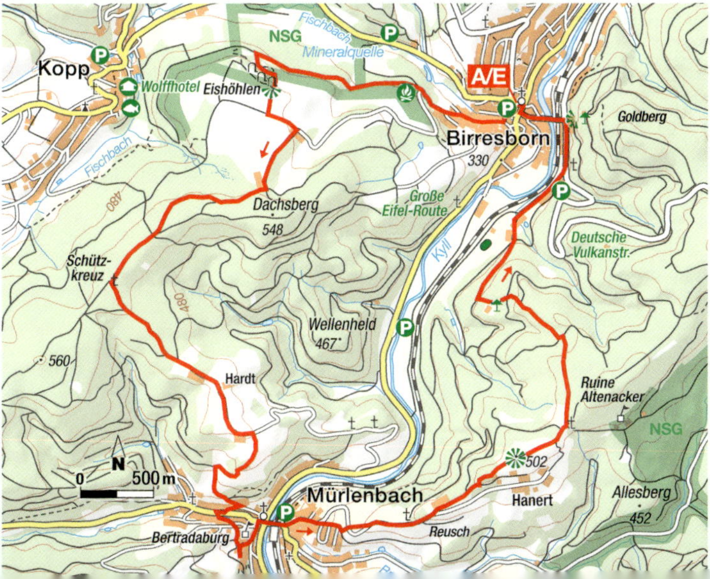

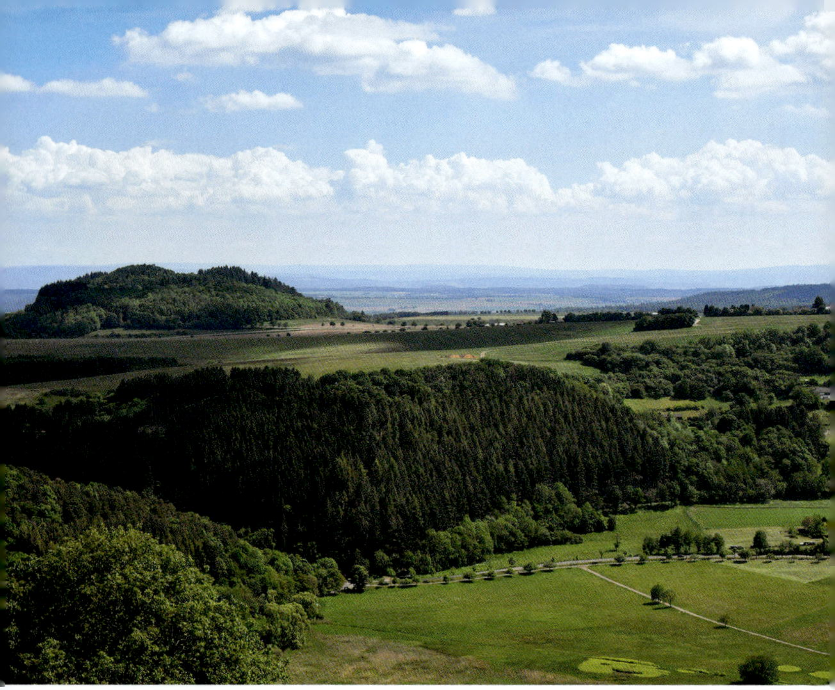

↑ Grandiose Sicht vom »Landesblick« ↓ Die Skulptur »Urknall«

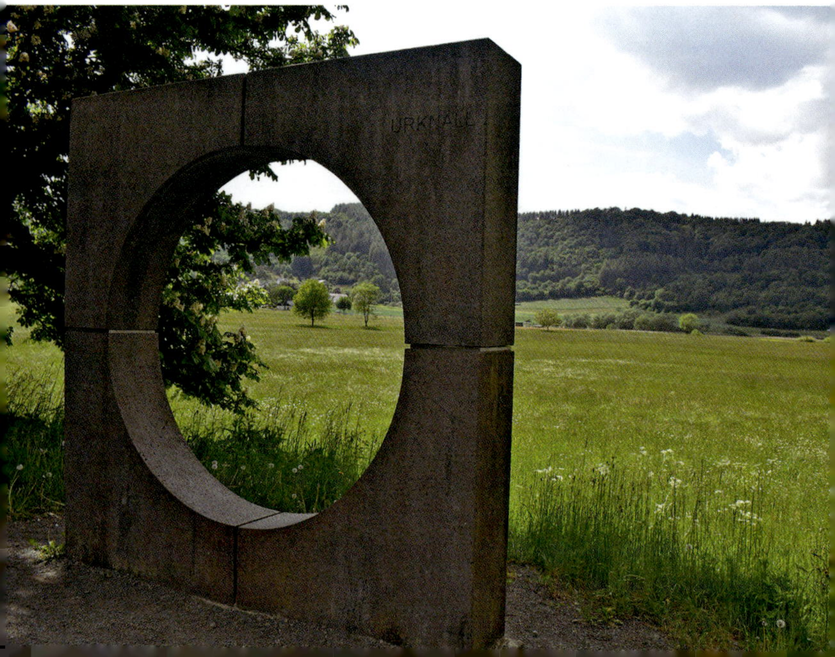

Tour für die Sinne
TOUR 26

AM GRÖSSTEN MAARTRICHTER DER EIFEL

Rund um das Meerfelder Maar

Diese Tour ist ideal für den Sommer. Denn nach dem schweißtreibenden Aufstieg zum Aussichtspunkt Landesblick steht einer Abkühlung in dem kühlen Maar nichts mehr im Wege. Es geht aber auch (fast) ohne Aufstieg.

Naturschutzgebiet Vom Parkplatz Meerfeld Ost aus passieren wir zunächst einen Schlagbaum. Über den asphaltierten Weg biegen wir nach etwa 100 Metern links ab und erreichen das Naturschutzgebiet Meerfelder Maar. Der Pfad führt uns nun etwa zur Hälfte um das Maar. Dabei passieren wir ein Naturfreibad, das kostenpflichtig Liegeplätze auf einer Wiese anbietet. Wir können aber auch an anderen Stellen an ausgewiesenen Zonen am Nordufer des Kratersees baden. Mehrere Sitzbänke laden dazu ein, die schöne Sicht auf das glitzernde Wasser zu genießen.

Landesblick Nach dem Bootssteg halten wir uns rechts und erreichen über einen breiten Teerweg den Waldrand. Kurz geht es links, dann rechts erst sanft und später deutlicher bergauf. Wir stoßen auf eine asphaltierte Straße und halten uns rechts. An der Wegkreuzung mit Bank müssen wir uns entscheiden: für den 800 Meter entfernten Landesblick mit grandioser Aussicht oder für einen gemächlichen Abstieg. Wir nehmen den Aufstieg in Kauf und stapfen den Pfad hinauf. Dann geht es noch einige Stufen hinauf auf die Plattform des Aussichtsturms. Es lohnt sich wirklich! Eingebettet in den größten Maartrichter der Eifel glitzert etwa 200 Meter unter uns das Meerfelder Maar. Dessen Wasseroberfläche beträgt heute bei einer Tiefe von etwa 17 Metern knapp 25 Hektar. Wieder zurück an der Wegkreuzung geht es auf breitem, naturbelassenem und im Sommer angenehm halbschattigem Weg zurück. Der Wegweiser »VulkaMaar-Pfad« bietet uns nun

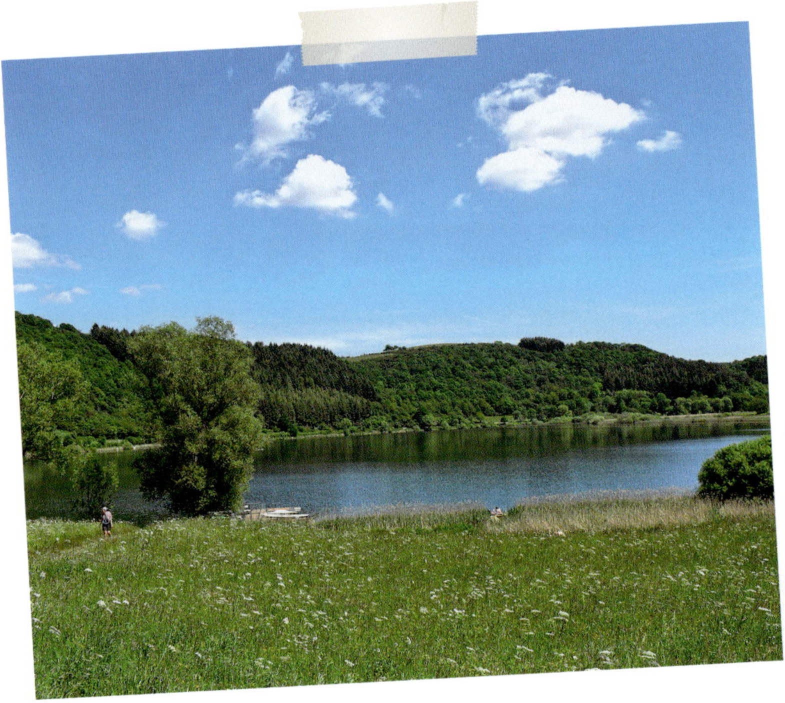

↑ **Baden und Angeln ist in ausgewiesenen Bereichen des Meerfelder Maares möglich.**

eine verlässliche Orientierung bis zur K 10, die direkt am Parkplatz liegt. Kurz vor dem Parkplatz passieren wir noch die Steinskulptur »Urknall«. Sie gehört zum »Kosmosradweg Kleine Kyll«, der auf gut 20 Kilometern sehr steigungsarm von Daun nach Meerfeld führt. Der Weg ist auch für Wanderer gut geeignet.

Tipp

Clara Viebig, die wohl bekannteste Dichterin aus der Eifel, hat die kreisrunden, tiefblauen Krater ehemaliger Vulkane einst »Augen der Eifel genannt«. Eine weitere, besonders empfehlenswerte Tour führt rund um die drei Dauner Maare. In zweien darf auch geschwommen werden!

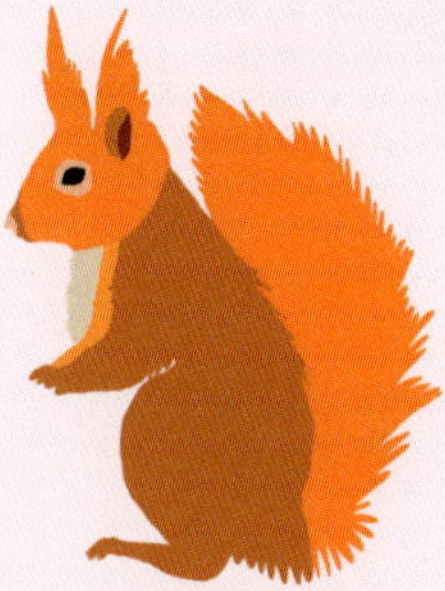

AUF EINEN BLICK

Tour 26: Tour für die Sinne

Dauer: 2.30 Std.

Höhenmeter: 180 Hm

Länge: 6,3 km

Schwierigkeit: Leicht

Tourencharakter: Kleine Wanderung mit großartigen Ausblicken und Bademöglichkeit

Ausgangs-/Endpunkt: Parkplatz Meerfeld Ost (am südöstlichen Ufer, Nähe Schwimmbad), Meerfeld

Anfahrt: **Pkw:** A 1 bis Ausfahrt Manderscheid, Richtung Manderscheid, über L 16 und K 10 bis zum Parkplatz

Einkehr: Unterwegs keine, in Meerfeld mehrere Möglichkeiten

Information: www.eifel.info

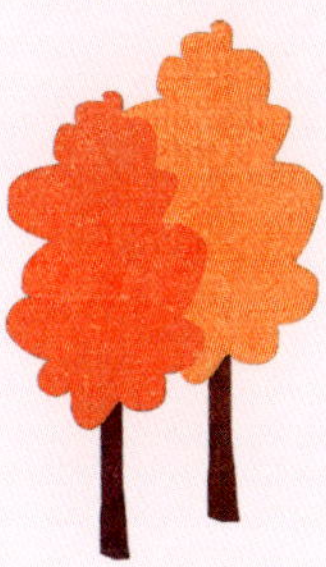

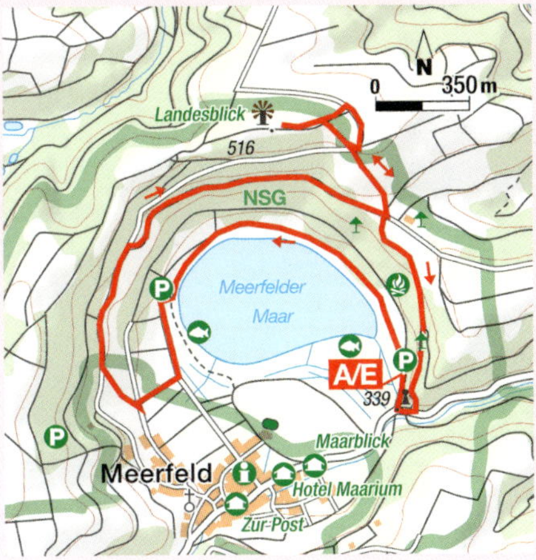

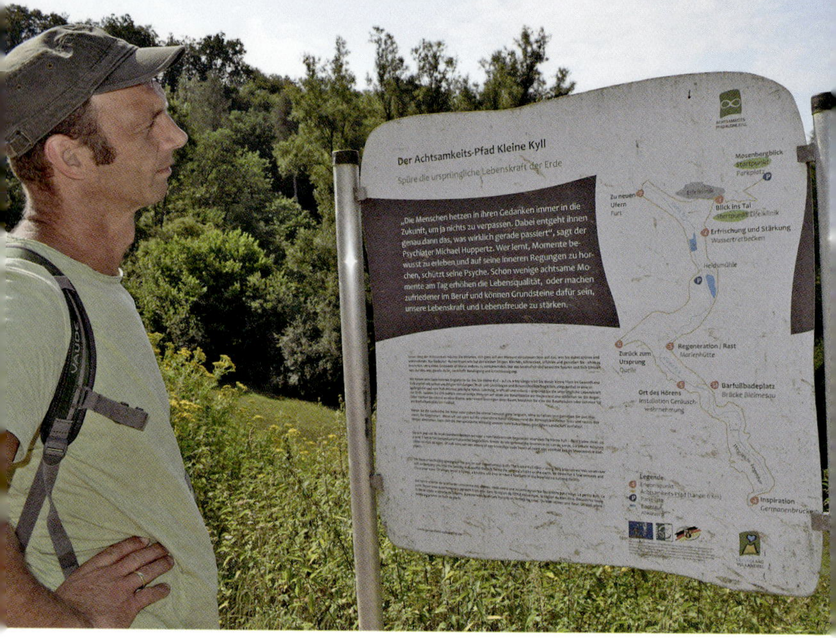

↑ Impulse zum Innehalten ↓ Auf naturnahen Pfaden entspannen

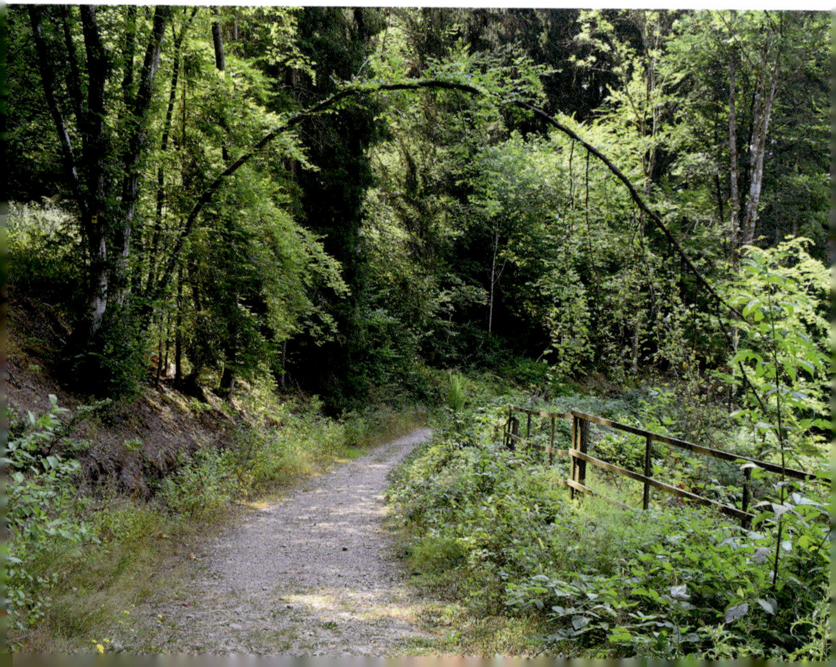

ACHTSAM IN MANDERSCHEID

Tour
TOUR 27
ohne Uhr

Meditative Pfade entlang der Kleinen Kyll

Der Achtsamkeitspfad in Manderscheid bietet meditative Impulse zum Innehalten. Auf teils felsigem Pfad entlang der Kleinen Kyll warten jede Menge Genussmomente darauf, bewusst erlebt zu werden.

Kneippbecken Den Blick schweifen lassen, an nichts denken, Landschaft genießen: Unsere Tour startet an der Eifelklinik mit einem Blick ins Tal. Dann geht es parallel zur Straße zum Wassertret- und Armbecken entlang der Beschilderung (weiße Acht auf grünem Hintergrund). Herrlich, das kalte Wasser an Beinen und Armen zu spüren! An der Heidsmühle (Start auch ab hier möglich) geht es noch ein Stück die Straße aufwärts, dann biegt unser Weg nach rechts ab. Auf Höhe der Marienhütte erreichen wir bald einen schönen Rastplatz. Wir sind aufgerufen, Ruhe und Phasen der Erholung als Quelle der Kraft zu verstehen. »Stärker sein durch Nichtstun«, heißt die Überschrift der Infotafel.

Fußbad Unser Weg führt geradeaus weiter, wir hören das Wasser rauschen. Ein Abstecher nach rechts führt direkt ans Wasser. Dort können wir unsere Füße am Barfußbadeplatz kühlen. Das Flüsschen Kleine Kyll ist nie begradigt oder in ein Flussbett gezwängt worden. Auf dem Hauptweg geht es dann weiter durch angenehm schattigen Wald und sanft bergan, dann auf einem Pfad leicht rechts ab entsprechend der Beschilderung. Noch wenige Meter, dann erreichen wir den Wasserfall und die Stromschnellen an der Germanenbrücke, die wir queren. Hier tost und braust das Wasser ganz schön! So passieren wir den nächsten Achtsamkeitspunkt: »Inspiration«. Nach der Brücke geht es rechts und kurz darauf links Richtung Wolfsschlucht.

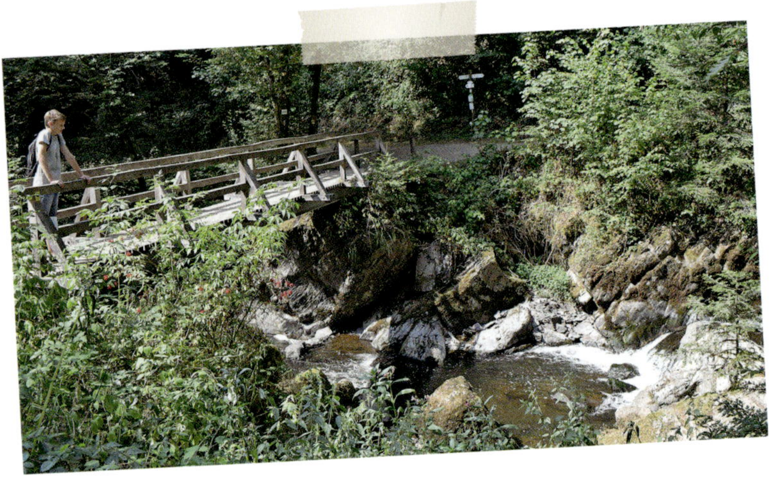

↑ **Mal plätschert, mal tost die Kleine Kyll.**

Felsenmeer Nun ist der Weg wie ausgewechselt: Moosbewachsene Felsen türmen sich auf, die Schlucht macht ihrem Namen alle Ehren. Über eine Brücke kommen wir auf die andere Seite, müssen kurz den richtigen Weg nach oben zwischen all den Steinen suchen. Wir gelangen zu einem Rastplatz und zum Achtsamkeitspunkt »Ort des Hörens«. An den Summsteinen lauschen wir der Resonanz des eigenen Summens. Durch ein Hörrohr ist sogar das Rauschen des Flusses vernehmbar. Auf dem Weg zum nächsten Punkt – »Zurück zum Ursprung« heißt er – passieren wir nun eine Holzliege. An der kleinen Quelle, die laut Infotafel einst ganz Manderscheid mit Trinkwasser versorgt hat, könnten wir unsere Wasservorräte auffüllen. In Kehren geht es zur Heidsmühle. Kurz davor biegt unser Weg links ab. Wir erreichen den letzten Punkt »Zu neuen Ufern« und können in einer Hängematte entspannen. Dann geht es mit unserem Wegzeichen zurück zur Eifelklinik.

Tipp

Manderscheid ist ein guter Ausgangspunkt für viele interessante Wanderungen. Sehr empfehlenswert ist auch der etwa sechs Kilometer lange Burgenstieg.

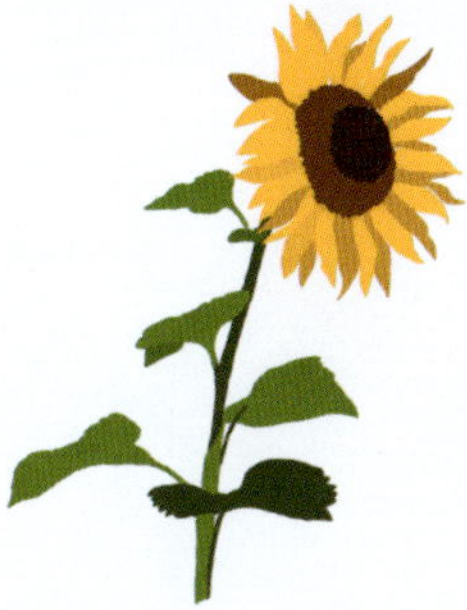

AUF EINEN BLICK

Tour 27: Tour ohne Uhr

Dauer: 2 Std. reine Gehzeit. Unbedingt viel Zeit für die einzelnen Stationen einplanen!

Höhenmeter: 128 Hm

Länge: 6,1 km

Schwierigkeit: Leicht

Tourencharakter: Einfache Wanderung, die aber besonders nach Regen etwas Trittsicherheit erfordert.

Ausgangs-/Endpunkt: Eifelklinik, Mosenbergstr. 9, Manderscheid. Start auch an der Heidsmühle möglich

Anfahrt: **Pkw:** Von Manderscheid die L 16 Richtung Bettenfeld. In der Ortsmitte am Kreisverkehr der Beschilderung in Richtung Heidsmühle folgen. Etwa 400 Meter nach dem Kreisel steht auch der Wanderparkplatz Mosenbergblick kostenfrei zur Verfügung. Von dort ist der Weg zum Achtsamkeitspfad ausgeschildert.
Bahn/Bus: Regio Linie 300 (Ausstieg in Manderscheid Dauner Straße oder Abzweig Im Bungert)

Einkehr: Während der Tour kommt man zweimal am Hotel-Café-Restaurant Heidsmühle (Mosenbergstr. 22, Manderscheid) vorbei. Außerdem gibt es in Manderscheid viele Möglichkeiten zur Einkehr.

Information:
gesundland-vulkaneifel.de

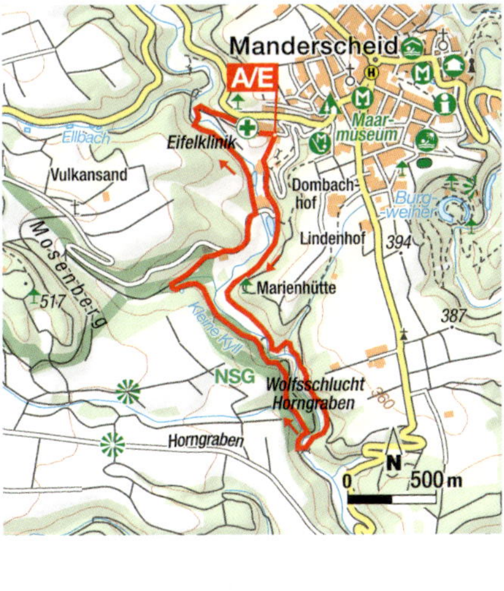

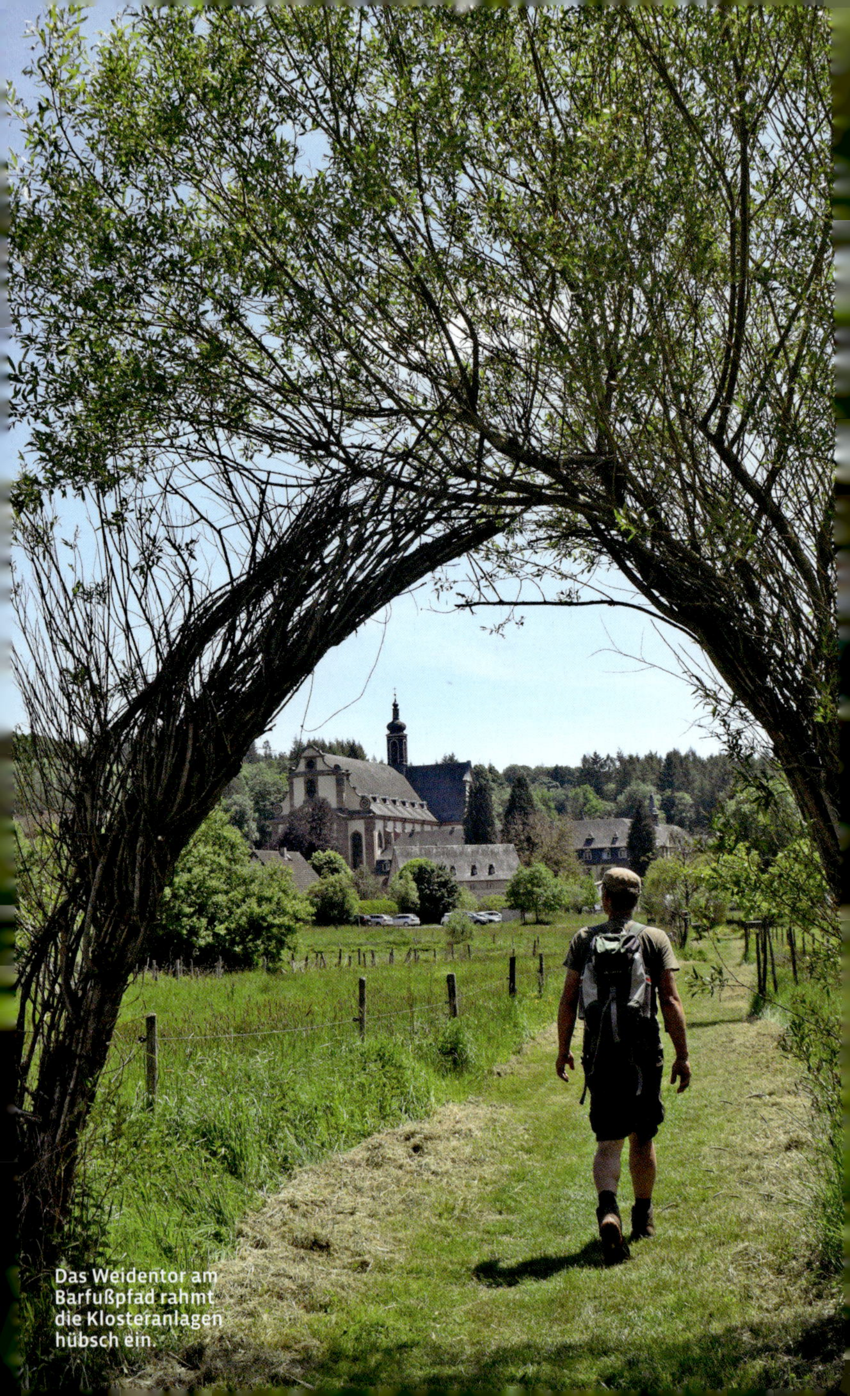

Das Weidentor am Barfußpfad rahmt die Klosteranlagen hübsch ein.

ERHOLUNG FÜR LEIB UND SEELE

Tour für TOUR 28 den Genuss

Durch das Salmtal zum Kloster Himmerod

Wandern Sie in der südlichen Vulkaneifel entlang unberührter Natur durch das Salmtal. Entdecken Sie Mühlen und kleine Dörfer und genießen Sie die Ruhe in den Klosteranlagen.

Irdische Genüsse Mönche des Ordens Bernhard von Clairvaux haben im 12. Jahrhundert das Zisterzienserkloster Himmerod gegründet. Entlang alter Trockenmauern wandeln wir durch gepflegte Grünanlagen zur Kirche und werfen einen Blick hinein. Zum Ensemble gehören auch eine Gärtnerei, eine Fischerei sowie ein gut sortierter Klosterladen, der neben Literatur auch Liköre, Fisch, natürlich Klosterbier und Käse aus der Eifel bereithält. Die Gaststätte ist bereits geöffnet und auch das Kuchenangebot in der Bäckerei an der Pforte ist verlockend. Wir heben uns all diese Genüsse für das Ende der Tour auf und biegen an der Pforte links ab.

Themenweg Weit kommen wir nicht. Denn auf der linken Seite entdecken wir nach wenigen Metern eine Weidenkapelle. So wissen wir, dass wir am Beginn des Themenweges »Schöpfung bewahren« sind. Vier kleine wandernde Mönche und ein großer Mönch in blauer Kutte sind auf dem Logo zu sehen, die den Themenweg markieren. Mit Blick auf die Klostermauern verweilen wir auf einer bequemen Sinnesliege. An der nächsten Bank nach der Brücke über die Salm biegen wir rechts ab. Insgesamt elf Schöpfungstafeln sorgen für meditative und spirituelle Impulse. Zudem weisen zahlreiche Infotafeln auf die Besonderheiten des Salmtals hin. Nun geht es hangaufwärts am Wald entlang, rechts können wir die Auenlandschaft und den Lauf der Salm betrachten. Einige Highland-Rinder haben hier ihr Zuhause, wir begegnen ihnen auf dem Rückweg nochmals aus der Nähe. Zunächst genießen wir den leicht aufsteigenden, schattigen Pfad durch Mischwald.

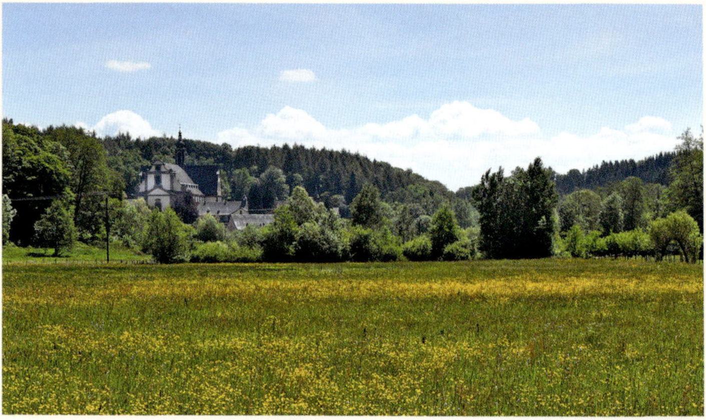

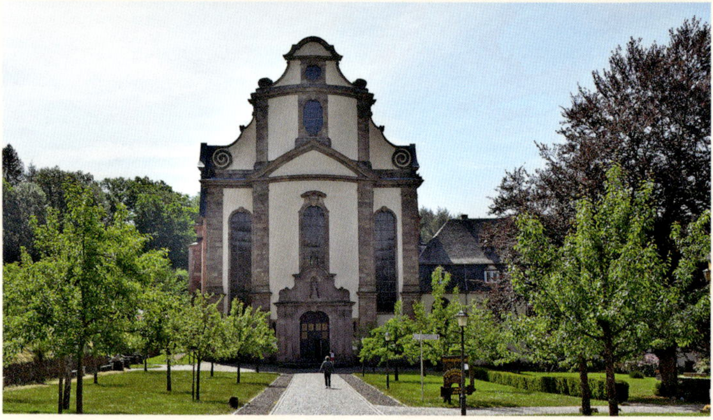

»Schau tief in die Natur,
und dann wirst du alles besser verstehen.«

Albert Einstein

Mühlenpfad Unser zweites Markierungszeichen ist der Mühlenpfad, eine mit blauen Strichen angedeutete Welle. Das Zeichen führt uns entlang der Salm und wir gelangen auf schmalem Pfad zu einer Brücke. Sie führt auf das weitläufige, parkähnliche Gelände des Hotels Molitors Mühle. Wer nur den Themenpfad gehen möchte (Gesamtstrecke: 3,4 Kilometer), durchquert das Gelände und folgt dann wieder dem Weg auf der anderen Seite der Salm zurück zum Kloster. Wir aber folgen nun weiter dem Mühlenpfad. Beim Überqueren der L 34 passen wir gut auf, da hier die Kurve etwas schwer einzusehen ist. Am Abzweig biegen wir rechts ab und folgen dem gesicherten Pfad hinab an den Fluss. Gleich darauf entdecken wir eine schöne Picknickmöglichkeit direkt am Wasser. Im Schatten der Bäume genießen wir unsere Brotzeit. Etwas bequemer und bei Wind und Regen trocken ist es einige Meter weiter an einer Schutzhütte mit mehreren Picknickbänken.

Salmtal Kurz danach kommen wir erneut an eine größere Brücke, die wir jetzt queren und dann, nach rechts abbiegend, den Ort Eisenschmitt über eine Wiese verlassen. Kurz bevor wir die Straße oberhalb erreichen, biegt unser Pfad rechts ab. An einigen Bänken vorbei, genießen wir unseren Weg entlang blühender Sträucher und Wiesen des Salmtals. Wir überqueren die Himmeroder Straße und setzen unseren Weg auf der anderen Straßenseite parallel zur Straße fort. Am Ende des Weges halten wir uns rechts und überqueren erneut die Straße. An einigen Häusern der Eichelhütte vorbei, geht es dann rechts ab auf das Gelände des Hotels Molitors Mühle.

Barfußpfad Nach dem Mühlenteich biegen wir links ab auf einen schmalen Pfad. Der Weg beschreibt schmale Windungen

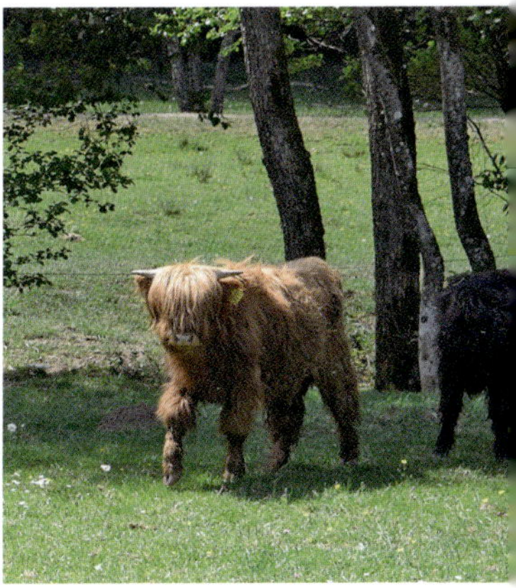

↑ **Üppige Pracht im Frühsommer**
↓ **Gepflegte Klosteranlagen**
→ **Highlands fühlen sich im Salmtal offenbar sehr wohl.**

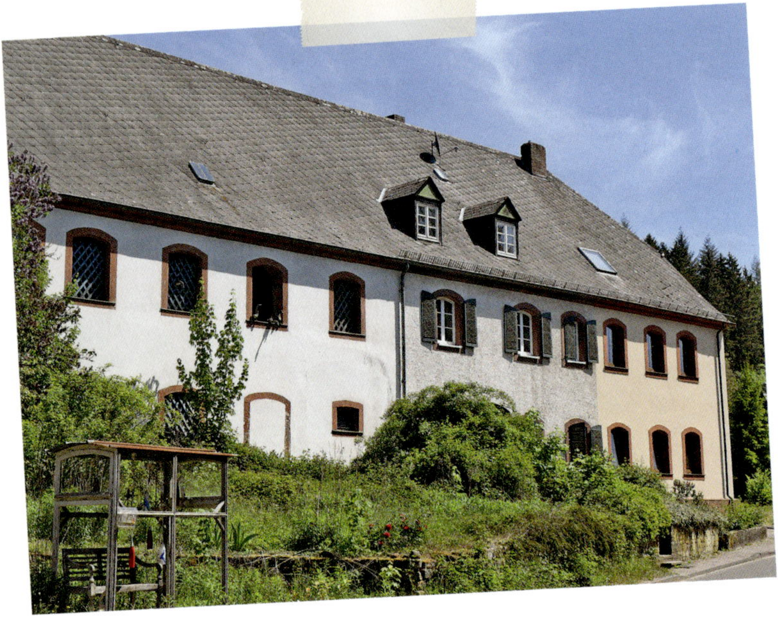

↑ **Malerische Häuser in Eisenschmitt**

wie der Mühlengraben – es macht Spaß, hier zu schlendern. Der Weg über weichen Wiesenboden ist als Barfußpfad ausgewiesen. Wir wechseln über kleine Brückchen kurz die Seite und gelangen schließlich zum Abtswehr. Nun öffnet sich der Blick. Vor uns liegt eine üppig gelb blühende Wiese und wir können die Abtei gut sehen. Tiefenentspannt erreichen wir so die Abtei wieder.

Klostergaststätte Nun spricht nichts mehr gegen einen Besuch der Bäckerei am Eingang der Abtei oder eine Einkehr in der Klostergaststätte. Diese bietet nicht nur schmackhafte regionale Eifelküche, zum Beispiel die Himmeroder Forelle mit Kräutern aus dem Klostergarten, sondern auch einen tollen Panoramablick über die Grünanlagen des Klosters. Dazu mundet Apfelsaft aus Himmeroder Äpfeln, ein Glas Riesling vom klostereigenen Weinberg oder ein Klosterbier. Doch Achtung: Letzteres hat ordentliche 10,5 Prozent Alkohol!

AUF EINEN BLICK

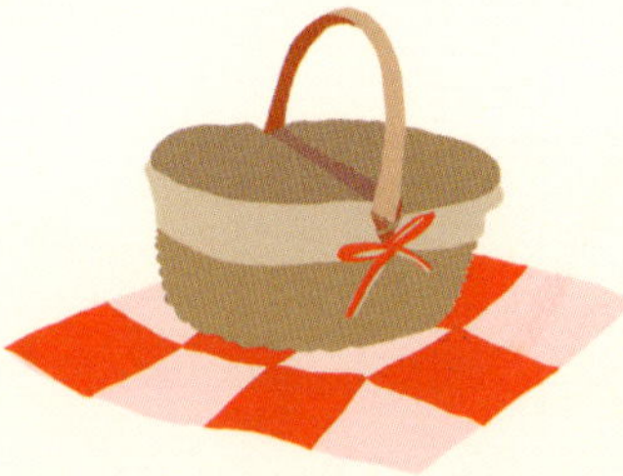

Tour 28: Tour für den Genuss

Dauer: 2.30 Std.

Höhenmeter: 198 Hm

Länge: 6,2 km

Schwierigkeit: Leicht

Tourencharakter: Meditativer Spaziergang

Ausgangs-/Endpunkt: Kloster Himmerod, Himmerod 3, Großlittgen

Anfahrt: **Pkw:** A 1 bis Manderscheid, weiter Richtung Großlittgen und Kloster Himmerod. Kostenfreie Parkplätze am Kloster
Bahn/Bus: Mit dem Bus 300 von Bernkastel-Kues Forum bzw. Wittlich Hbf nach Zehntscheune (Großlittgen), dann Bus 303 zur Abtei

Einkehr: Klostergaststätte (Mittwoch–Sonntag geöffnet) oder Bäckerei; Molitors Mühle (Eichelhütte 15, Eisenschmitt)

Information: www.abteihimmerod.de

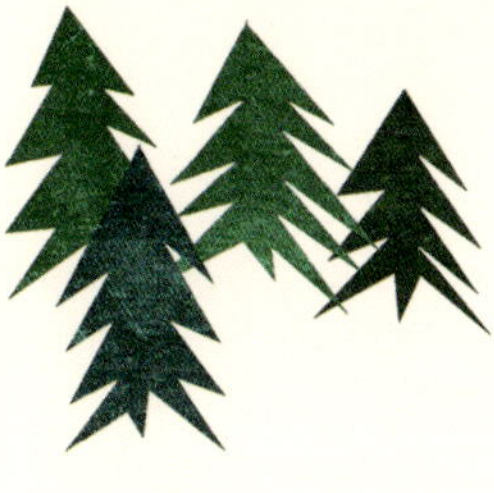

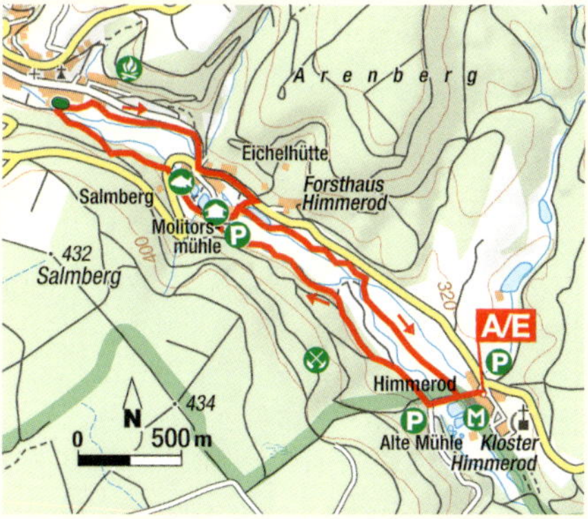

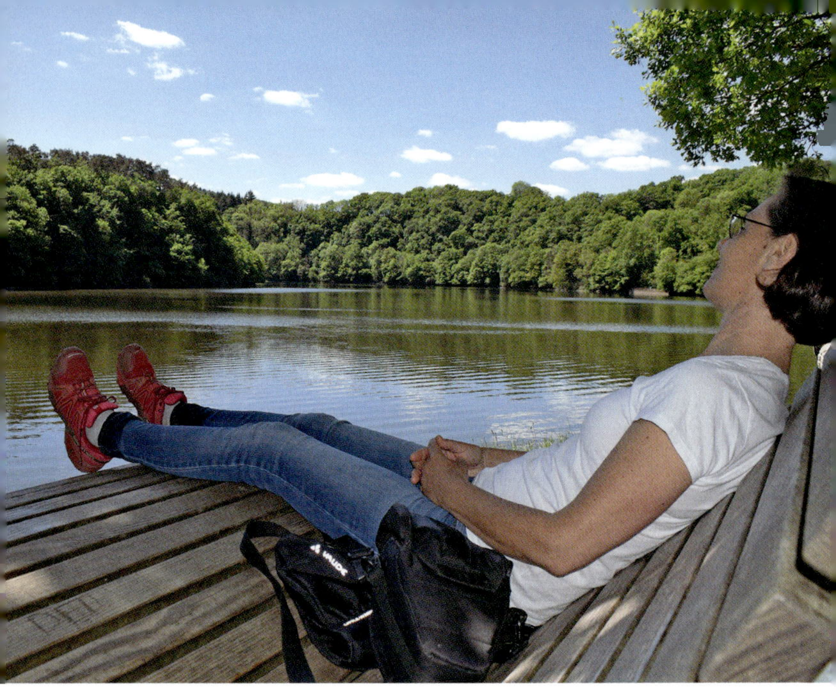

↑ Entspannung am See und … ↓ … stille Einkehr im Wald

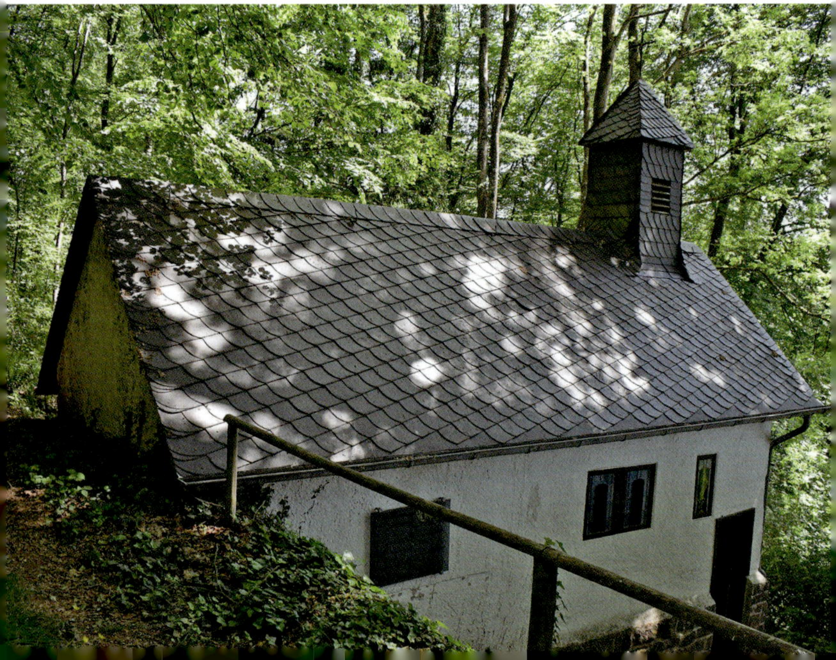

Tour für
TOUR 29
die Sinne

DER EINSIEDLER AM BITBURGER STAUSEE

Unterwegs im Naturpark Südeifel

Acht Kilometer, die es in punkto Entspannung in sich haben: Bei dieser Tour kombinieren wir den Rundweg um den Stausee Bitburg mit einem Ausflug zur Einsiedelei, die versteckt im Wald an einem Wiesenhang westlich der Prüm liegt.

Uferweg Wir starten auf der gegenüberliegenden Seite des Parkplatzes in Biersdorf am linken Ufer des Stausees im Uhrzeigersinn um den See. Unser Wegweiser ist zunächst die Nummer 16. Der gepflegte Schotterweg führt uns sanft auf- und absteigend bis zu einer Bank. Hier biegen wir scharf links auf einen kleinen Pfad, der uns nun aufwärts durch den Wald führt. Wir queren die Straße am Wanderparkplatz und setzen unseren Weg auf dem Pfad aufwärts fort. An der Einmündung in einen breiteren Forstpfad halten wir uns links. Wir folgen weiter der 16, können uns nun aber auch an den Beschilderungen zur Einsiedelei orientieren. Ein altes, großes Schild weist uns dann an einer Gabelung den Weg nach rechts. Über ein kleines Treppchen dringen wir immer tiefer in den Wald hinein.

Betörender Duft Haben wir anfangs noch die Straße hin und wieder vernommen, ist es nun ganz still und wir stellen uns vor, wie ein Einsiedler hier mitten im Wald wohl gelebt haben mag. Am Wegesrand wachsen im Mai betörend duftende Wildkräuter. Eine weiße Marienstatue weist uns den Weg, wir sehen rechts über uns bereits die kleine Kapelle am Wiesenhang. Entlang des aus Stein gehauenen Kreuzweges gelangen wir über einige Stufen hinauf zur Einsiedelei.

Einsiedelei Die schlichte Kapelle ist 1923 von dem Einsiedler Jakob Leisen gebaut worden, der seit 1906 in den Wäldern bei Wiersdorf Muße und

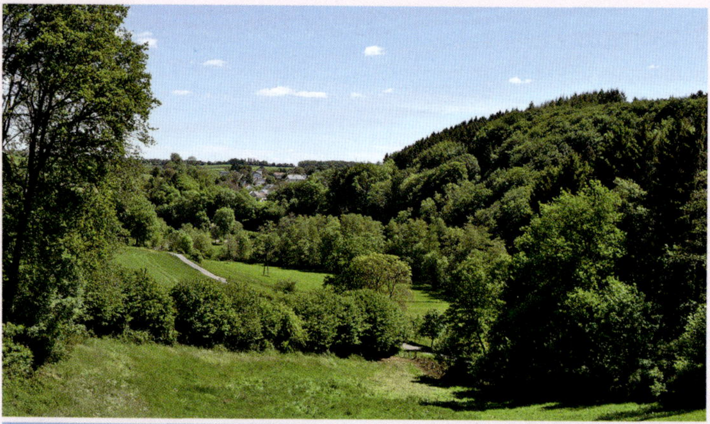

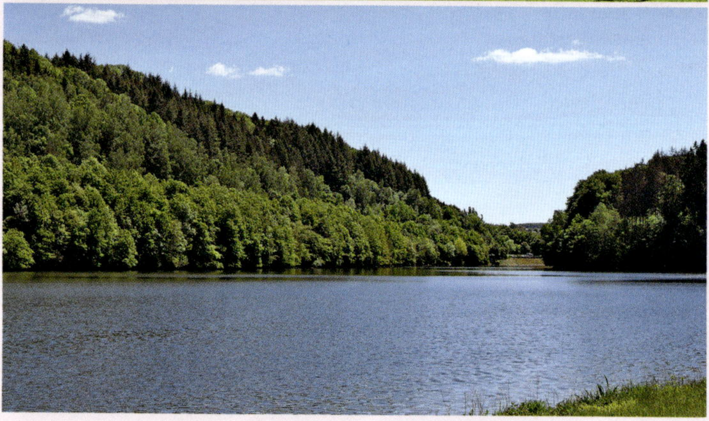

»In Ruhe Wurzeln schlagen kann nur,
wer aufhört, sich ständig umzuschauen
und herumzuziehen.«

Lucius Annaeus Seneca

innere Einkehr suchte. Zahlreiche Prozessionen aus den umliegenden Pfarrgemeinden führen an diesen Ort. Einige Ruhebänke befinden sich hier, und eine große Mariensäule sowie eine Lourdes-Grotte laden zur Andacht ein. Das schmucke Kirchlein ist geöffnet. Wir genießen die Stille. Außer ein paar Vögeln und dem Summen von Insekten ist gar nichts zu hören. Unweigerlich flüstern auch wir.

Schöner Blick Schwer trennen wir uns von diesem Ort. Über den Kreuzweg gelangen wir wieder auf unseren eigentlichen Weg. Nach einer Weile können wir einen schönen Blick über das Tal genießen. Kurz darauf biegen wir an einer breiten Einmündung rechts ab auf eine asphaltierte Straße. Wir erreichen eine Schutzhütte und halten uns hier rechts und an der kurz danach folgenden Gabelung erneut scharf rechts, stetig leicht bergauf. Nach einer Weile kommen wir erneut an einen Abzweig, der uns zur Einsiedelei führt, und wir können nun die Kapelle ein zweites Mal – diesmal von oben – sehen. Wir bleiben auf dem breiten Weg und wählen an der nächsten Gabelung den rechten Weg. Nun geht es stets abwärts, bis wir wieder auf die Markierung 16 stoßen.

Ab ans Wasser Über die Straße und den schmalen Waldpfad geht es hinab zum See. Dieses kleine Stück kennen wir bereits. An der Ecke mit der Bank biegen wir nun aber links ab. Zwei Wege stehen zur Wahl: Der rechts führt direkt ans Wasser und ein Stück am Wasser entlang, der links etwas oberhalb. Uns zieht es nun ans Wasser. Das Baden ist hier wie

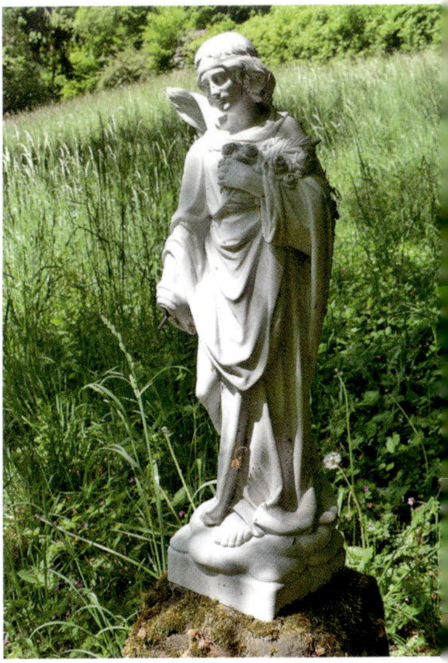

↑ **Blick in Richtung Wiersdorf**
↓ **Der 35 Hektar große Stausee Bitburg**
→ **Ort der Stille und der Andacht**

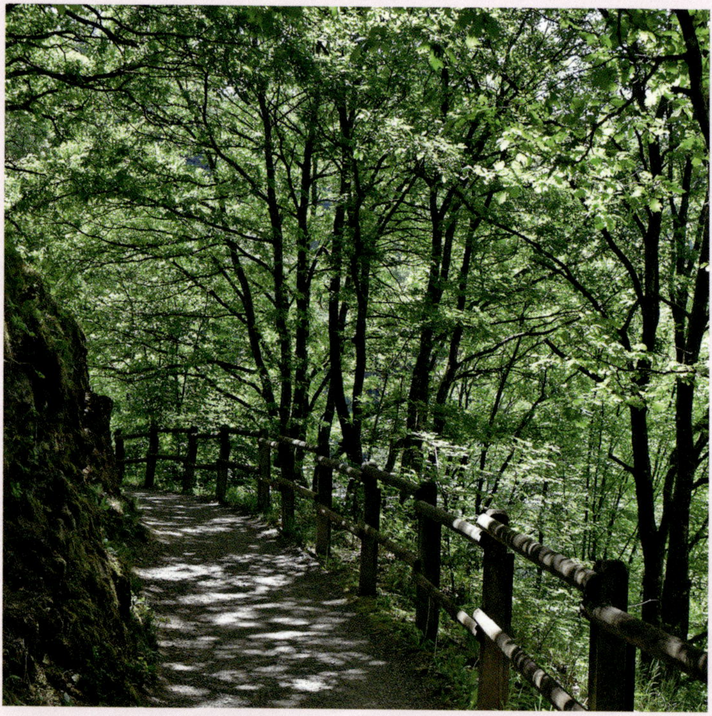

»Das Geheimnis des Vorwärtskommens besteht darin,
den ersten Schritt zu tun.«

Mark Twain

am ganzen 35 Hektar großen Stausee verboten, wir genießen dennoch die Rast auf der Wiese direkt am See. Wem das zu unbequem ist, findet entlang des Sees auch etliche Bänke und einige Liegen. An den Picknickbänken geht es wieder auf den oberen Weg, an einer Schutzhütte entlang. Wir bleiben nun stets auf dem geschotterten Weg, der zwischendurch kurz vom Ufer weg in ein Waldstück führt. Hier wie auch auf der anderen Seite können wir immer wieder imposante Buntsandsteinformationen bewundern, und hier und da öffnet sich der Blick auf den in der Sonne glitzernden See.

Wassertretbecken Über eine Brücke queren wir schließlich die Prüm und folgen dann dem Seeufer-Rundweg weiter. Auf dieser Seite ist der Weg asphaltiert und deutlich stärker begangen als auf der anderen Seite. Dafür warten erneut viele Bänke und Sinnesliegen auf erschöpfte Wanderer. Richtig fit werden wir wieder, nachdem wir unsere Beine im Wassertretbecken erfrischt haben. Es kostet doch immer wieder Überwindung, forschen Schrittes durch das eiskalte Wasser zu schreiten. Inzwischen ist es Sonntagnachmittag, wir haben uns viel Zeit gelassen, und besonders am Wassertretbecken viel Zeit verbracht. Um uns herum ist es nun quirlig geworden, der Seeufer-Rundweg lockt besonders am Wochenende viele Spaziergänger an. Wir flanieren gemächlich an einem Imbiss mit schönem Spielplatzgelände vorbei und gelangen auf einem Schotterweg schließlich wieder zum Parkplatz.

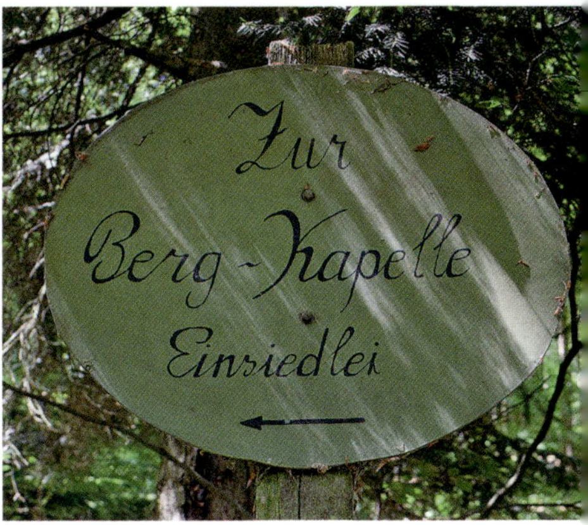

← **Ein bequemer Pfad führt um den See.**
→ **Eine so schmucke Beschilderung ist selten.**

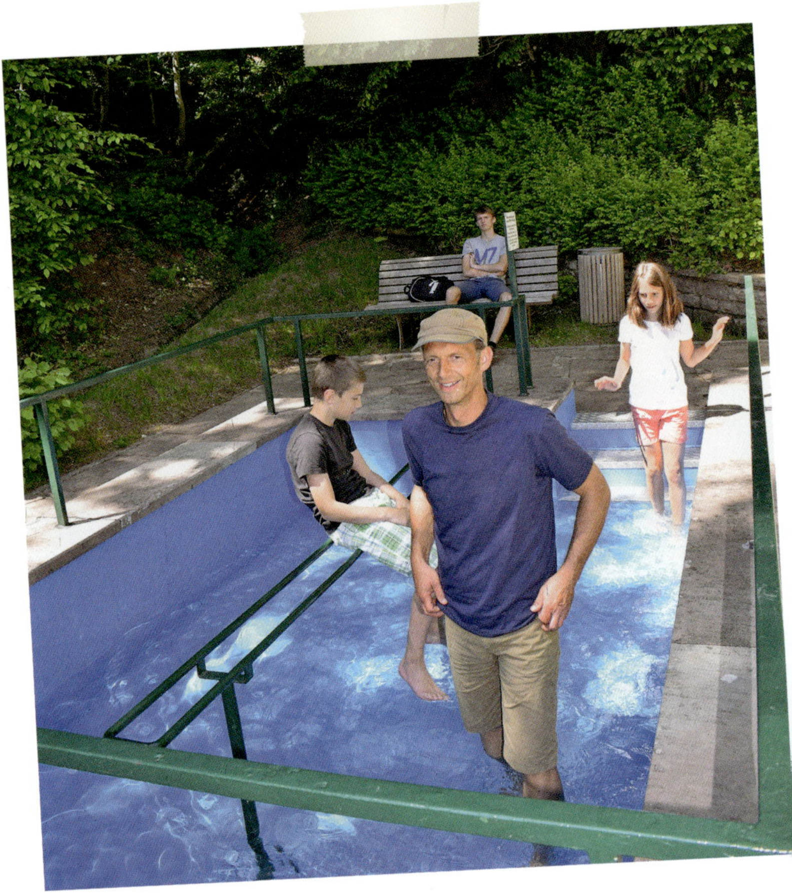

↑ **Hier ist ein bisschen Überwindung notwendig.**

Tipp

Der schon 1958 gegründete Naturpark Südeifel ist der älteste Naturpark in Rheinland-Pfalz und der zweitälteste in Deutschland. Er gehört zum ersten länderverbindenden Naturpark in Europa, dem Deutsch-Luxemburgischen Naturpark. Unter dem Begriff NaturWanderPark delux sind in der Region 23 empfehlenswerte Premiumwanderwege zusammengefasst.

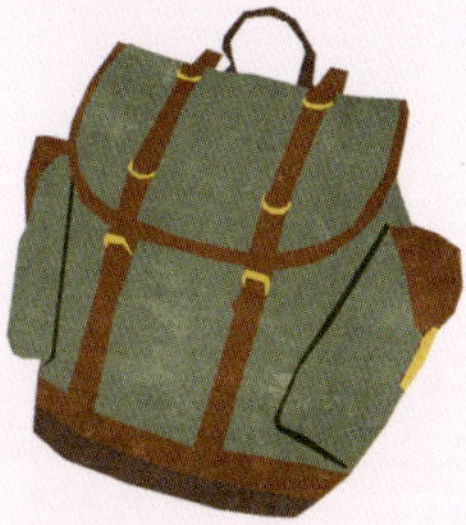

AUF EINEN BLICK

Tour 29: Tour für die Sinne

Dauer: 3 Std.

Höhenmeter: 178 Hm

Länge: 8,2 km

Schwierigkeit: Leicht

Tourencharakter: Abwechslungsreiche Tour, die alle Sinne anspricht

Ausgangs-/Endpunkt: Wanderparkplatz Stausee, Biersdorf am See

Anfahrt: **Pkw:** Über A 1 und B 51 bis Bitburg, Beschilderung zum See folgen
Bahn/Bus: Bahnverbindungen bis Bitburg-Erdorf, von dort Busverkehr bis Biersdorf. Rhein-Mosel-Bus und VRT-Linie

Einkehr: Ferdis Bootshaus (Imbiss)

Information: www.eifel.info und www.eifel-direkt.de

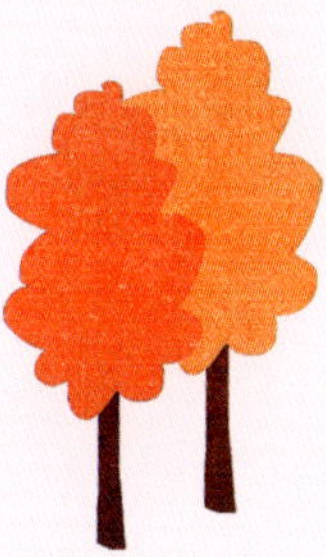

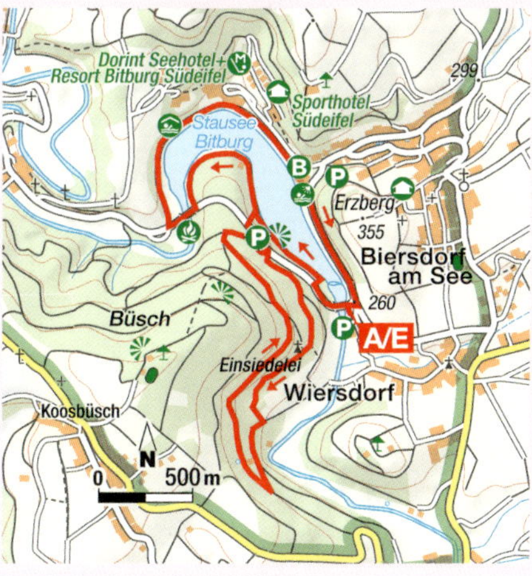

Holzstege führen sicher durch das Hohe Venn.

BELGIEN/LUXEMBURG

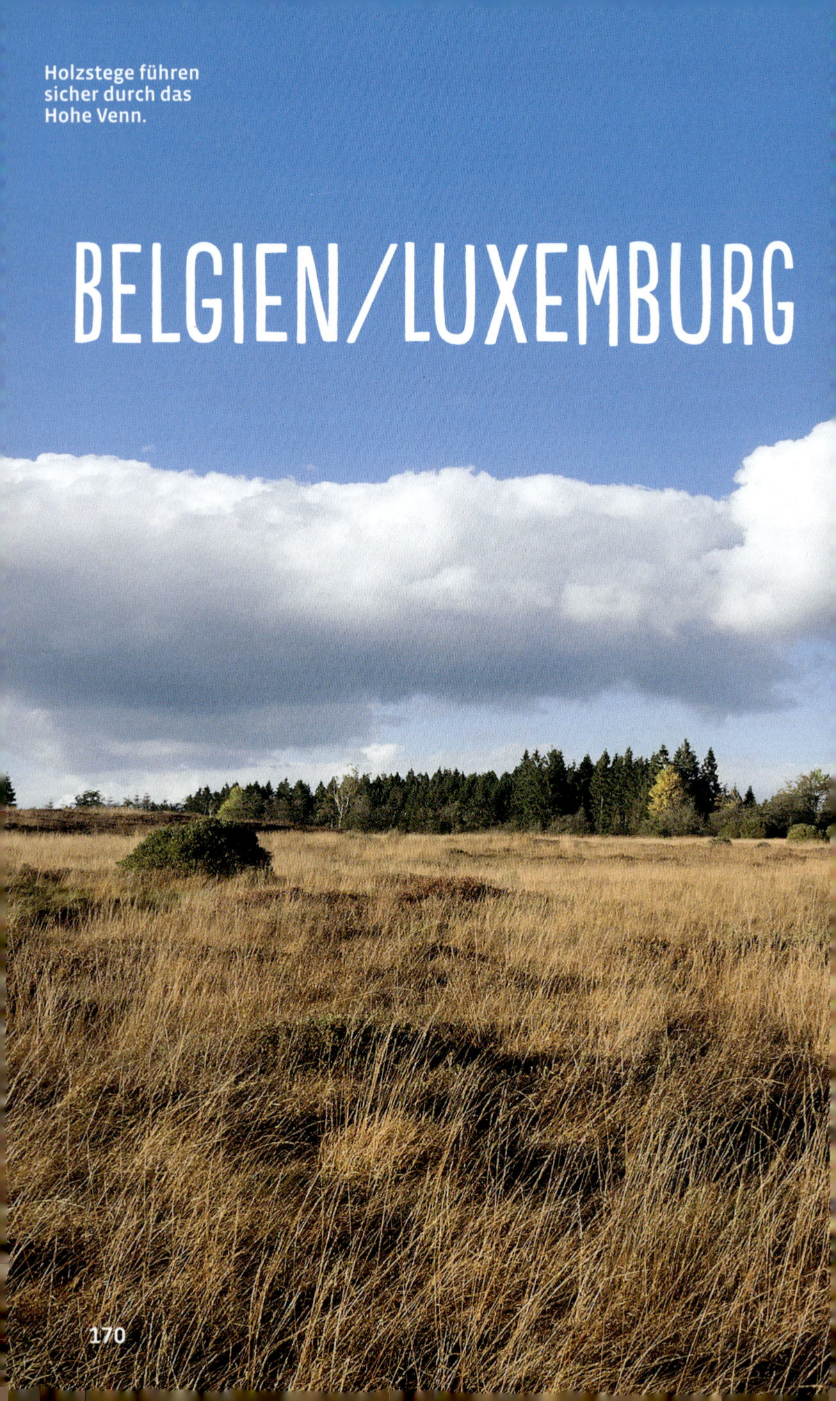

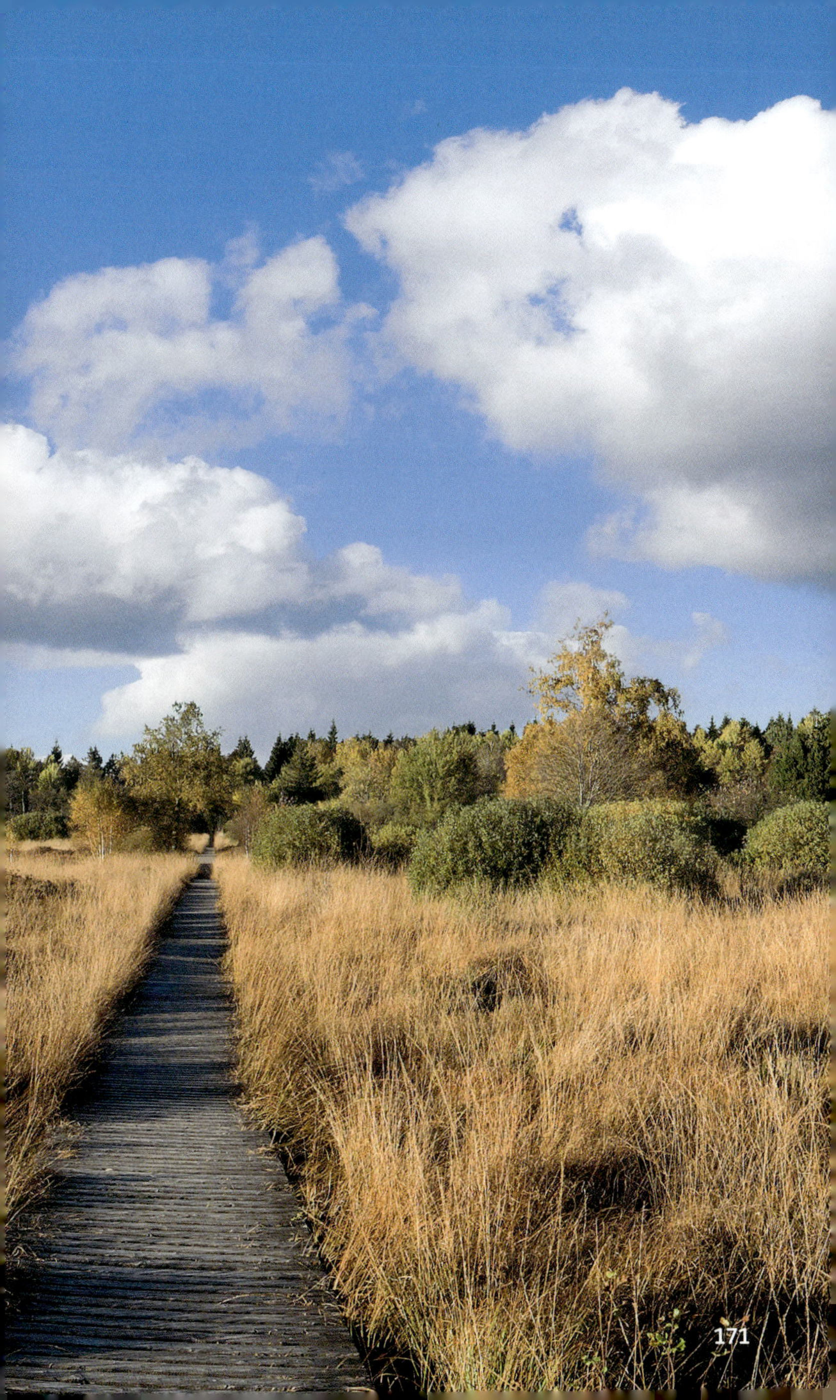

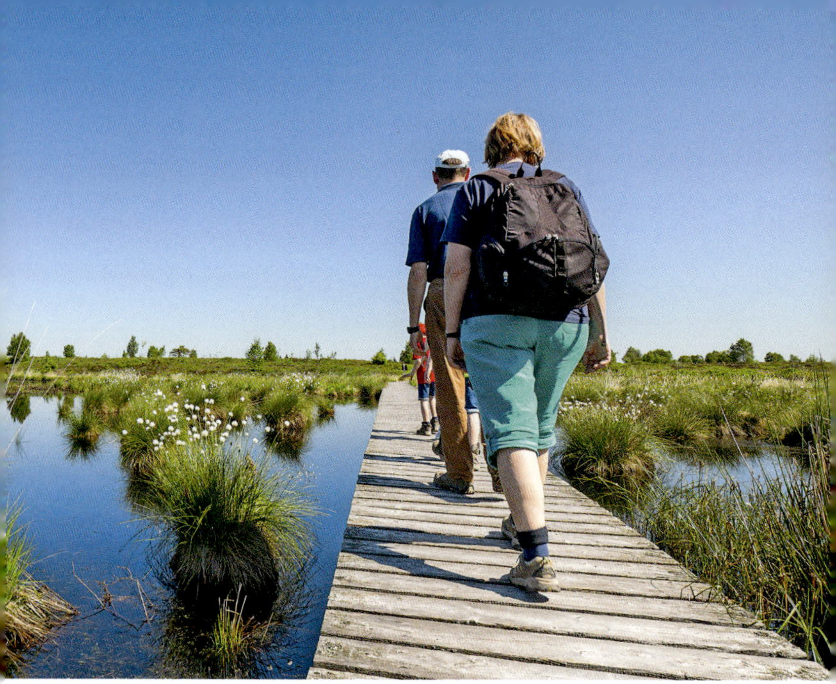

↑ Immer auf dem Weg bleiben! ↓ Eindrucksvolle Natur

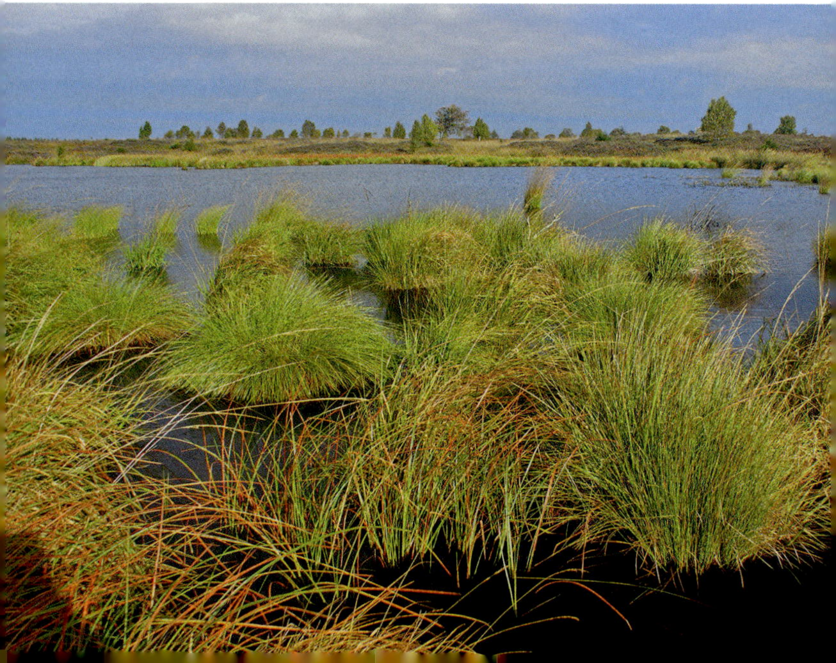

ZU KAISER KARLS BETTSTATT

Tour TOUR 30 ohne Uhr

Auf Holzstegen durch das Brackvenn

Wenn eine Gegend in der Eifel die Charakterisierung »mystisch« verdient hat, dann ganz sicher das Hohe Venn. Unsere Tour führt grenzüberschreitend nach Belgien und dort weiter über Holzstege zu Kaiser Karls Bettstatt.

Brackvenn Los geht es an der Infotafel am Parkplatz Grenzweg bei Mützenich vorbei auf breitem Forstweg durch den Wald. Erst wird der Wald lichter, dann führt der Weg entlang offener Moorlandschaft. An der Infotafel betreten wir rechts abbiegend das Brackvenn. Ab jetzt sind wir auf Holzstegen unterwegs, die an manchen Stellen gerade mal 50 Zentimeter breit sind und hier und da auch morsch sein können. Hunde dürfen selbst an der Leine hier nicht mitgeführt werden. Vorbei an einigen Moortümpeln, gelangen wir zu einem Wegekreuz. Wir halten uns geradeaus in Richtung Getz. Am Aussichtspunkt Misten folgen wir rechts abbiegend dem schmalen Pfad mit dem Hinweis Rundweg. Nun wechseln sich schmale Holzstege mit unbefestigten Pfaden ab, wir wandern parallel zur Straße. An der nächsten Gabelung folgen wir weiter dem Hinweis Rundweg. Dieses Wegstück ist stark durchwurzelt, sodass wir gut aufpassen müssen, nicht zu stolpern. Auch die Holzstege fordern unsere Aufmerksamkeit, fehlen doch immer wieder einzelne Bretter.

Hohes Venn Immer wieder kreuzen Wanderer unsere Wege. Angesichts des sehr vollen Wanderparkplatzes bei Ankunft, haben wir nichts anderes erwartet. Aber der weite Blick über die Moorlandschaft und die Stille, die uns auf den Stegen umgibt, strahlen trotzdem eine ganz besondere Ruhe aus. Das Hohe Venn bietet zu jeder Jahreszeit ein beeindruckendes Farbspektrum! An der nächsten Gabelung verlassen wir den Rundweg und

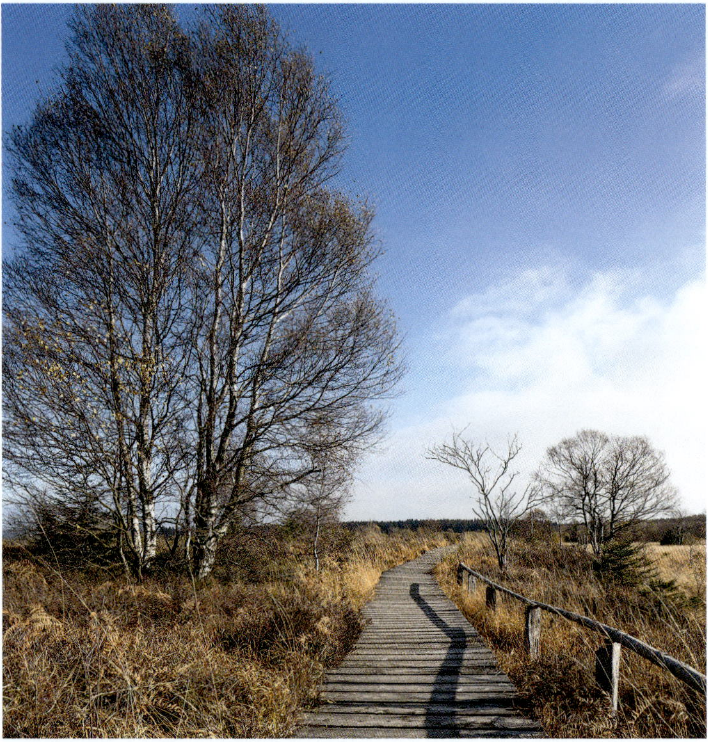

»Des Wanderns Lust ist,
dass man die Zwecklosigkeit genießt.
Genüge im eigenen Selbst zu finden,
das ist des Wanderns höchste Stufe.«

Lieh Tse

halten uns entlang des Geländers links bis zur Straße. Wir queren diese und wandern am Wanderparkplatz Nahtsief vorbei. Dann folgen wir dem Holzschild »Kaiser Karls Bettstatt« nach rechts ins Moor. Dort, wo keine Holzstege den Weg weisen, kann es mitunter ziemlich matschig werden. Nach einem Aussichtsbalkon geht es rechts ab. Sowohl die rot-weiße Markierung als auch das bereits bekannte Holzschild geben uns Orientierung.

Kaiser Karls Bettstatt Noch einmal biegen wir mit dem Holzschild nach links ab, dann verlassen wir das Moorgebiet und biegen rechts auf einen breiten Wiesenpfad ab. Eine Bank mit Infotafel bietet eine willkommene Pausenmöglichkeit. Direkt dahinter geht es links auf einen schmalen Pfad in den Wald. An der nächsten Gabelung halten wir uns links und laufen nun geradewegs auf zwei markante Quarzitblöcke zu – Kaiser Karls Bettstatt. Allzu komfortabel ist das Probeliegen allerdings nicht. Bequemer sind die zahlreichen Bänke ringsum.

Permafrostboden Wir biegen an der Schutzhütte rechts ab Richtung Palsen. Auf breitem Forstweg folgen wir dieser Markierung nun 0,7 Kilometer, weggleich mit dem Eifelsteig. Wir kommen an einen Aussichtsturm mit Picknickbank und Baumtelefon und biegen hier gemäß dem Hinweis Palsen rechts ab. Ein kleiner Abstecher über einen Holzsteg führt uns zu rundlich-ovalen, niedrigen Bodenerhebungen. Sie sind in der letzten Eiszeit vor etwa 10.000 Jahren in Mooren im Permafrostboden entstanden. Wieder zurück auf dem Hauptweg, gehen wir bis zur Straße, queren diese und wandern dann über den Parkplatz auf die befestigte Straße. Rechts liegen vereinzelt Höfe, nach etwa 400 Metern biegen wir an dem gelben

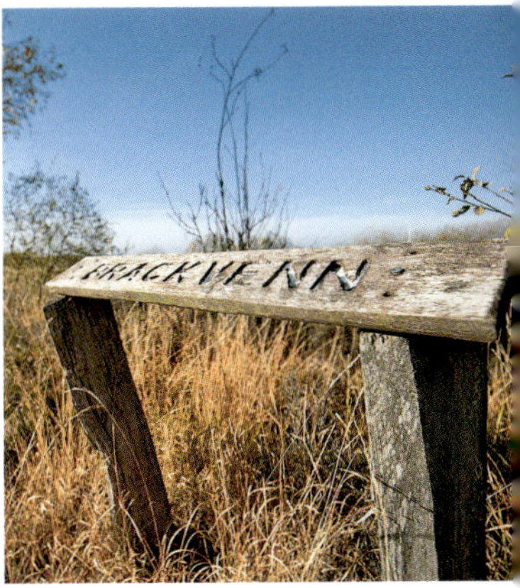

← Die Moorlandschaft strahlt viel Ruhe aus.
→ Das Brackvenn liegt westlich von Mützenich in Belgien.

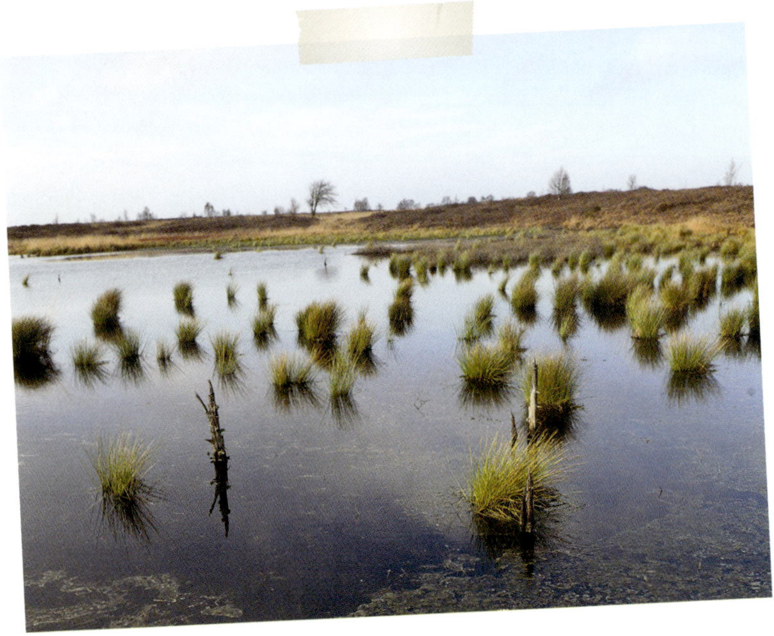

↑ **Kleiner Tümpel im Hohen Venn**

Haus mit der Nr. 2 rechts ab. Über einen Feldweg gelangen wir wieder in den Wald. Bei der ersten Möglichkeit halten wir uns rechts und kommen so auf den breiten Forstweg, der nur wenige Meter von unserem Startpunkt entfernt ist. Vielleicht geht es Ihnen nun wie mir und es zieht Sie immer wieder ins Venn (= Moor).

Info

Der Sage nach sollen sich Kaiser Karl und sein Gefolge einst bei einem Jagdausflug im Venn verirrt haben. So musste die Gesellschaft die Nacht im Wald zubringen und Kaiser Karl soll ganz vorzüglich auf dem Felsen genächtigt haben. Ein Diener wollte ihm noch eine Mütze reichen. Doch der schläfrige Kaiser soll nur geantwortet haben: »Mütze nich'«. So erklärt sich dann auch der Name des Monschauer Stadtteils Mützenich. Wer's glaubt …

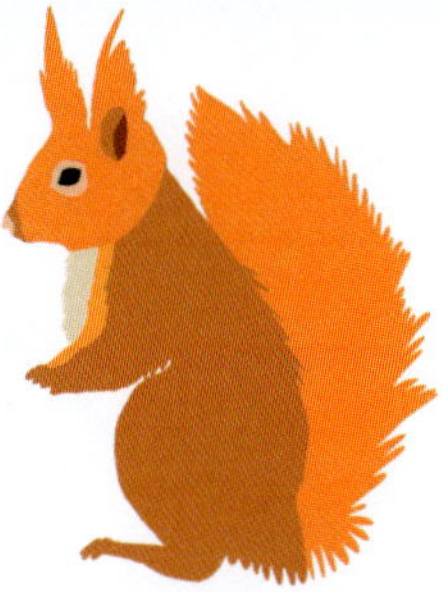

AUF EINEN BLICK

Tour 30: Tour ohne Uhr

Dauer: 3 Std.

Höhenmeter: 65 Hm

Länge: 10,2 km

Schwierigkeit: Leicht

Tourencharakter: Einfache Wanderung durch ungewöhnliche Landschaften

Ausgangs-/Endpunkt: Parkplatz Grenzweg, N 67 (Alternativ: Parkplatz Nahtsief)

Anfahrt: **Pkw:** Mit dem Auto Anfahrt über N 67 zum Wanderparkplatz Grenzweg direkt an der deutsch-belgischen Grenze auf belgischer Seite.
Bahn/Bus: Anfahrt mit Bus 85/385 ab Eupen und Monschau, Station Mützenich Zoll. Der Parkplatz (wie auch der Parkplatz Nahtsief) ist meist am Wochenende schnell überfüllt – daher startet die Tour ab Grenzweg.

Einkehr: Unterwegs keine. 4 km Richtung Eupen bietet das empfehlenswerte Restaurant Ternell´s mit Holzofen und Biergarten regionale Küche in gemütlicher Atmosphäre.

Information: Wegen Brandgefahr kann der Zugang zu den Naturschutzgebieten im Hohen Venn nach längerer Trockenheit gesperrt sein (Rote Fahne). Infos über Zugangsbeschränkungen unter www.ostbelgien.eu

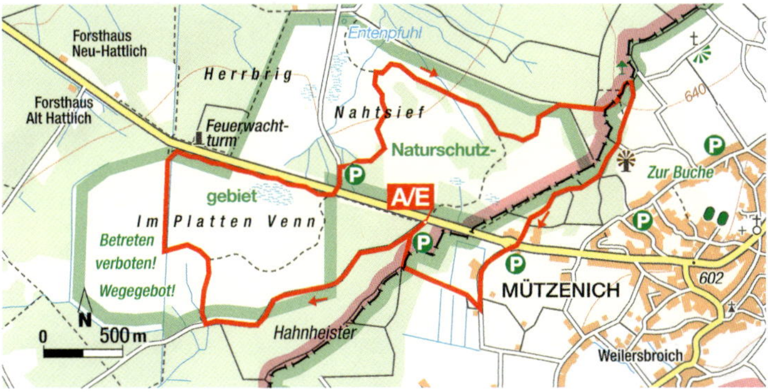

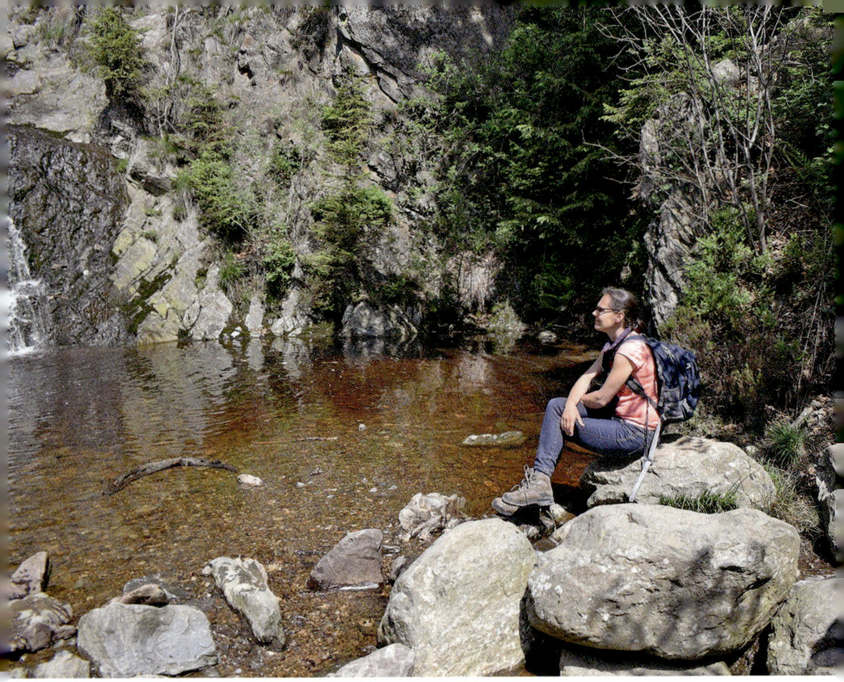

↑ Herrliche Picknickplätze sind reichlich vorhanden. ↓ Sicher durchs Venn.

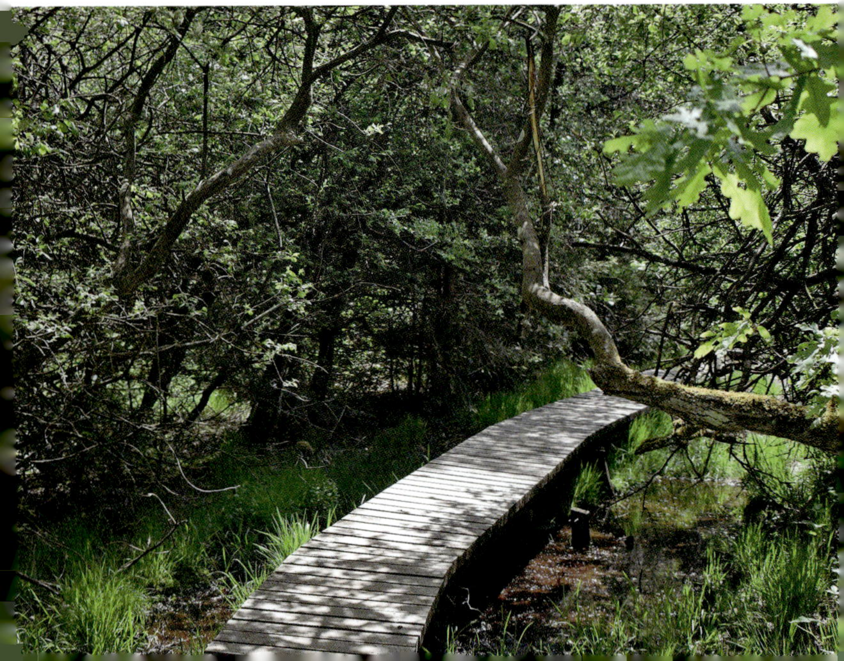

WASSER, BRÜCKEN, FELSEN

Tour für TOUR 31 den Genuss

Der Bayehon-Wasserfall im Hohen Venn

Der abwechslungsreiche Weg und die imposante Naturkulisse garantieren entspannte Wanderlaune. Für den Genuss sorgen herausragende Picknickstellen und das eigene Butterbrot sowie die Einkehr am Ende der Tour.

Holzbrücken Direkt in der Haarnadelkurve der Route de Bayehon beginnt unsere Wanderung entlang des Baches. Unser Symbol ist das grüne Rechteck. Schon nach wenigen Metern haben wir die Qual der Wahl: Entweder links über eine kleine Holzbrücke mit einseitigem Geländer oder rechts daneben durch die Furt. Letztere führt recht viel Wasser und so nehmen wir die Brücke. Wir folgen dem gut ausgebauten Weg und lassen einen Pfad rechts bergan links liegen. Es geht direkt am Bach entlang, bis wir, der Markierung weiter folgend, rechts bergan ein kurzes, steiles Stück auf steinigem Pfad bewältigen. Oben angekommen, könnten wir die Sitzbank für eine Pause nutzen. Viel schöner, wenngleich etwas anstrengender ist es aber, die kleine Schlucht vor uns etwa 25 Meter hinabzuklettern und auf einer Vennwacke direkt am Bayehon-Wasserfall ausgiebig zu rasten. Neun Meter rauscht der Vennbach hinab in ein natürliches Becken.

Tirifaye Venn Wir klettern wieder zurück zum Hauptweg und gehen dann rechts leicht aufwärts einen Pfad entlang, der uns zu einer lichten Anhöhe mit Schutzhütte führt. Dahinter geht es weiter am Bachlauf entlang entgegen der Fließrichtung. Wir bewegen uns auf einem steinigen und mit Baumwurzeln durchsetzten Pfad. Immer schmaler wird der Pfad, wir streifen Wacholderbüsche und Farne. Über Holzstege erreichen wir einen weiteren Picknickplatz. Hier queren wir die breite Forststraße und gehen weiter geradeaus. Bei Nässe kann es an dieser Stelle morastig werden. Links

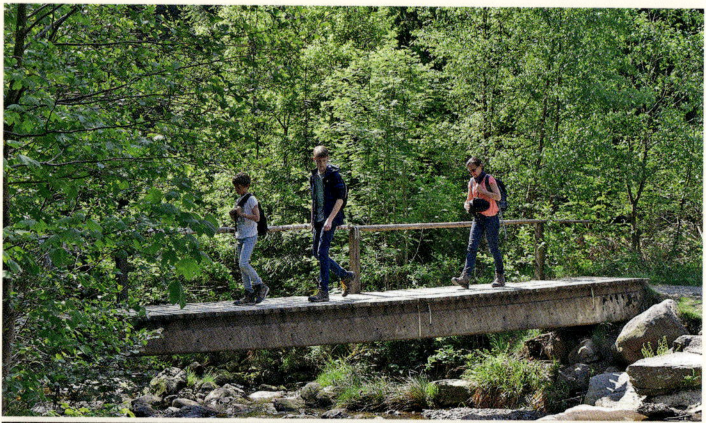

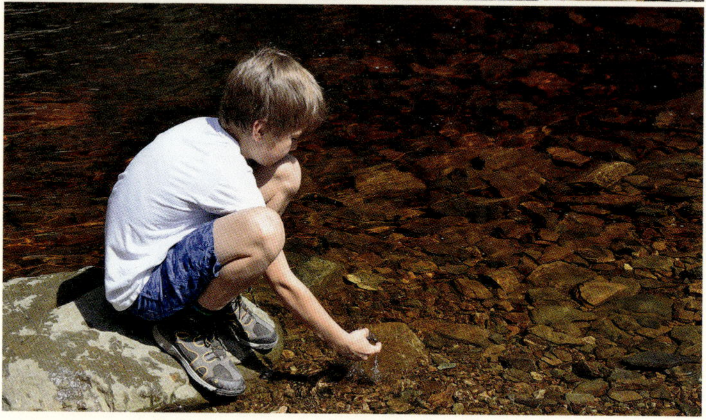

»Freundschaft fließt aus vielen Quellen,
am reinsten aus dem Respekt.«

Daniel Defoe

erblicken wir eine uralte Eiche, dann geht es bald links ab ins wunderschöne Tirifaye Venn durch Moor- und Heidelandschaft mit weiter Sicht. Auch hier, auf der Hochebene des Hohen Venns, kann es je nach Jahreszeit matschig werden. Der Weg mündet nun in einen breiten Forstweg. Wir achten darauf, dass wir nach etwa 300 Metern den Pfad nach rechts nicht verpassen. Nun sind wir wieder auf feinem Grasweg durch den Wald unterwegs. Wir queren die Fahrstraße und durchstreifen die Schlucht entlang des Baches Pouhon, der immer wieder herausragend schöne Raststellen direkt am Wasser bietet.

Bayehon-Mühle Der Weg führt schließlich über eine Brücke, für kurze Zeit laufen wir rechts des Baches, dann wechseln wir bei der nächsten Bank über eine Brücke erneut die Seiten. Hier treffen sich die Bäche Pouhon und Bayehon. Nun geht es leicht bergan entlang des Bayehon, mal linksherum, mal rechts, Brücken helfen uns auch hier. Wir kommen direkt an der Bayehon-Mühle heraus. Im wunderschönen Biergarten lassen wir uns eine frische belgische Waffel gut schmecken. Herzhafte regionale Köstlichkeiten und viele lokale Biersorten ergänzen das Angebot für hungrige Wanderer. In Richtung Cascade gehen wir gestärkt einige Meter nach links die Straße hinauf und sind wieder am Ausgangspunkt.

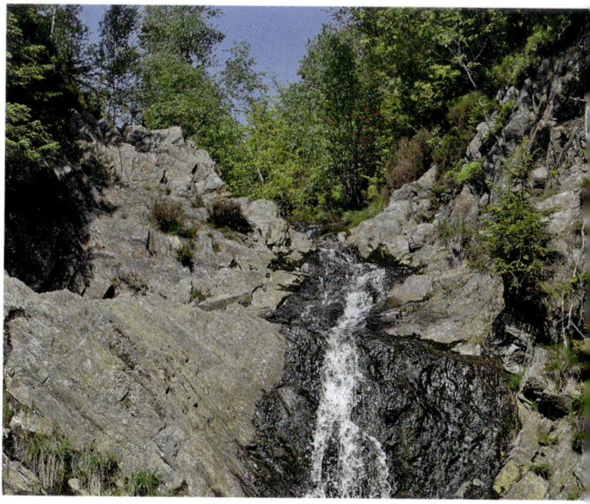

↑ **Abwechslung ist garantiert.**
↓ **Pause am Wasserfall**
→ **Neun Meter rauscht der Vennbach hinab.**

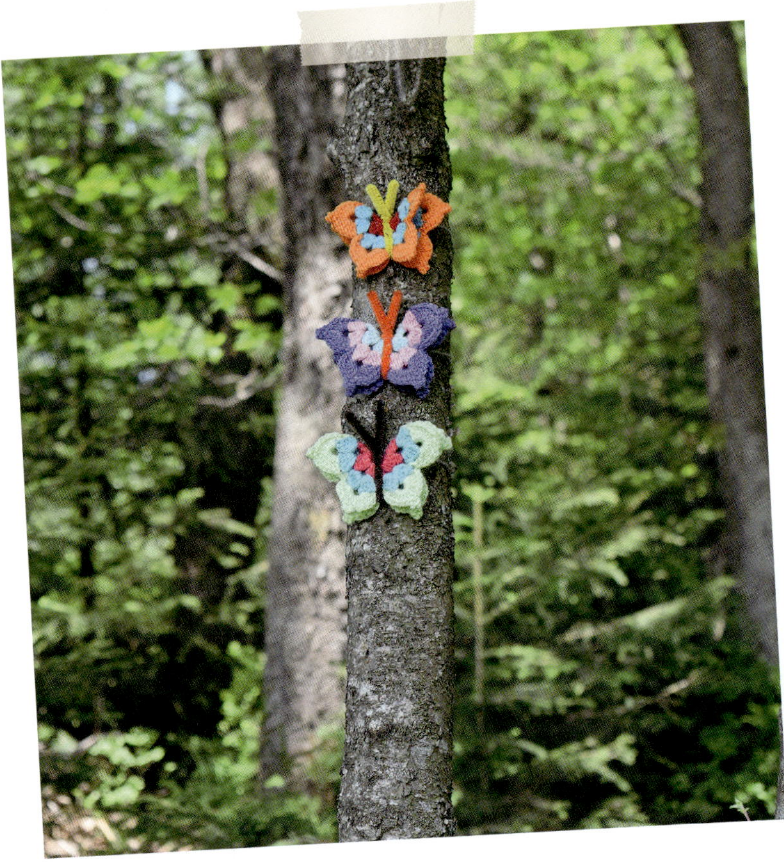

↑ **Ganz besonders seltene Schmetterlingsarten**

Tipp

Das Wasser in den Bächen des Hohen Venns wirkt oft sehr braun. Verursacht wird die Färbung durch Eisen, Mangan und organische Stoffe, die sich im Wasser gelöst haben. Auch die Schaumkronen sind natürlichen Ursprungs. Sie entstehen, wenn sich bestimmte Säuren im Wasser mit Sauerstoff verbinden. Das passiert besonders oft an verwirbelten Bachpassagen. Ungenießbar ist das Wasser allemal.

AUF EINEN BLICK

Tour 31: Tour für den Genuss

Dauer: 3.30 Std.

Höhenmeter: 160 Hm

Länge: 9 km

Schwierigkeit: Mittel–anspruchsvoll

Tourencharakter: Sehr abwechslungsreiche Tour in imposanter Natur, teils anspruchsvollere Passagen

Ausgangs-/Endpunkt: Wanderparkplatz unterhalb von Longfaye in Richtung Ovifat direkt in der Haarnadelkurve, Parkmöglichkeiten entlang der Route du Bayehon

Anfahrt: **Pkw:** Von Aachen über A 44 bis Eupen, dann Richtung Malmedey auf N 68, links ab Richtung Longfaye

Einkehr: Le Moulin du Bayehon; Öffnungszeiten beachten! www.lemoulindubayehon.be

Ausrüstung: Unbedingt feste und möglichst wasserdichte Schuhe

Information: www.ostbelgien.eu

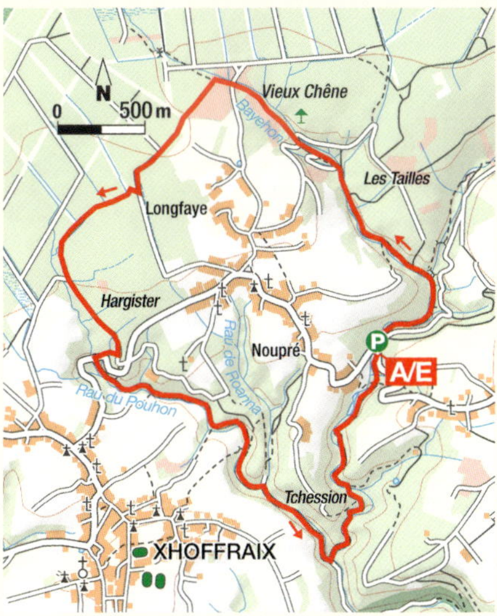

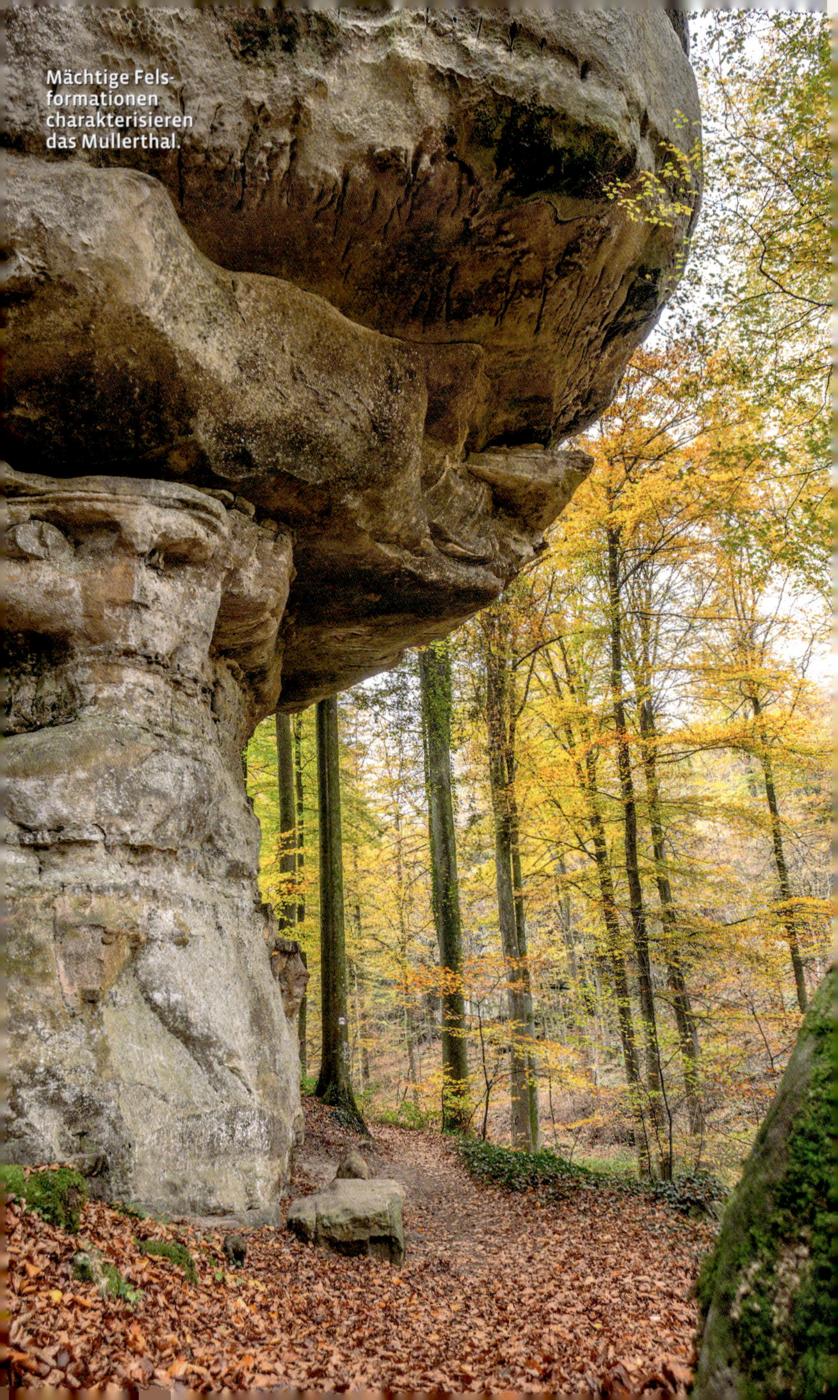

Mächtige Felsformationen charakterisieren das Mullerthal.

DURCH DIE KLEINE LUXEMBURGER SCHWEIZ

Tour
TOUR 32
ohne Uhr

Highlights im Mullerthal

Ein romantischer Wasserfall, enge Schluchten und bizarre Felsformationen: Diese Tour führt über einen der schönsten Abschnitte des Mullerthals in Luxemburg.

Schiessentümpel Wir folgen an der Heringer Mühle der Rue des Moulins bis ans Ende, vorbei an der Touristinfo. Vor dem Campingplatzgelände halten wir uns rechts. Nachdem wir den Belleger Bach über eine kleine Brücke überquert haben, folgen wir dem Mullerthal Trail in Richtung Schiessentümpel. Nur wenige Minuten, dann sind wir da. Der Wasserfall mit drei Kaskaden zählt zu den beliebtesten Fotomotiven im Mullerthal. Wir queren die Straße und steigen gegenüber einige Stufen bergauf. Nun wird es immer felsiger. Wir kommen an eine weitere Straße, die wir überqueren und wandern schließlich zur Eulenburg. Auch die weiteren Felsschluchten, die wir gleich erreichen, haben klangvolle Namen: Die Goldfralay lädt mit einem großen »Entree« dazu ein, über enge Stufen und durch dunkle Spalten zu kraxeln. Eine Taschen- oder Stirnlampe brauchen wir (noch) nicht unbedingt, aber echte Höhlenforscher gehen natürlich nicht ohne. Buchstäblich hinter jeder Kurve warten nun neue, bizarre Felsformationen darauf, entdeckt zu werden. Längst ist uns klar, warum das Mullerthal auch als »Kleine Luxemburger Schweiz« bezeichnet wird.

Consdorf Nach der Goldkaul kommen wir nach etwa 1,5 Kilometern an eine Straße, die wir geradeaus überqueren. Noch ein kleines Stück, dann geht es links über ein Brückchen in Richtung Consdorf. Erst durch den Wald, dann über eine Weide erreichen wir nach knapp einem Kilometer das kleine Örtchen. Wir halten uns links Richtung Kirche und erreichen über die Rue Buurgkapp den Campingplatz La Pinede. Gegenüber der

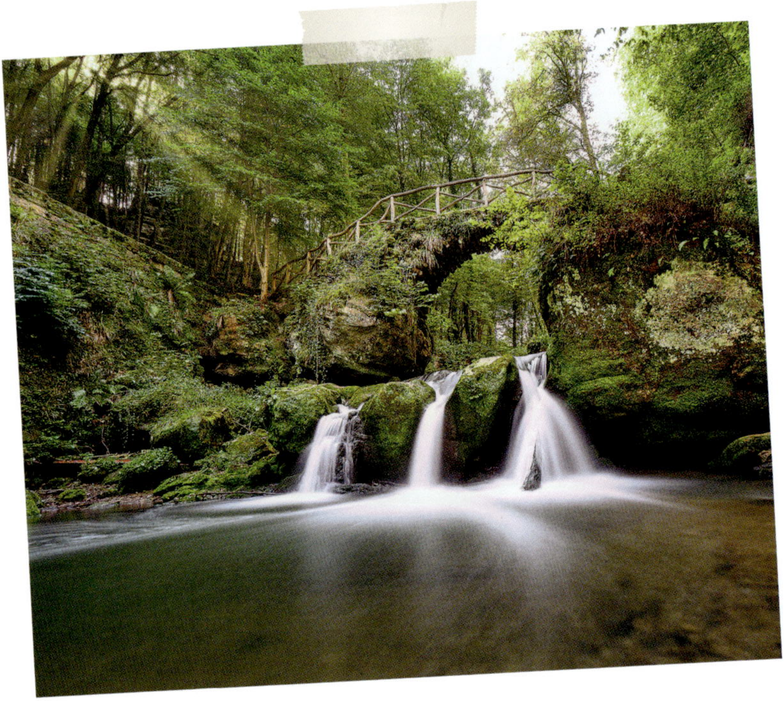

↑ **Der Schiessentümpel ist ein beliebtes Fotomotiv.**

Touristinfo geht es an einer Infotafel über Stufen hinab in den Wald. Kurz darauf überqueren wir eine Brücke. Auf der gegenüberliegenden Seite können wir den Wegverlauf schon gut sehen. Jetzt steigt der Pfad immer wieder ordentlich an. Wir erreichen die Budderkammer Felsen und überschreiten eine weitere Brücke. An der Schelmenlay legen wir eine Pause ein. Nun geht es mit Wegzeichen C6 wieder hinauf. Über Stufen steigen wir zur Rammelay auf und verlassen dafür für wenige Meter den Pfad. Wieder zurück geht es abwärts, bis wir auf einen Querweg kommen. Wir folgen nach links und stehen kurz darauf an einem Abzweig, der uns nach rechts führt. Am nächsten Querpfad geht es mit dem M-Logo bis zu einem Haus und weiter zur Straße. Weil der Weg über den Bach während unserer Tour gesperrt ist, müssen wir der Straße nach links folgen. Vorbei am Hotel »Cascades du Mullerthal« gelangen wir zum Ausgangspunkt.

AUF EINEN BLICK

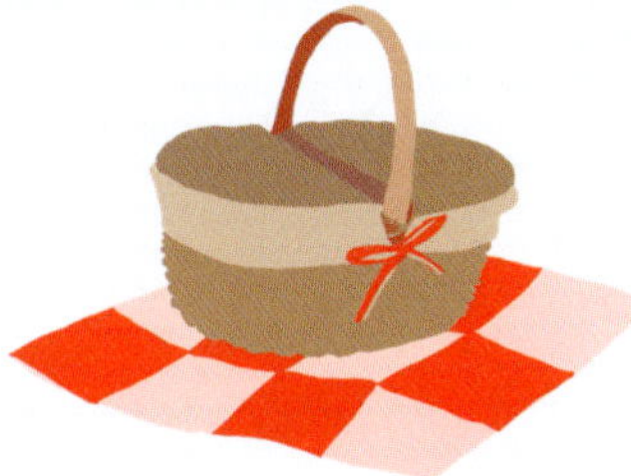

Tour 32: Tour ohne Uhr

Dauer: 3.30 Std.

Höhenmeter: 200 Hm

Länge: 10 km

Schwierigkeit: Schwer

Tourencharakter: Sportlichere Runde für trittsichere Wanderer in atemberaubender Natur

Ausgangs-/Endpunkt: Großer Parkplatz an der Heringer Mühle, Rue des Moulins, Mullerthal

Anfahrt: **Pkw:** Über B 257 ab Bitburg nach Echternach, weiter über Consdorf nach Mullerthal
Bahn/Bus: Mehrere Busverbindungen ab Echternach

Einkehr: Bitte Proviant mitnehmen

Ausrüstung: Feste Schuhe, Taschenlampe

Information: Touristcenter Heringer Millen, 1, Rue des Moulins, L-6245 Mullerthal, Tel. +352 87 89 88, www.mullerthal.lu/de/home

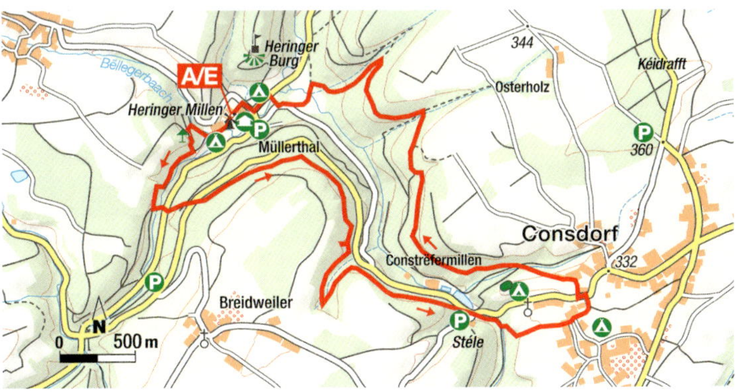

REGISTER

IMPRESSUM

Verantwortlich: Stefanie Krüger
Redaktion und Lektorat: Marion Landwehr
Layout: Elke Mader
Umschlaggestaltung und Illustrationen: Eva Wünsch
Kartografie: Bruckmann Verlag GmbH, Heidi Schmalfuß
Repro: Ludwig Media
Herstellung: Alexander Knoll
Printed in Slovenia by Florjancic

★★★★★

Sind Sie mit diesem Titel zufrieden? Dann würden wir uns über Ihre Weiterempfehlung freuen. Erzählen Sie es im Freundeskreis, berichten Sie Ihrem Buchhändler oder bewerten Sie bei Onlinekauf. Und wenn Sie Kritik, Korrekturen oder Aktualisierungen haben, freuen wir uns über Ihre Nachricht an Bruckmann Verlag, Postfach 40 02 09, D-80702 München oder per E-Mail an lektorat@verlagshaus.de.

Unser komplettes Programm finden Sie unter www.bruckmann.de

In diesem Buch wird aus Gründen der besseren Lesbarkeit das generische Maskulinum verwendet. Weibliche und anderweitige Geschlechteridentitäten werden dabei ausdrücklich mitgemeint, soweit es für die Aussage erforderlich ist.

Empfehlung der Redaktion
Sie sind auf der Suche nach weiterführender Literatur? Dann empfehlen wir Ihnen den Titel »Wanderspaß mit Kindern Eifel« von Sabine Parschau. Oder Sie werfen einen Blick in die Zeitschrift BERGSTEIGER. Hier werden Sie bestimmt fündig.

Bildnachweis
Alle Fotos stammen von der Autorin, außer auf folgenden Seiten:
Shutterstock: S. 36 u. Dan Race; S. 38 Stefan Braeutigam; S. 56 o. KrimKate; S. 56 u. denlog82; S. 58 Paul1982Dutch; S. 102 Stanislava Karagyozova; S. 114 o. und S. 116 Christian Mueller; S. 114 u. Elena Klippert; S. 126 o. megula; S. 136 o. Andreas Vogel; S. 172 o. r.classen; S. 172 u. Filip HERMAN; S. 174 und S. 175 NicVW; S. 176 IndustryAndTravel; S. 184 amalasi; S. 186 rphstock
Mauritius Images: S. 16 u. Pitopia / Claudia Närdemann; S. 18 Reiner Bernhardt; S. 146 Alamy / Stanislava Karagyozova;

Die Deutsche Nationalbibliothek verzeichnet diese Publikation in der Deutschen Nationalbibliografie; detaillierte bibliografische Daten sind im Internet über http://dnb.d-nb.de abrufbar.

Infanteriestraße 11a
80797 München

ISBN 978-3-7343-1668-5